ULLSTEIN

Das Buch

Die große germanische Völkerwanderung (120 v. Chr. bis 800 n. Chr.) hat entscheidend dazu beigetragen, die Anfänge des heutigen Europas und unsere Herkunft zu begründen. Dennoch ist diese vielleicht wichtigste Periode der europäischen Geschichte im allgemeinen historischen Bewusstsein kaum präsent.

Sturm über Europa nimmt den Leser mit auf eine spannende Erkundungsfahrt durch 900 Jahre europäischer Frühgeschichte: vor der Konfrontation zwischen Römern und germanischen Barbaren bis hin zu den Reichsgründungen der Germanen auf römischem Boden. Unter anderem schildert Peter Arens das Leben in den römischen Provinzen am Rhein im 1. und 2. Jahrhundert, beschreibt die Entwicklung vor dem großen Hunnensturm – darunter die epochale Varusschlacht im Teutoburger Wald im Jahr 9 n. Chr. – und das Entstehen der großen Germanenverbände wie Goten, Franken und Alemannen, die mit den mongolischen Hunnen das Römische Reich zum Einsturz brachten. Auch die Plünderung Roms durch die Westgoten, die Eroberung Afrikas durch die Vandalen sowie die entscheidende Völkerschlacht auf den Katalaunischen Feldern im Jahr 451 werden nachgezeichnet. Arens entwirft das Bild einer stürmischen Epoche, die das spätere Gesicht Europas nachhaltig prägte und nicht zuletzt im mächtigen Frankenreich Karls des Großen mündete.

Der Autor

Peter Arens, geboren 1961, studierte Germanistik und Romanistik in Mainz und Toulouse und ist heute Leiter der Redaktion »Geschichte und Gesellschaft« beim ZDF. Er ist verantwortlich für zahlreiche große Dokumentations- und Reportagereihen. 1994 erhielt er den Deutschen Kamerapreis und den Deutschen Wirtschaftsfilmpreis für seine Dokumentation »Von Geishas und Gameboys – Japan im Umbruch«.

Peter Arens

Sturm über Europa

Die Völkerwanderung

Ullstein

Dem vorliegenden Buch liegt die Fernsehserie des ZDF
»Sturm über Europa. Die Völkerwanderung« zugrunde.
Der Autor dankt herzlichst all denen, die ihm bereitwillig
ihre Forschungsmaterialien zur Verfügung gestellt und
ihm mit ihrem Rat zur Seite gestanden haben, insbesondere
Prof. Dr. Herwig Wolfram, Wien.

Umwelthinweis:
Dieses Buch wurde auf chlor- und säurefreiem Papier gedruckt.

Besuchen Sie uns im Internet:
www.ullstein-taschenbuch.de

Ullstein Verlag
Ullstein ist ein Verlag des Verlagshauses
Ullstein Heyne List GmbH & Co. KG.
1. Auflage Juli 2003
2. Auflage 2003

Umschlaggestaltung: Petra Soeltzer, Düsseldorf
Titelabbildung: Ullstein Bild, Berlin
Satz: LVD GmbH, Berlin
Druck und Bindearbeiten: Ebner & Spiegel, Ulm
Printed in Germany
ISBN 3-548-36451-9

Meinen lieben Eltern,
deren großes Vertrauen
über gelegentliche Skepsis immer siegte.

Inhalt

Vorwort

Wir sitzen auf einem Berg von
Vergangenheit
und merken es nicht.
Michael Crichton

Die Völkerwanderung ist eine der wichtigsten Epochen der europäischen Geschichte. Wenn man weiß, welch ungeheure Umwälzungen sich ergeben sollten, seit die germanischen Kimbern und Teutonen aufbrachen, um aus den Nebeln des Nordens in südliche Gefilde zu gelangen, was ihr Marsch für Deutsche und Europäer bedeutet, dann ist dieses Ereignis der Startschuss zur Entstehung des modernen Europa – und das liegt über 2000 Jahre zurück.

Warum gerade sie ihre dänische Heimat verließen, haben die Historiker nicht mit Sicherheit klären können – eine dramatische Klimaverschlechterung, eine zunehmende Verwüstung ihres Landes, eine drastische Bevölkerungszunahme werden als Faktoren genannt. Oder war es nur Lust auf Abenteuer und Beute? Doch war dieser Strom der Kimbern und Teutonen 120 v. Chr. der Vorbote einer mächtigen Wanderbewegung, die sich über viele Jahrhunderte vollzog und gigantische Germanenscharen nach Süden schob. Kimbern und Teutonen waren die ersten Opfer nordischer Sehnsucht nach einem Dorado des Südens. Ihre Nachahmer – Goten, Franken, Alemannen – sollten schließlich, bedrängt von den beutegierigen Hunnen, das Römische Reich zum Einsturz bringen. Das jedoch ahnte noch niemand, als die hünenhaften Kimbern und Teutonen schließlich von römischen Legionen mit letzter Kraft besiegt wurden. Der Spuk schien zu Ende zu sein, die Angst aber lebte noch lange nach.

Am Ende der großen germanischen Völkerwanderung stand 800 n. Chr. das Frankenreich Karls des Großen. Hiermit entsteht das moderne Abendland, das heutige Europa. Wenn es also etwas gibt, das uns erklärt, woher wir kommen, wie der Anfang unserer Geschichte ist, dann ist es die Völkerwanderung. Und wenn wir uns heute begeistern für das Tal der Könige in Ägypten oder die Inkakultur Südamerikas als die Glanzpunkte großer Kulturgeschichte, so sind es doch jene zähen Menschen aus den Nebeln des Nordens und all ihre nachfolgenden verwandten Stämme aus dem Freien Germanien, deren Erforschung zu faszinierenden Ergebnissen und Erkenntnissen über uns selbst führen. Die Epoche der Völkerwanderung ist im allgemeinen Bewusstsein immer noch ein dunkles Loch, obwohl sie die Anfänge des heutigen Europa markiert. Das erhöht den Anreiz, ihr auf den Grund zu gehen.

Die Völkerwanderung machte Europa aus Sicht der Zeitgenossen zu einem Europa der »Barbaren« – ein Sammelbegriff der Antike für fremde, wilde Völker wie die Germanen. Es waren aber diese Barbaren, die den Weg ins frühe Mittelalter ebneten und damit ein neues Europa schufen. Sie bewirkten jene berühmte »Achsdrehung der Weltgeschichte nach Norden«, womit die bislang unangefochtene Führungsrolle des antiken Mittelmeerraums mit den vorbildlichen Kulturen der Griechen und Römer ein Ende fand.

Die Germanen verdienen es zweifellos, vom Klischee der primitiven, kulturlosen Wilden befreit zu werden – die Historiker sind diesen Schritt längst gegangen, Öffentlichkeit und Volksmund noch nicht. So gelten die Vandalen immer noch als besonders üble Plünderer und Barbaren, obwohl sie nicht schlimmer waren als andere Völker jener turbulenten Zeit. Und dass die Kimbern zur Körperhygiene bereits Zahnstocher und Wattestäbchen benutzten, wer weiß das schon?

Zum Glück hat die Zeit inzwischen den ideologisch befrachteten Ballast des Germanentums abgeworfen – es ist angebracht, Licht ins Dunkel unserer frühgeschichtlichen Vorfahren zu bringen. Problematisch ist eher das Fehlen einer eigenen, germanischen Überlieferung. Frühe schriftliche Quellen über die Germanen liegen nur aus der Feder antiker Autoren vor, die das aus ihrer Sicht Fremde beschrieben. So können wir höchstens Mutmaßungen darüber anstellen, was uns über die Chronologie der Ereignisse hinaus ebenfalls interessieren würde: warum sie auf Wanderschaft gingen, in welchen Gefühls- und Notlagen sie sich befanden, wie verzweifelt ihre Schicksale waren. Ständiger Verlust der Heimat, Hunger, Durst, Kälte, Regen, Krankheit und Tod – die Strapazen und Emotionen unserer Vorfahren sind leider nicht überliefert worden.

Stattdessen haben wir einen Albtraum von verwirrenden Pfeilen, verstreut über einer diffusen Karte Europas – sie waren der Horror einer jeden Geschichtsstunde, wenn es in der Schule um die Völkerwanderung ging. In der Tat haben wir es bei diesem Thema mit extrem langen Zeiträumen und extrem komplexen Völkerwanderungen zu tun, die sich dem Versuch einer lückenlosen Darstellung widersetzen. Das Buch kann nicht detailgetreu und mit wissenschaftlichem Anspruch einem jeden Wanderstrom aus nahezu acht Jahrhunderten nachgehen, sondern will neben einem verlässlichen Abriss der Epoche auf anschauliche Weise besonders die Highlights und Bildungsevergreens beleuchten. Was am alten Europa ist heute für uns interessant? Was sollte man wissen? Warum sind die Goten verschwunden? Wo kommen die Buchstaben her? Warum und inwieweit sind Engländer Germanen?

Die augenscheinlichste Motivation jener germanischer Völkermassen, ihre Heimat zu verlassen, ist zugleich auch die am behaglichsten anmutende: Sie träumten einen alten Traum vom Leben im warmen Süden. Sie kannten das Römische Reich und die Segnungen des Mittelmeers nur vom Hörensagen, es muss ihnen inmitten der norddeutschen Wälder und Moore aber wie das Paradies vorgekommen sein. Sollte einer ihrer Könige eines Abends, während sie da im Mondlicht zusammensaßen, gesagt haben: »Jetzt haben wir lange genug geredet, Männer, jetzt sollten wir endlich weg von hier!«, und sollte er zur Bekräftigung einen ordentlichen Schluck Met genommen haben, dann können wir ihn gut verstehen. Denn es gibt wohl kaum ein Volk, das so gerne wandert und reist, wie die Deutschen.

Einführung

»Wer würde ferner, ganz abgesehen von der Gefahr, die das schauderhafte, unbekannte Meer bietet, Kleinasien oder Afrika oder Italien verlassen, um nach Germanien zu ziehen mit seinen hässlichen Landschaften, dem rauen Klima, dem trostlosen Äußern – es sei denn, es ist seine Heimat?«, fragte 98 n. Chr. Tacitus in seiner *Germania*. Auf den ersten Blick ist das kein besonders schmeichelhaftes Urteil über die Heimat der nordischen Barbaren. Spott hatte der römische Historiker nicht im Sinn, denn mit seiner kleinen Schrift und den darin enthaltenen Lobpreisungen germanischer Tugenden wie Heldenmut und Einfachheit wollte er vielmehr seinen römischen Landsleuten, die er für dekadente, sittlich verdorbene Weichlinge hielt, eine Moralpredigt halten. Entgegen seiner Absicht, eine Lobeshymne auf die germanischen Naturvölker zu schreiben, tritt unverblümt der Schauder des mediterranen, hochzivilisierten Kulturmenschen gegenüber der modrigen, dunklen, als bedrohlich empfundenen Welt der Barbaren hervor. Als Angehöriger einer Hochkultur benutzte Tacitus die edlen Wilden, um den Römern den Spiegel vorzuhalten – aber natürlich war ihr Land modrig, kalt und abweisend, auf keinen Fall eine Reise wert. Überdies ahnen wir angesichts der von Tacitus beschriebenen Trostlosigkeit der Heimat der Germanen, dass die Barbaren ihrerseits den Lockungen südlicher Landschaften auf Dauer nicht widerstehen konnten – sei es weil Klimaverschlechterungen sie ganz unausweichlich in Marsch setzten oder weil, wie es später zunehmend der Fall wurde, ihnen Händler und aus dem Süden heimgekehrte Soldaten von den Annehmlichkeiten der Mittelmeerwelt erzählten.

Die Antike wusste eigentlich wenig über den europäischen Norden. Alle Völker, die außerhalb der hoch zivilisierten Welt der Griechen und Römer lebten, galten als Barbaren. Damit waren asiatische Hunnen ebenso gemeint wie germanische Goten oder Franken. Der Begriff Barbaren ist in seiner Kernbedeutung nicht verächtlich gemeint, sondern bezeichnet bei den alten Griechen wertneutral die nicht Griechisch Sprechenden und ist als Reaktion auf die unverständlichen, »stammelnden« Sprachen fremder Völker entstanden. Damit verbindet sich allerdings auch die Vorstellung des Ungebildeten, Rohen und Grausamen. Die Römer bemängelten darüber hinaus die Unfähigkeit der Barbaren, ein Staatswesen und Rechtssystem zu schaffen, Verträge einzuhalten, das vor Willkür und Gewalt nicht zurückschreckende Freiheitsstreben der Germanen. Ihre Zügellosigkeit und ungestüme Kampfeswut machten sie aus römischer Sicht zu gefährlichen Gegenspielern der *pax Romana,* zur Bedrohung für die zivilisierte Welt. All diese Merkmale haben sich in dem berühmten Schlagwort *furor teutonicus* des römischen Dichters Lukan im Sprachschatz des Abendlandes verewigt.

Herwig Wolfram bietet in seinem Standardwerk *Das Reich und die Germanen* eine repräsentative Auswahl aus Urteilen der Antike über die Barbaren: »Barbaren sind unfähig, nach geschriebenen Gesetzten zu leben; ihre Gewohnheiten sind fremd, unberechenbar und gefährlich im Bösen, glänzende Laster im Guten. Unermesslich ist ihr Goldhunger, ohne Grenzen ihre Sauflust. Barbaren sind bar jeder Hemmung. Sie umarmen einander zum Bruderkuss und sind treulos gegenüber dem Stammesfremden. Wie nämlich die zivilisierte Welt den Barbaren das Menschsein abspricht, so betrachten diese wiederum allein ihre eigene Gemeinschaft als ›Welt der Menschen‹, wofür gerade die ältesten Stammesnamen Zeugnis ablegen. Daher ist auch jedermann vogelfrei, der den Stamm verlässt.«

Nicht minder schmeichelhaft sind die Aussagen über ihre musischen Fähigkeiten: »In den Ohren eines Römers oder Griechen klingt eine barbarische Sprache nicht wie die Sprache von Menschen, sondern wie Gestammel und bloßer Lärm. Schrecklich sind ihre Gesänge, unter deren Ansturm das klassische Versmaß des gelehrten Dichters zu Bruch geht. Wie sollte man aber auch den Hexameter, den Sechsfüßer, kunstvoll zusammenfügen, wenn vor des Poeten Haustür ein sieben Fuß großer Burgunde johlend den Tanzboden stampft?«

Lange Zeit vermuteten Griechen wie Römer, dass im Norden, im Land der Finsternis, verschiedene Fabelvölker wie die pferdefüßigen Hippopoden oder die nur mit ihren großen Ohren bekleideten Panuatier lebten. Selbst der gewissenhafte Tacitus kolportiert Märchenhaftes: »Die Hellusier und Oxionen sollen Antlitz und Mienen von Menschen, Gestalt und Gliedmaßen dagegen von wilden Tieren haben. Das lasse ich, da es nicht erforscht ist, lieber in der Schwebe.« Im Süden hingegen wurde Geschichte gemacht und geschrieben. Hier war der Schauplatz großer Taten, hier waren städtische Hochkulturen entstanden wie in Vorderasien, dem Niltal und rund ums Mittelmeer. Auch der Westen bis zum Atlantik war den alten Hochkulturen durch Handel und Krieg seit langem bekannt. Kaum zu erklären ist, dass das Römische Reich bis 100 v. Chr. fast das ganze Mittelmeer von Spanien über Nordafrika und Italien bis nach Kleinasien umschloss, und den Römern die erheblich näher liegenden Gebiete im Norden weitestgehend unbekannt waren. Die römischen Kenntnisse über das Abendland waren auf die Grenzen des *Imperium Romanum* beschränkt. Erst mit den Eroberungsfeldzügen von Julius Cäsar in Gallien und Germanien sollte sich dies ändern.

Die Griechen unterschieden im Norden Europas zwischen den Skythen im Osten und den Kelten im Westen. Auf die Kelten, die den Griechen seit dem 5. vorchristlichen Jahrhundert als »Keltoi« bekannt waren, geht das früheste einschneidendste Ereignis zwischen den Völkern des Nordens und denen der Antike zurück. Nachdem sie in die Poebene eingewandert waren, hatten keltische Völkerschaften 387 v. Chr. das aufstrebende Rom erobert und weitgehend zerstört. Ihre Monate anhaltende Zerstörungswut und Beutegier verwandelte die Stadt in einen Trümmerhaufen, in dem sich allein das Kapitol behaupten konnte. Die Bewohner wurden zur Zahlung eines schmählichen Tributs gezwungen. Der Keltenhäuptling Brennus legte bei der Abwägung des Goldes noch zusätzlich sein Schwert in die Waage und zischte zynisch *vae victis* (»Wehe den Besiegten«). Die Römer sollten ihre panische Angst vor nordischen Invasoren nie mehr zu bewältigen lernen und blieben sich der Verwundbarkeit ihrer Nordgrenze stets bewusst. Erst achthundert Jahre nach dem Sturm der Kelten fiel Rom wieder in Barbarenhände: 410 n. Chr. eroberten die germanischen Westgoten unter König Alarich die Ewige Stadt.

Allmählich erweiterten sich die Kenntnisse über den dunklen Norden. Ein entscheidender Schritt war die Forschungsreise des griechischen Seefahrers und Geographen Pytheas. Sie war damals so sensationell, dass ihm die Zeitgenossen nicht so recht Glauben schenken wollten. Vermutlich um 320 v. Chr. war er von Massalia (Marseille) aus aufgebrochen und um die Küste Britanniens bis zur »Insel« Thule gesegelt, aller Wahrscheinlichkeit nach eher bis Nordnorwegen als nach Island. Er sollte herausfinden, woher Bernstein und Zinn stammten, die auf den römischen Märkten sehr begehrt waren. Wie weit er gegen Osten gekommen ist, geht aus der nur bruchstückhaft erhaltenen Beschreibung seiner Reise nicht hervor. Pytheas berichtet vom Wattenmeer und den Bernsteingebieten und nennt erstmals unbekannte Stämme des Nordens: die Guionen und die auf Jütland ansässigen Teutonen. Schätzungsweise war Pytheas der Erste, der die Germanen von den Kelten unterschied. In den nächsten zweihundert Jahren sollten sich die Kenntnisse über die Nordvölker nicht nennenswert vertiefen. Dann aber begannen Kimbern und Teutonen ihren langen Marsch in den Süden. Der darauf folgende germanisch-römische Zusammenstoß war der Auftakt der Geburt Europas.

Der längste Marsch der Weltgeschichte

Und so könnte es sich zugetragen haben:

Die Männer sitzen um das Feuer herum, Frauen und Kinder sind im Hintergrund, ein Baby schaukelt in der Kimbernwiege. Der Kimber erzählt seiner Sippe von seiner Kundschaftsreise bis zur Donau.

Er hat das »gelobte Land« gesehen, saftige Weiden und fruchtbare Äcker. Das Klima dort ist angenehm, man kann im Winter ohne Felle gehen. Das Hungern wird ein Ende haben, man wird endlich schöne Waffen sowie Gold- und Silberschmuck bekommen. Es gibt Einwände, auch Widerspruch aus der Runde. Die jungen Männer aber sind begeistert, sie finden das Dorf eng und die Not unerträglich. Sie träumen von einem Pferd mit prächtigem Zaumzeug und von tapferen Taten. Wer sich im Kampf bewährt, dem gehört die Zukunft. Der berichtende Kimber weiß, dass es wieder Hoffnung gäbe, wenn man auswandern würde. Er hat von Händlern über Italien und das einflussreiche Volk der Römer gehört, die in Großdörfern in Häusern aus Stein unter ewiger Sonne leben. Kaum vorstellbar für die Zuhörer.

Am frühen Morgen ist der Wagen mit dem großen Vorratstopf gepackt. Die Kimbern brechen auf. Sie sind nicht auf der Flucht, außer vor dem Hunger. Sie sind wie eine Familie am ersten Reisetag, voller Reisefieber, Tatendrang und Hoffnung. Haben sie abgestimmt, haben sie gelost, wer geht, wer bleibt? Wie haben sie sich verabredet? Man weiß es nicht. Man kennt weder das genaue Datum noch die genauen Umstände. Und doch ist es eine historische Tatsache: Um 120 v. Chr. wanderten viele Kimbern aus. Sie verließen ihre Heimat für immer und machten in der Weltgeschichte von sich reden.

Menschen, Stämme und Völkerschaften sind seit Tausenden von Jahren in Bewegung. Sie verlassen ihre Siedlungsgebiete, um sich in der Fremde eine neue Heimat zu suchen. Die Gründe für ihre Wanderungen sind vielfältig: Klima, Hunger, Seuchen, Überbevölkerung, Krieg. Vielleicht sind sie von Feinden besiegt und vertrieben worden, oder aber es reizt sie auch die Eroberung eines fremden Landes. Vielleicht ist es die Aussicht auf

Beute, vielleicht machen sich auch einige aus schierer Abenteuerlust auf den Weg. Gemeinsam ist wohl allen die Hoffnung auf ein besseres Leben. Die großen Migrationen haben in allen Teilen unserer Erde tiefe Spuren hinterlassen und die Weltgeschichte maßgeblich geprägt. Oft sehen wir die Völker erst, wenn sie wandern und expandieren. Über die frühen Wanderungen wissen wir nur so viel, wie Historiker, Archäologen und Sprachwissenschaftler darüber ermitteln: Im günstigen Fall sind schriftliche Quellen von Zeitzeugen erhalten, geben Bestattungsrituale und Grabbeigaben Aufschluss über das Brauchtum der Völker oder helfen Vergleiche zwischen den Sprachen verschiedener Stämme und Völker weiter.

Die wichtigste und folgenschwerste Wanderung, die als »Völkerwanderung« in die Geschichte eingegangen ist und allen folgenden Migrationen ihren Namen gegeben hat, ist die große Germanische Völkerwanderung, die vom Einfall der Hunnen in Europa im Jahr 375 n. Chr. ausgelöst wurde. Die Hunnen waren aus den asiatischen Steppen vorwärts gedrungen und hatten ganze Völkerlawinen in Gang gesetzt, die das Römische Reich überrollten. Immer neue Wellen, immer neue Anstürme folgten, bis das westliche Imperium zerfiel und auf seinem Boden germanische Staaten entstanden. Damit hatte sich die Landkarte Europas und zugleich die Ordnung der Welt völlig verändert. Viele germanische Völker sollten zwar untergehen, doch hatten ihre gewaltigen, über Jahrhunderte vollzogenen Wanderungen die Voraussetzungen für die Entstehung des europäischen Abendlandes geschaffen.

Das traditionell verwendete Bild des Dominoeffekts – dass die Germanenvölker Osteuropas von den Hunnen wie angestoßene Steine von 375 bis ca. 450 in Bewegung gesetzt wurden – vermag die historischen Verhältnisse plastisch zu beschreiben. Die erste Welle bildeten östliche Gruppen, wie Goten und Vandalen und die nichtgermanischen Alanen. Ab der Mitte des 5. Jahrhunderts traten westliche Germanen auf, wie Franken, Sachsen und Langobarden. Obwohl sich das Weströmische Reich über hundert Jahre lang erbittert zur Wehr setzte, war es den Siedlungs- und Eroberungszügen der Barbaren auf Dauer nicht gewachsen. Auf seinem Boden entstanden neue Königreiche: das Reich der Ostgoten in Italien, der Westgoten in Südfrankreich und in Spanien, der Franken in Gallien, der Angelsachsen in England und der Langobarden in Norditalien. Große germanische Heerkönige ließen den Boden erzittern: der Westgote Alarich I., der Ostgote Theoderich der Große, der Vandale Geiserich, der Merowinger Chlodwig oder der Langobarde Alboin. Einige Völker waren lange durch Mittel- und Südeuropa gezogen; so dauerte die Odyssee der Westgoten wie die des Auserwählten Volkes über vierzig Jahre, bis sie in Gallien ihr Reich errichteten, und nochmals hundertfünfzig Jahre, bis sie es nach Spanien verlegt hatten. Die letzte große Wanderung fand 568 statt, als die Langobarden aus Pannonien nach Italien zogen. Daher markiert dieses Datum in den meisten Büchern das Ende der Völkerwanderung.

Am Ende dieser wildbewegten Zeit stand der Untergang des Weströmischen Reichs, eines der einschneidendsten Ereignisse der europäischen Geschichte. Aber auch die germanischen Staatsgründungen waren nicht von Dauer. Die Ostgoten und Vandalen mussten sich später Byzanz, dem Oströmischen Reich, geschlagen geben, die Westgoten den Mauren und die Langobarden den Franken. Ostgoten, Vandalen, Westgoten sind als wirkliche Völker aus der Geschichte verschwunden, während Mailand auch heute noch in der Lombardei, im Langobardenland, liegt. Im 8. Jahrhundert hatten die verbleibenden Völker ihren Platz in Europa gefunden – allen voran die Franken, die sich anschickten, Europa zu beherrschen und in gewisser Weise die Nachfolge Westroms anzutreten. Außer dem Reich der Franken hat nur das der Angelsachsen die Wirren der Völkerwanderungszeit überlebt und besteht bis heute fort. Als Karl der Große im Jahr 800 von Papst Leo III. in Rom im Petersdom zum Kaiser gekrönt wurde, entstand das Römische Reich des Mittelalters – hiermit war die Synthese aus römischer Tradition, germanischer

Wirklichkeit und christlicher Religion perfekt. Diese Liaison sollte sich als ein extrem widerstandsfähiges Zukunftsmodell erweisen. Die Geschichte der germanischen Völkerwanderung ist deswegen von so überragender Bedeutung, weil sie den Übergang von der Antike zur gemeinsamen europäischen Kultur des Mittelalters markiert.

Das Thema Völkerwanderung ist aber weit vielschichtiger und spannender als die bloßen Fakten. Die Diskussionen beginnen bereits bei der Datierung. In der herkömmlichen Lehrmeinung beginnt die Völkerwanderung mit der Invasion der Hunnen im Jahr 375 und endet mit der Eroberung Italiens durch die Langobarden im Jahre 568. Diese scharfen Trennungen sind heute aufgegeben. Bereits Mitte des 3. Jahrhunderts durchbrachen mit den Franken und Alemannen germanische Völkerscharen den Limes, um auf dem Gebiet des *Imperium Romanum* Beute zu machen und zu siedeln. Ähnliche Barbareneinfälle hatte es bereits während der Markomannenkriege nach 166 gegeben, als ein germanisches Völkergemisch aus Markomannen, Langobarden und Vandalen die Donau überquerte und bis zur Adria vorstieß.

Viele Forscher sehen in diesen Invasionen die Vorläufer der eigentlichen Völkerwanderung. Wir gehen noch weiter zurück und beginnen mit dem Marsch der Kimbern und Teutonen um 120 v. Chr., da dieser erste große Germanenzug Richtung Süden den Konflikt der Völkerwanderung vorwegnimmt. Ähnliches gilt für die Schlacht im Teutoburger Wald im Jahre 9 n. Chr., die hinsichtlich der nördlichen Ausbreitung des Römischen Reichs von entscheidender Bedeutung war.

Es ist erstaunlich, wie hartnäckig sich der Ruf der Hunnen als die Hauptverantwortlichen und Bösewichte der Völkerwanderung bis heute behauptet hat, waren doch schon vor ihrem beispiellosen Ansturm die römischen Grenzgebiete voller Germanen, die dem Römischen Reich hart zusetzten. Das Wissen über dieses mysteriöse Volk aus den mongolischen Steppen ist spärlich, aber fest steht, dass ihr plötzlicher Einfall mit einer unglaublichen Wucht, einer blitzartigen Geschwindigkeit und einer unheimlichen Fremdheit einhergegangen sein muss, so dass sie nicht nur Hunderttausende von verzweifelten Menschen auf eine leidvolle Wanderschaft schickten, sondern sich seitdem tief ins kollektive europäische Bewusstsein eingegraben haben. Da mag es gar nicht ins Bild passen, dass sie in den folgenden Jahrzehnten diplomatische Verhandlungen mit Rom führten und mit verschiedenen Germanenvölkern Bündnisse abschlossen. Auch die berühmte Entscheidungsschlacht im Jahr 451 auf den Katalaunischen Feldern passt nicht zu bequemen Klischees und Feindbildern. Es war nämlich nicht so, dass die ganze Welt gegen die Hunnen kämpfte, die Guten gegen die Bösen. Auf beiden Seiten kämpften Germanen: seitens der Hunnen Ostgoten und Thüringer, seitens der Römer Westgoten und Franken. Attila wurde in dieser Vielvölkerschlacht besiegt, und die Hunnen wurden bald darauf entmachtet und vertrieben. Das wilde Reitervolk aus der Steppe belebt dennoch unsere wildesten Phantasien, und das, obwohl sie gerade mal achtzig Jahre auf der Bühne Europas standen und Attila nur neun Jahre ihr Alleinherrscher war – und das liegt auch schon über 1500 Jahre zurück.

Weitere spannende Fragen bleiben. So sind die germanischen Barbarenvölker lange Zeit als die Totengräber des römischen Weltreichs und dessen hochentwickelter Zivilisation angeprangert worden. Die vom Humanismus und der Renaissance besonders gerne aufgerufenen üblichen Verdächtigen waren die Goten, Vandalen, Franken und Langobarden. Nicht von ungefähr galt alles Gotische bis ins 19. Jahrhundert hinein als zerstörerisch und kulturfeindlich – so auch Schrift und Baustil –, und den Vandalen hängt ein schlimmer Ruf noch heute nach. Immer noch wird heftig darüber gestritten, ob der Zusammenbruch der zivilisierten römischen Welt von den Invasoren des Nordens und Ostens verursacht wurde, oder ob nicht gar politische, wirtschaftliche und religiöse Gründe innerhalb des *Imperium Romanum* den Ausschlag für den Untergang gaben. Sehr pointiert lässt sich zu dieser Kontroverse, die etwas von einer Glaubensfrage hat, Edward Gibbons (1737–1794) Standardwerk über den Verfall und Untergang des Römischen Reichs zitieren: »Der Niedergang Roms war die natürliche und zwangsläufige Folge seiner extremen Größe. Sobald Wandel oder Unglück den gewaltigen Bau seiner künstlichen Stützen beraubte, gab es dem Druck seines eigenen Gewichtes nach. Die Geschichte seines Zusammenbruchs ist einfach und einleuchtend, und statt danach zu fragen, warum das Römische Reich zerstört wurde, sollten wir uns eher darüber wundern, dass es so lange bestand.« Bei Gibbon sind die Probleme Roms strukturbedingt, die Germanen kommen also noch einmal glimpflich davon.

Dass Horden von Barbaren 375 plötzlich die römischen Provinzen überrollt und in immer neuen Schüben das Reich zum Einstürzen gebracht hätten – diese traditionelle Sichtweise ist zweifelsohne spektakulär, aber heute überholt. Lange zuvor hatte ein kultureller Austausch zwischen Römern und Germanen eingesetzt. In den Grenzgebieten an Rhein und Donau waren die Germanen von der römischen Zivilisation nachhaltig beeinflusst worden. Es waren Grenzgemeinschaften entstanden, in denen Handel getrieben wurde, aus Militärlagern entwickelten sich erste große Städte wie Trier, Köln, Mainz, Straßburg und Regensburg. Zunehmend wurde infolge verschiedenster, komplexer Wanderungen römisches Gebiet besiedelt, sei es in Form kleiner Gruppen *(laeti)* unter Kontrolle der Provinzen oder als Bündnispartner *(foederati)*, die sich selbst verwalten durften. Ab Mitte des 4. Jahrhunderts war allerdings die römische Verwaltung den Ausmaßen der germanischen Siedlungen und Herrschaften auf Reichsboden allmählich nicht mehr gewachsen. In dem Maße, in dem die unkontrollierte germanische Besiedlung römischen Gebiets zunahm, zerfiel auch das römische Westreich. Dies bedeutet aber keinesfalls, dass die germanischen Völker die Absicht verfolgt hätten, Rom zu vernichten. Vielmehr ging es ihnen um Teilhabe und Integration in ein Gesellschaftssystem, das kulturell höher entwickelt war, mehr Wohlstand und Frieden sowie bessere medizinische Versorgung versprach als das ihre. Die barbarischen Randvölker hatten sich schon immer vom kulturellen und wirtschaftlichen Sog des Römischen Reichs angezogen gefühlt. In der Regel verhielt es sich sogar so, dass sich die meisten eingebürgerten Germanen gegen neue Einwanderer stellten und eher gegen ihresgleichen als gegen Rom vorgingen. Die Tatsache, dass das römische Heer sich schon bald zu einem hohen Anteil aus germanischen Soldaten zusammensetzte, die kampfstark waren und bis in die höchsten Generalsränge hinein glänzende Karriereaussichten hatten, ist ein weiteres beredtes Beispiel für das ausgeprägte Beziehungsgeflecht zwischen Barbaren und Imperium. Zum Zeitpunkt der Völkerwanderung war das römische Militär bereits weitgehend germanisiert. Wie die Siedler so identifizierten sich auch die Soldaten in der Regel binnen kurzer Zeit mit ihrer neuen Heimat und gingen ohne große Gewissensbisse gegen andere Barbaren vor.

Vor dem Jahr 375 war die barbarische Invasion – anders als gemeinhin den Geschichtsbüchern entnommen werden kann – also bereits in Gang. Von einem römisch-germanischen Antagonismus, einem erbitterten wechselseitigen Feindbild oder einer unversöhnlichen Gegnerschaft zu sprechen, führt in die Irre. Das Verständnis der Völkerwanderung als ein Massenphänomen ist richtig, dieser gewaltige, Epoche machende Umsturz am Ende des 4. Jahrhunderts hat selbstverständlich stattgefunden. Noch näher kommt man aber dieser Erscheinung, wenn man die Vielgestaltigkeit der römisch-germanischen Beziehungen berücksichtigt, die diesen sich über Jahrhunderte vollziehenden Migrationen zugrunde liegt. Ein sehr treffendes Bild über den Charakter und den Ausgang der germanisch-römischen Dynamik hat jüngst Friedrich Prinz verwendet, als er von den »lernfähigen Barbaren« sprach. Die in römisches Terrain eingedrungenen und integrierten Germanen fügten sich in römische Traditionen und Ordnung und gingen daraus letztlich als Sieger hervor. Natürlich denken wir bei den lernfähigen Barbaren in erster Linie an die Franken, die sich aus mehreren Stämmen östlich des Rheins rekrutiert hatten und erst im 3. Jahrhundert auf sich aufmerksam machten. Schnell wurden aus diesen Neuankömmlingen die eigentlichen Herren Europas, und am Ende traten sie sogar in die Fußstapfen Roms. Lernfähige Barbaren in der Tat.

AUS DEN NEBELN DES NORDENS

Rechts des Rheins – Die Heimat der Germanen

Woher der Name »Germanen« stammt, ist nicht eindeutig zu beantworten. Man weiß auch nicht genau, was er bedeutet. Auf alle Fälle haben ihn sich die Germanen nicht selbst gegeben, sondern er geht auf eine Fremdbezeichnung zurück. Vermutlich waren es die Belgen (lat. *Belgae*), nordgallische Stämme zwischen Seine und Rhein keltischer Abstammung, und nicht die Römer, die als Erste die Germanen so nannten. Sie gerieten mit ihnen in Kontakt, als rechtsrheinische Völker ca. 70 v. Chr. Richtung Westen nach Gallien vorstießen. Diese von Sueben befehligten Heere wurden von König Ariovist angeführt, mit dessen erfolgreicher Invasion sich auch der Name der Germanen in Gallien verbreitete. Cäsar, der auf Bitten gallischer Stämme das Heer Ariovists wieder zurück über den Rhein trieb, wandte den von den Galliern verliehenen Namen von nun an auf alle Völker östlich des Rheins an. Auf diese Weise hielten die Germanen Einzug in die römische Welt: Jahrhundertelang wurden sie definiert als das Volk innerhalb der berühmten »nassen« Grenzen Nord- und Ostsee, Rhein, Donau und Weichsel.

Damit trug Cäsar entscheidend zur Identifizierung der Germanen bei, über die man vorher nur sehr vage Kenntnisse hatte. Die Griechen hatten hinsichtlich der Barbaren im Norden lediglich zwischen den Skythen im Osten und den Kelten im Westen (die Cäsar »Gallier« nannte) unterschieden, nun konnte die Landkarte dazwischen mit einer dritten Völkergruppe gefüllt werden. Als »Germanen« waren sie erstmals vom griechischen Universalgelehrten Poseidonios von Apameia um 80 v. Chr. erwähnt worden, der sie aber für besonders primitive Kelten gehalten hatte. Er beschrieb sie als befremdliche Menschen, die »als Frühstück Fleischstücke essen, welche gliedweise gebraten sind; dazu trinken sie Milch und ungemischten Wein«. Gerne wüsste man mehr über solch ungewöhnliche Sitten unserer Vorfahren, doch leider ist das Geschichtswerk von Poseidonios nur bruchstückhaft erhalten.

In der *Germania* des Tacitus ist zu lesen, dass die Bezeichnung der Germanen sehr jung sei. »Die nämlich, die zuerst den Rhein überschritten und die Gallier vertrieben, die jetzigen Tungerer, wurden damals Germanen genannt. So ist der Name eines einzelnen Stammes, nicht des ganzen Volkes vor nicht langer Zeit gegeben worden und allmählich allgemein zur Geltung gekommen.« Ganz unrealistisch ist Tacitus nicht. Auch die Deutschen heißen bei den Franzosen nach dem ihnen benachbarten Stamm, nämlich nach den Alemannen »Allemands«, bei den Sorben im Spreewald sind sie Bajuwaren (Bayern), bei den Skandinaviern auch Sachsen. Demnach würde »Germani« im keltischen so viel wie »(fremde) Nachbarn« heißen, genau ist dies aber nicht zu klären.

Die Namenspraxis »Germanen« führte dazu, dass die Germanen trotz der Vielfalt ihrer Stämme von den Römern als ein einziges Volk angesehen wurden. Die Fremdbetrachtung hatte mit dem Selbstverständnis der germanischen Stämme also nichts zu tun. Die etwa zwei Millionen Germanen – wie Angeln, Friesen und Markomannen – verstanden sich nicht als ein zusammengehöriges Volk. Sie hatten wohl alle eine ähnliche Kultur und Lebensweise, aber sie waren sich dieser Verwandtschaft nicht bewusst, weil ja auch nichtgermanische Völker nicht viel anders lebten. Innerhalb der großen Gruppen konnten sie sich sprachlich verständigen, aber sie formulierten daraus keinen kollektiven Volkswillen und erst recht nicht den Eigennamen »Germanen« – das Wort wird den meisten vollkommen fremd gewesen sein. Relativ gesichert ist, dass keiner von ihnen, nach seiner Identität befragt, »Germane« gesagt hätte, sondern »Angel«, »Friese« oder »Markomanne«.

Die ersten genaueren Kenntnisse über die Germanen und deren Niederschlag in der Literatur der Mittelmeerwelt verdanken wir also Julius Cäsar, dessen *De bello gallico* (»Der Gallische Krieg«, 51 v. Chr.) Pflichtlektüre im Lateinunterricht ist.

In dieser schwungvollen, geschickten Skizze vergleicht er die materiellen Lebensverhältnisse der Gallier mit denen der Germanen und berichtet ausführlich über germanische Politik, Gesellschaft, Religion und Brauchtum. Den Galliern bescheinigt er bei aller Zähigkeit durchaus Sinn für ein wohlgeordnetes, zivilisiertes Leben, während die Germanen barbarischer und wilder als alle anderen Völker, primitiv und in ihrem rohen, kriegerischen Impuls nicht zu bändigen seien. Sein ethnographisches Interesse wird sich dabei in Grenzen gehalten haben, denn ihm lag doch besonders daran, Rom mit seinen militärischen Leistungen zu beeindrucken, so dass die Charakterisierung der Germanen etwas holzschnittartig ausfällt. Vorsicht ist auch deshalb geboten, insofern er bei seinen beiden kurzen Feldzügen (55 und 53 v. Chr.) nie weit nach Germanien eindrang und also nur einen kleinen Teil der Stämme im Rheintal und unmittelbar östlich davon kennen konnte. Den Sueben als dem größten und gefährlichsten Stamm unter den Germanen widmete Cäsar im *Gallischen Krieg* seine besondere Aufmerksamkeit. Diese hatten sich seit geraumer Zeit für gallische Gebiete westlich des Rheins interessiert – für Cäsar ein hinreichendes Indiz, um vor den Sueben zu warnen: nur eine militärische Operation könne sie davor hindern, in römische Provinzen oder gar in Italien einzubrechen. Das zumindest behauptet der ehrgeizige Cäsar und erinnert seine Landsleute somit an den berüchtigten Einfall der Kimbern und Teutonen fünfzig Jahre zuvor. Indem er diese traumatische Erinnerung wachrief, erhielt er den Freibrief für seine brutalen Angriffskriege in Gallien und Germanien.

Aufgrund von Cäsars Einteilung im *Gallischen Krieg* verfestigte sich von nun an der Rhein als eine politische und ethnische Trennungslinie zwischen Gallien und Germanien. Auch damit verfolgte Cäsar wohl eine ganz bestimmte Absicht: Da er seine glänzende Eroberungspolitik auf Gallien beschränken wollte, kam ihm der Rhein als natürliche Grenze zu einem anderen Volk sehr gelegen. Er ahnte wohl, dass ihn eine militärische Auseinandersetzung mit dem schwierigen, widerspenstigen Germanien in unergiebige Feldzüge verwickelt hätte. Zumindest wollte er dieses Risiko meiden. In der Tat sollte erst unter Kaiser Augustus 12 v. Chr. der Versuch unternommen werden, das freie Germanien zu erobern. Die Definition der Rheingrenze mit den langhaarigen Galliern hier und den wilden Germanen dort hat nicht nur die römische Politik für die nächsten Jahrhunderte geprägt, sondern besteht gewissermaßen auch heute noch. Selbst als die linksrheinischen Gebiete fränkisch besiedelt worden waren, blieben die Germanen im gesellschaftlichen Bewusstsein ein rechtsrheinisches Volk. Als später, im 10. Jahrhundert, mit dem Ostfrankenreich ein »Deutsches Reich« entstand, bot sich die Identifizierung der Deutschen mit den Germanen an – deutsche Geschichte wird seither mit Germanentum verknüpft. Und nennen uns die Franzosen nicht bis zum heutigen Tag ihre *voisins d'outre-Rhin,* ihre Nachbarn von jenseits des Rheins? Also – die Rheinland-Pfälzer und Saarländer mögen es uns verzeihen – die Deutschen gelten wie die Germanen als ein rechtsrheinisches Volk, seit Cäsar es, aus sehr eigennützigen Motiven heraus, so aufgezeichnet hat.

Die Frage nach der Herkunft der Germanen ist wissenschaftlich kaum zu beantworten. Die Germanen werden auf die so genannte Jastorf-Kultur zurückgeführt, einem Gräberfeld aus der Eisenzeit (um 500 v. Chr.), benannt nach einem Ort am Ostrand der Lüneburger Heide. Die Herkunftsfrage stellt auch ideologische Probleme, wenn man sich die Vorstellungen eines überlegenen »Germanentums« Ende des 19. Jahrhunderts und im Nationalsozialismus ins Gedächtnis ruft. Die Gegenreaktion nach 1945 auf die konservativ-nationale Sichtweise war in ihrer politischen Korrektheit so radikal, dass nicht nur an der historischen Existenz eines germanischen Kernlands gezweifelt wurde, sondern allgemein an der Eigenständigkeit einer germanischen Identität. Mehr Aufschluss über die Germanen gibt Tacitus' Monographie *De origine et situ Germanorum* (»Über die Herkunft und Lage der Germanen«) oder *Germania* die bedeutendste ethnographische Abhandlung der Antike über ein barbarisches Volk.

Tacitus stützt sich in seiner Schrift über das Wesen der germanischen Gesellschaft und über die Verbreitung der Stämme auf gut unterrichtete schriftliche Quellen seiner Zeit. Besonders aufschlussreich werden neben den Berichten römischer Feldherren die Informationen gewesen sein, mit denen Händler von ihren abenteuerlichen Reisen zu den Nordbarbaren zurückkehrten. Vieles verdankt Tacitus ausdrücklich den Unterlagen Cäsars (100–44 v. Chr.) und den *Bellorum Germaniae* (»Germanenkriege«) von Plinius dem Älteren (23–79 n. Chr.), die größtenteils nicht mehr erhalten sind.

Als kulturhistorisches Zeugnis ist die *Germania* allerdings fragwürdig, zumal Tacitus selbst nie in diesem Land war und wie die anderen römischen Historiker die Germanen nur vom Hörensagen kannte. Hinzu kommt die unverhohlene erzieherische Absicht des Autors: Als Anhänger altrömischer Tugenden aus republikanischen Zeiten war er der Auffassung, die Kaiserzeit habe die römische Gesellschaft verdorben. Mit dem Loblied auf germanische Tugenden wollte er seinen Landsleuten auf unterhaltsam-anekdotische Weise einen Spiegel ihres eigenen Verfalls vor Augen halten und ihnen verdeutlichen, dass bei den Barbaren »gute Sitten mehr bewirken als anderswo gute Gesetze«. Die Lektüre der *Germania* vermittelt den Eindruck, unsere Vorfahren seien wahre Übermenschen gewesen: treu, unbestechlich und kampfestüchtig, ihre Frauen anspruchslos und ein Ausbund hoher sittlicher Moral. Man kann sich nicht vorstellen, dass die Römer Gefallen an dieser Botschaft gefunden haben, klang doch die Lobpreisung der edlen Wilden zu übertrieben und rückwärtsgewandt. Warum sollten die Römer Menschen nacheifern, die »nackt und schmutzig zu diesen Gestalten heranwachsen, über die wir nur staunen können«?

Eine äußerst bemerkenswerte und zugleich amüsante These hat der in die *Germania* regelrecht vernarrte Heinrich Böll aus dem Dekadenz-Statement des Tacitus abgeleitet: »Dass sich die

Germanen nicht widerstandslos einfach besetzen ließen, sollte die Römer, Soldaten und Beamte, nicht sonderlich überrascht haben, zumal ja mit der Kultur und der Zivilisation der Eroberer auch ›Verderbnis‹ nahte, jene ›römische Verderbnis‹, die auch Tacitus, den Moralisten, beunruhigte. Da rollte und wogte in Rom die Pornowelle, war Korruption gang und gäbe; mit offensichtlichem Bedauern stellt Tacitus fest: ›Manche Germanen haben wir auch schon so weit gebracht, dass sie Geld nehmen‹.« Böll macht die Germanen zu regelrechten Fundamentalisten, die sich dem Übergriff durch die vergnügungssüchtige Oberschicht Roms widersetzen und ihr unbeflecktes Naturidyll mit aller Macht verteidigen. Allerdings – eine weitere Ironie der Geschichte – sind die Germanen mit der Zeit dann doch dem Duft von Provence und Adria erlegen und haben ihrerseits ausgegriffen auf den südlichen Nachbarn, zuerst als Kollaborateure, dann als Eroberer. Die Verführung durch diese Mischung aus *Pax Romana* und *Dolce Vita* war wohl doch zu groß. Heinrich Böll noch einmal über Tacitus: »Die Germanen mit ihrem ›Freiheitsdrang‹ waren gefährlicher als alle anderen Nachbarn des Römischen Reichs, über die Tacitus ziemlich verächtlich spricht, und es war ja wohl auch kein Zufall, dass die stärksten Truppenkontingente am Rhein lagen. Die Bangigkeit des Tacitus und anderer hat sich als berechtigt erwiesen: von Norden her, von diesen Wilden, diesen ›Sittenstrengen‹, ist das Römische Reich ›aufgerollt‹ worden.« Bei allem Unterhaltungswert, den die von Tacitus wiedergegebenen Anekdoten haben, darf nicht außer Acht gelassen werden, wie ernst er das Germanentum nahm – angesichts der künftigen Ereignisse wohl zu Recht.

Nach der Beschreibung der Sitten und Gebräuche widmet sich Tacitus der detaillierten geographischen Verteilung der Stämme. Bis zum heutigen Tag orientieren sich alle Karten, die die Stammesgeographie jener Zeit wiedergeben, an den Angaben des Tacitus. Die von ihm aufgelistete Vielzahl kleiner Völkerschaften ist charakteristisch für die ursprüngliche Stammesstruktur der germanischen Welt vor und unmittelbar nach der Zeitenwende. Dies sollte sich später zugunsten der Entwicklung germanischer Großstämme ändern.

Die einzigen, die wir aus all diesen fremden Namen heute wieder erkennen würden – Ubier, Tenkterer, Chauken, Cherusker, Kimbern, Langobarden, Hermunduren, Ambronen, Chamaven, Markomannen, Quaden, Gutonen –, sind die Sueben (Schwaben) und die Chatten (Hessen). Bekannte Volksstämme wie die Franken, Alemannen, Sachsen, Thüringer oder Bajuwaren (Bayern) traten erst ab dem 3. Jahrhundert in Erscheinung, die Thüringer erst im 4. und die Bajuwaren gar erst im 6. Jahrhundert. Tacitus legt in seiner Schrift die früheste nachvollziehbare Genealogie unserer »Vorfahren« vor, weswegen seine Auflistung für die Quellenlage von großer Bedeutung ist.

Über die Einteilung der Germanen haben sich die Geister geschieden. Historiker und Archäologen einerseits und Sprachwissenschaftler andererseits waren sich nicht immer einig. Als große Gruppen können gelten die Ostgermanen (Goten, Vandalen, Burgunden), die Nordgermanen (Skandinavier), die Nordseegermanen (Friesen, Angeln, Sachsen) und der ganze Rest der Elb-, Rhein- und Donaugermanen (Franken, Thüringer, Alemannen, Bajuwaren, Chatten, Langobarden). Die klassische Definition »germanisch« meinte die Stämme in den »nassen« Grenzen zwischen Nordsee, Rhein, Donau, Weichsel und Ostsee. Im 3. Jahrhundert dann kam es zum Zusammenschluss der historisch bekannten Großstämme (Franken, Alemannen, Sachsen, Goten). Diese großen Gruppen werden untereinander die gleiche Sprache gesprochen haben. Die Verbreitung der Stämme war allerdings so weiträumig, dass ein rheinischer Franke mit einem südrussischen Ostgoten gewiss große Verständigungsschwierigkeiten gehabt haben wird. Die westlichen Dialekte sind die für uns interessanteste Sprache, da sich aus ihnen über das Alt- und Mittelhochdeutsche die moderne deutsche Sprache entwickelt hat. Aus diesem westlichen Sprachzweig, zwischen Rhein und Elbe entstanden, sind auch das Friesische, Altsächsische und Altenglische, also das heutige Niederländisch und Englisch hervorgegangen. Sprachhistorisch gesehen gehören also Deutsch, Holländisch und Englisch zusammen. Die heutigen Engländer kamen ja aus Norddeutschland; Angeln und Sachsen haben ihre Sprache auf die Insel mitgenommen.

Gotisch ist die bekannteste, weil einzig schriftliche der frühen germanischen Sprachen. Ihr wertvollstes Zeugnis ist die berühmte Bibelübersetzung des westgotischen Bischofs Wulfila und seiner Mitarbeiter aus dem 4. Jahrhundert. Vieles davon enthält der *Codex Argenteus,* eine purpurne Pergamenthandschrift mit silbernen und goldenen Buchstaben aus dem frühen 6. Jahrhundert, die heute zum größten Teil in der Universitätsbibliothek zu Uppsala liegt. Ihre Entstehungszeit dokumentiert das vergleichsweise späte Auftreten einer germanischen Schriftsprache: Während Latein ab 300 v. Chr. belegt ist, wird Gotisch erst im 4. Jahrhundert n. Chr. bezeugt, Altenglisch und Althochdeutsch sind gar erst im 7. und 8. Jahrhundert nachweisbar.

Die *Germania* des Tacitus fand aber keine allzu große Verbreitung. Es gibt nur wenige Hinweise darauf, dass diese Schrift in den folgenden Jahrhunderten von Schriftstellern benutzt worden wäre. Erst im Jahre 1450 tauchte eine einzige Handschrift auf, die vom Kloster Hersfeld nach Rom gelangte und dort kopiert wurde. Etwa zwanzig Jahre später erschienen die ersten Drucke in Italien und Deutschland. Der deutsche Humanist Konrad Celtis nahm die *Germania* 1497 in seine Vorlesungen auf und brachte sie drei Jahre später heraus, womit die Wirkungsgeschichte von Tacitus in Deutschland ihren mitunter verhängnisvollen Lauf nahm. Die Humanisten waren davon begeistert, hatten sie doch endlich eine deutsche Antwort auf die alles überstrahlende Antike gefunden. Das griechisch-römische Altertum war in der Renaissance zum Maß aller Dinge und zum Vorbild für die eigene Kultur geworden. Nun fand sich ein Werk, in dem die Germanen als frühe Deutsche ein leuchtendes Vorbild für die dekadente römische Welt abgaben – und das Preislied stammte von einem antiken Historiker, einem höchsten Autoritätsträger. Endlich hatten die Deutschen ihr eigenes gleichberechtigtes Altertum und sich vom übermächtigen Italien und Rom emanzipiert! Für die Entwicklung eines deutschen Geschichtsbilds war die Wiederentdeckung der *Germania* von grundlegender Bedeutung. Das Germanentum wurde ebenso dankbar wie unbekümmert mit der deutschen Geschichte gleichgesetzt, mit den Ansprüchen an einen »deutschen Menschen« und der Realität einer »deutschen Nation«. Außerdem machte man sich nun daran, die erwähnten Orte und Ereignisse mit wirklichen zeitgenössischen Stätten zu identifizieren. Eine besondere Rolle spielte dabei die Varusschlacht im Teutoburger Wald, die Vernichtung römischer Legionen durch germanische Krieger und Freiheitskämpfer.

Die herzliche, ja fanatische Aufnahme einer immerhin 1500 Jahre zurückliegenden barbarischen Vergangenheit durch die Humanisten verdeutlicht, wie geschichtslos sich die deutsche Gelehrtenwelt der Renaissance vorgekommen sein muss. Auf einmal verehrte man nun das Idealbild einer auf Einfachheit, Ehre und Kampfesmut beruhenden Lebensweise. Die vorsichtigen Äußerungen Heinrich Bölls über unsere Vorfahren rücken das Bild zurecht. Germanen in Reinkultur, gab es so etwas? »Waren sie's wirklich? Sind nicht viele von ihnen ab-, andere zugewandert, hat sich da nicht einiges ›eingemischt‹ und natürlich sehr vieles verändert?« Schauen wir uns die Germanen etwas näher an.

»Nackt, wild und schmutzig« – Das Leben im *Barbaricum*

Wenn auch die antiken Berichte voller Gemeinplätze und Klischees stecken, so sind sie doch nicht wertlos. Es ist bezeichnend und unterhaltsam zugleich, wie die Angehörigen einer Hochkultur ihre Sichtweise der Barbaren formulierten.

Einige freimütige Äußerungen, zitiert nach dem führenden Frühhistoriker Herwig Wolfram, erhellen diese Sicht: »Der Germane ist der ›zornige Mensch‹ schlechthin; wie ein wildes Tier erschreckt er andere und wird durch Fremdes leicht in Schrecken versetzt. Er ist zwar einfach und geradlinig, aber ebenso faul und freiheitsliebend. Zorn, Faulheit und das Verlangen nach Freiheit hängen freilich von der Natur und dem Klima seines Lebensraumes ab. Sein großer Körper ist voller Flüssigkeit, die aber wegen der niedrigen Temperaturen seiner Umgebung nicht verdampfen kann. Dabei ist der Germane voll innerer Wärme, die leicht zur Erregung führt, weswegen er den Weingenuss besser meiden sollte. Die Germanen greifen schnell zu den Waffen, sind jedoch wenig ausdauernd und zielbewusst. Deshalb können sie auch nicht ihre Felder bestellen; die Kulturstifter Ceres und Bacchus haben nicht den Weg zu ihnen gefunden. Wie für Barbaren üblich, tragen die Germanen die Häute wilder Tiere, während der zivilisierte Mensch sich der Wollkleidung bedient.«

Oder: »Allerdings, ob Germanen oder nicht, Barbaren gelten im allgemeinen als schön. Sie sind blond, blauäugig und groß, wenn auch furchtbar schmutzig und den grässlichsten Toilettensitten ergeben. Sie verwenden Butter als Haarpomade, und zwar dann mit besonderer Vorliebe, wenn sie bereits ranzig riecht. Ebenso duften ihre Pelze, die sie auch im sonnigen Süden nicht ablegen. Bloß die eigentlichen Hunnen sind hässlich; kein Wunder, sind sie doch die Söhne von bösen Geistern und aus dem Stamm vertriebenen gotischen Hexen. Unerschöpflich ist die Manneskraft von Barbaren, weil sie nicht vor dem zwanzigsten Lebensjahr Geschlechtsverkehr haben. Das kalte Klima ihrer nördlichen Heimat und deren lange Winternächte fördern ihren ungestümen Drang, sich gewaltig zu vermehren. Wie der nächste Winter sicher kommt, so kommen auch die Barbaren mit der Regelmäßigkeit einer Jahreszeit. Ist einer dieser Heuschreckenschwärme abgewehrt oder gar vernichtet, so taucht schon der nächste aus den Sümpfen und Wäldern Germaniens auf.«

Einen übertriebenen Hang zur *political correctness* kann man den antiken Zeugen wahrlich nicht vorwerfen! Aber wie kommt man zu wissenschaftlichen Erkenntnissen über die alten Germanen? Neben den historischen Schriften gibt es archäologische Funde aus Gräbern und Mooren, die uns die mythischen, blonden Riesen und ihre Alltagswelt näher beschreiben helfen – sie sind Archive des Lebens und des Sterbens. Körpergräber überwiegen erst ab dem 4. Jahrhundert, bis dahin haben die Germanen ihre Toten in der Regel verbrannt. Während aus den Körpergräbern Skelette geborgen werden können, konservieren die Moore durch Luftabschluss und chemische Einflüsse auch die Weichteile von Leichnamen, so dass die Moorleichenforschung faszinierende, mumienähnliche Funde zu Tage gefördert hat, wie beispielweise den Tollundmann und das Mädchen von Windeby.

Auch andere Gegenstände aus organischen Materialien, z. B. Mäntel, haben sich oft erhalten. In den Gräbern wurden die Toten mit Opfer- und Votivgaben bestattet, eine Sitte, die bei den Moorleichen nicht zum Tragen kam. Beide Überlieferungsarten verraten den Archäologen, Anthropologen und Historikern eine Menge über die Lebensumstände der frühen Völker: Wie groß waren die Menschen? Wie trugen sie ihr Haar? Wie ernährten sie sich? Sind anhand der Knochen typische Krankheiten zu erkennen? Wie waren sie angezogen? Welche Waffen und Ausrüstungsgegenstände wurden ihnen ins Grab mitgegeben? Was ist mit Gewändern, Schmuck, Gefäßen oder Münzen? Wurden Tier- und Menschenopfer gebracht? Wenn man zum Beispiel wissen will, ob es bei den Germanen die Todesstrafe gab, so ist eine Moorleiche mit einer Schlinge um den Hals natürlich ein eindeutiges Indiz. Und dann mag wieder Tacitus weiterhelfen, wenn er sagt: »Feiglinge, Kriegsscheue und Männer, die ihren Körper entehrt haben, versenkt man im sumpfigen Moor und wirft Reisig darüber.«

Die Germanen waren in der Tat um einiges größer als die Römer, die Männer waren bis 1,80 Meter und die Frauen bis

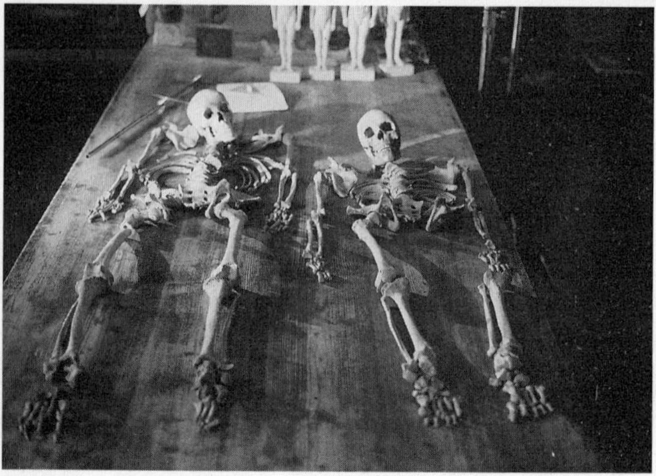

Ein Skelettvergleich belegt den Größenunterschied zwischen Germanen (links) und Römern (rechts).

1,65 Meter groß. Das ist nicht nur den antiken Quellen zu entnehmen, sondern ist auch eine gesicherte Erkenntnis aus einigen Hundert Skelettuntersuchungen.

Nicht alle trugen die langen Bärte, die ihnen die Antike so gerne andichtete. Eine solch auffällige Barttracht war in erster Linie kennzeichnendes Stammesmerkmal der Langobarden, der Lang-Bärte. Der Suebenknoten, ein an der Seite geflochtener Schopf, war eine verbreitete germanische Haartracht, entworfen vom Stamm der Sueben und von vielen anderen Völkern übernommen. Anscheinend trugen sie ihn nicht allein aus ästhetischen Gründen, sondern auch aus Imponiergehabe heraus: »Bis ins hohe Alter kämmen sie das widerstrebende Haar und knüpfen es kunstvoll zusammen. Das ist Schönheitspflege, aber von harmloser Art; denn nicht um zu lieben oder geliebt zu werden, richten sie sich her, sondern um recht groß und furchtbar zu erscheinen: für das Auge des Feindes ist der Putz bestimmt« (Strabon).

Sehr auffällig in den Funden ist der von den Hunnen eingeführte Brauch der künstlichen Schädeldeformation: Hierbei wird der Kopf des Kleinkindes mit Binden verlängert; besonders die Goten und Burgunden übernahmen diese so genannte »Hunnenmode« wohl als Kennzeichnung eines besonderen sozialen Standes.

Obwohl der griechische Historiograph Diodor ein jüngerer Zeitgenosse Cäsars war, unterschied er nicht zwischen Kelten und Germanen – seine Aussagen betreffen daher beide Völkerschaften: »Sie tragen gehörnte Helme und sind meist halbnackt. Ihre Blöße bedecken sie notdürftig mit Tierfellen.« Gerne kolportierten die Römer die Nacktheit der Germanen, was allerdings nicht ganz zutreffend ist. Mag sein, dass manche Stämme – aus kultischen Gründen – nur leicht bekleidet in die Schlacht zogen oder dass sie mitten im Kampf Kleidung abwarfen oder den Oberkörper entblößten, um beweglicher zu sein. Die Germanen kannten jedenfalls bereits zur Bronzezeit Nähnadel und Webstuhl sowie eingefärbte, zum Teil leuchtende Stoffe. Sie waren mit Kitteln bekleidet, bei schlechtem Wetter und im Winter zogen sie einen Mantel über. Legendär waren die keltischen wie germanischen, von den Römern verspotteten Hosen, die bis zum Knie reichten und aus verschiedenen Stoffbahnen bestanden. Die Schuhe waren aus Leder, Strümpfe bzw. Socken kannten sie nicht. Die ärmeren Leute trugen Schaffelle, die reicheren Pelze aus Marder-, Fuchs-, Hermelin- und Zobelfell. Die Kleidung wurde durch so genannte Fibeln (lat. *fibula*) zusammengehalten, kunstvolle Spangen oder Nadeln aus Metall, auf die sich das germanische Kunsthandwerk konzentrierte. Fibeln funktionierten wie Sicherheitsnadeln, mit Spirale, Nadel und Bügel, wobei sie oft mit großen Scheiben oder Kugeln verziert waren. Aufgrund ihrer großen Verbreitung, aber auch weil sie verschiedenen Moden und Zeiten unterworfen waren, gehören die Fibeln auch in der Germanenforschung zum archäologischen Elementarmaterial, sei es in Form einfacher Exemplare oder als Prachtfibeln aus reichen Fürstengräbern.

Die Klischees über stinkende, ungepflegte Zottelfellgermanen und ihr naturbelassenes Erscheinungsbild sind also nicht ganz zutreffend. Die Germanen legten erstaunlich großen Wert auf Körperpflege. Immerhin haben sie die Welt um zwei hygienische Errungenschaften bereichert: um Seife und Haarbürste. Seife bestand aus Wollfett oder Seetang und die Haarbürste aus Schweineborsten. Die Kimbern trugen beispielsweise einen Kulturbeutel am Gürtel, mit Schere, Messer und Pinzette – für die Reinigung schwer zugänglicher Zonen scheinen sie gar Zahnstocher und Wattestäbchen benutzt zu haben. Somit verwundern die Berichte nicht, die den Germanen gepflegte Haare attestieren und Bärte in verschiedenster Ausprägung, darunter feine Schnurr- und Kinnbärte. Und was das blonde Haar der Germanen betrifft – es stand nicht nur bei den Römerinnen hoch im Kurs, sondern war auch bei den Germanen selbst beliebt.

In dem von Tacitus beschriebenen Zeitraum bestand Germanien zu weiten Teilen aus unberührter Urlandschaft, aus Wäldern, Sümpfen, Hochmooren und Heideflächen. Siedlungsflächen mussten also erst durch Rodung geschaffen werden, durch Feuer oder mühsam mit Axt und Spaten. Nach Tacitus ist Germanien durch »seine Wälder grauenerregend oder durch seine Sümpfe grässlich, feuchter, wo es nach Gallien, windiger, wo es nach Noricum und Pannonien hinschaut«. Und überdies sei hinreichend bekannt, »dass die Völker Germaniens in keinen Städten wohnen, ja dass sie nicht einmal untereinander zusammen hängende Siedlungen ertragen.«

Die Siedlungen der Germanen waren in der Tat eher klein, sie fassten höchstens einige Hundert Einwohner. Den ungefähren Umfang der Siedlungen hat man aus den Bestattungsplätzen gefolgert. Die Germanen wohnten in langen, dreischiffigen Häusern, die Platz für bis zu zwanzig Menschen und ihre Tiere boten – das mit Stroh oder Schilf gedeckte, tief nach unten gezogene Dach beherbergte also Wohnraum und Stall nebeneinander. Sie wurden durch hölzerne Pfeiler getragen,

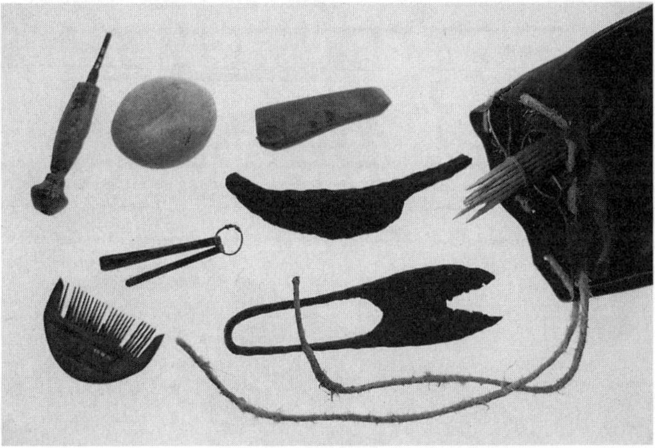

Hygieneutensilien wie ein Kamm aus Horn, ein Rasiermesser samt Schleifstein oder Zahnstocher aus Holz (rekonstruiert) illustrieren, wie der Kulturbeutel eines Kimbern ausgesehen haben könnte.

der Boden war aus Stein oder Holz. Tacitus gefällt die Wohnkultur der Germanen nicht so recht: »Sie verwenden für alles nur unbehauenes Bauholz, das nicht schön anzusehen ist und das Auge auch nicht erfreut.« An den Wänden hingen die Kampfschilde der Männer, Felle waren ausgelegt, es gab eine Feuerstelle, einen Backofen für Brot und einen Webstuhl. Neben den Wohnhäusern standen Speicher oder Nutzgebäude, zum Töpfern oder Schmieden, dann gab es gemeinschaftliche Wasser- und Feuerstellen und einen Friedhof. Häuser und Siedlungen waren umfasst von hohen Zäunen oder Steinmauern zum Schutz vor ungebetenen Gästen.

Die Häuser waren zwar nicht für die Ewigkeit gebaut, aber entgegen häufig vorgebrachter Behauptungen waren die Germanen keine Nomaden, die sich in erster Linie von Viehzucht und der Jagd ernährten. Sie betrieben Ackerbau, wie bereits in der Jastorf-Kultur nachgewiesen ist, und in der *Wulfila-Bibel*

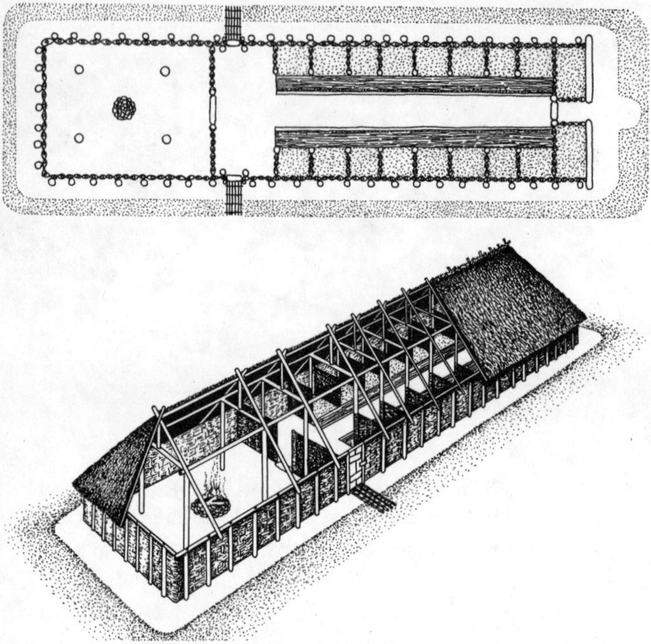

Nordgermanisches dreischiffiges Langhaus um die Zeitenwende, das Menschen und Vieh unter einem Dach beherbergte.

wird deutlich, dass fast alle Wörter für Feldfrüchte und Getreidearten gotischen Ursprungs waren. Welche Nutzpflanzen am weitesten verbreitet waren, weiß man zum Beispiel auch aus dem Mageninhalt der Moorleichen. Die widerstandsfähige Gerste überwog, sie war die Grundlage verschiedener Gerichte wie auch eines bierähnlichen Getränks. So weiß Tacitus zu berichten: »Als Getränk dient ihnen ein Saft aus Gerste oder Weizen, der zu einem weinähnlichen Gebräu vergoren ist.« Gewiss hat dieses Getränk bei den Germanen eine überragende Bedeutung gehabt. Sie haben es aber weder erfunden noch ihm den unnachahmlichen Geschmack verliehen – denn Hopfen wurde bei der Bierherstellung erst in den mittelalterlichen Klöstern verwendet. Eigentlich weiß man nur, dass dieses Getränk dem Bier ähnelte und die Germanen es in der Tat in riesigen Mengen zu sich nahmen. Die in Gräbern gefundene Vielfalt an Hörnern, Pokalen, Glasgefäßen ist beeindruckend und über den gesamten Zeitraum verbürgt. Einzelne Trinkhörner weisen ein Fassungsvermögen von über zehn Litern auf, was ein beredtes Zeugnis ist für den legendären Durst unserer Vorfahren und ihre oft tagelangen Feste.

Die Äcker konnten nicht kontinuierlich bewirtschaftet werden, da die Germanen eine hochentwickelte, Boden schonende Felderwirtschaft mit sich entsprechend abwechselnden Feldfrüchten und Getreidesorten nicht kannten und kaum Dünger verwendeten. Schon aus diesem Grund waren sie zu einer gewissen Wanderschaft gezwungen, um immer wieder neue fruchtbare Äcker zu finden. Über die Schwere der germanischen Lebensbedingungen gehen die Meinungen ein wenig auseinander, so ist die etwas hochnäsige Auffassung antiker Autoren, das nördliche Europa bestünde weitgehend aus unfruchtbaren Wäldern, gewiss übertrieben. Dennoch wird das Leben hart genug gewesen sein, besonders in strengen Wintern. Die Ernährung war alles andere als vielseitig und üppig, so dass man vor allem bei den Stämmen tief im Landesinnern ohne Kontakt zu südlichen Grenzvölkern eine Mangelwirtschaft annehmen muss. Die Menschen hungerten und litten unter vielfältigen Erkrankungen, besonders an Knochen und Gelenken. Sie müssen schlimme Zahnschmerzen gehabt haben. Seuchen und Infektionen standen sie machtlos gegenüber. Das Durchschnittsalter betrug dreißig Jahre, oft starben die Frauen im Kindbett. Die Sterblichkeitsrate von Säuglingen war extrem hoch, nur jedes dritte Kind erreichte das Erwachsenenalter.

Die Viehzucht stand wohl, Tacitus zufolge, bei den Germanen an erster Stelle: »Ihr Wohlstand beruht auf ihren Herden.« Das Vieh war in den Langhäusern untergebracht, das wichtigste Tier war das Rind, das Fleisch und Milch lieferte und als Arbeitstier diente. Außerdem gab es Schweine, Schafe und Ziegen; Pferde waren seltener. Es ist interessant, dass die meisten Tiere kleiner waren als in Südeuropa, da die Germanen bei der Zucht keine fremden Rassen hinzuzogen – so waren ihre Rinder und Pferde gerade mal 1 Meter bzw. anderthalb Meter groß. Die Jagd spielte für die Ernährung der Germanen keine große Rolle, weil sie zu zahlreich waren. Mochten die Wälder noch so wildreich gewesen sein – Rothirsche, Elche, Wildschweine, Auerochsen und Wisente hätten niemals ausgereicht, um sie alle zu ernähren.

Der wichtigste Handwerker war der Schmied, dann kamen Töpfer und Tischler. Das Eisen wurde aus Erz geschmiedet, das man in flachen Bodensenken fand oder in Erzgruben abbaute. Erst unter keltischem Einfluss lernten sie, Stahl zu verarbeiten und ersetzten dann ihre gusseisernen Schwerter durch leichtere und widerstandsfähigere Waffen. Was den Handel mit der römischen Nachbarschaft seit Kaiser Augustus anbelangte, konnten die Germanen ihre Rohstoffe wie Bernstein von der Nord- und Ostseeküste und langes blondes Frauenhaar für Perücken der Römerinnen in die Wagschale werfen. Bei den übrigen Gebrauchsgütern wie Felle, Leder, Getreide oder Vieh lohnte sich nur der Handel in grenznahen Gebieten. Vor allem aber blühte der Sklavenhandel, der das germanische Handelsdefizit auszugleichen half, denn germanische Sklaven waren in Rom ungeheuer begehrt. Römische Händler hingegen führten vorwiegend Kunst- und Luxusgüter nach Germanien ein: Bronze- und Silberkessel, Glas- und Tonwaren aus roter *terra sigillata* (Keramik mit Relief-Ornamenten), Trinkbecher und Bronzestatuetten, Fibeln, Spiegel und Schmuck sowie Waffen und Wein. Ob die Germanen, wie manche behaupten, dem römischen Wein sehr zugetan waren, wird eher bestritten, da die Funde von Weinamphoren in Germanien sehr spärlich sind. Nicht zu vergessen ist auch der reichhaltige Münzimport, da römische Münzen wegen ihres hohen Edelmetallgehalts bei den Germanen äußerst beliebt waren und sie aus dem eingeschmolzenen Edelmetall eigenen Schmuck herstellen konnten. Der archäologische Befund ist hier eindeutig: Im ganzen Germanien östlich des Rheins und nördlich der Donau finden sich diese zum großen Teil sehr wertvollen römischen Importe als Grabbeigaben, besonders intensiv ab dem 2. Jahrhundert. Einiges wird den Weg nach Germanien als Beute angetreten haben, oder aber es handelte sich um diplomatische Geschenke der Römer an germanische Stammesfürsten.

Selbstverständlich war der Familienbegriff bei den Germanen patriarchalisch definiert. Und doch wurde der Frau großer Respekt entgegengebracht, bei ihr suchte der Mann Rat. Immer wieder erwähnen historische Quellen, dass Frauen bei den großen Wanderungen über den einzuschlagenden Weg befragt wurden – weise Frauen wurden als Priesterinnen geschätzt und angehört. »Sie glauben sogar, irgend etwas Heiliges und Seherisches wohne den Frauen inne, und deshalb weisen sie weder ihre Ratschläge zurück noch übergehen sie ihre Bescheide.« Nirgends wird die Absicht des Tacitus, den verdorbenen Römern den Spiegel vorzuhalten, deutlicher als im Zusammenhang mit den germanischen Frauen. Die anspruchslosen Frauen haben es ihm im Gegensatz zu den Römerinnen offenbar angetan: »Also leben sie in wohlbehüteter Keuschheit, durch keine lüsternen Schauspiele und keine aufreizenden Gelage verführt.« Tacitus rühmt die Monogamie der Germanen, man hält dort die »Ehen sehr streng ein, und keinen Bereich ihrer Sitten sollte man mehr loben«. Während die Frau bei Ehebruch eine furchtbare Strafe zu gewärtigen hatte, durften hochgestellte Männer mehrere Frauen haben, wobei »sie sich jedoch nicht aus Sinnlichkeit so verhalten, sondern wegen ihrer vornehmen Herkunft mehrfach mit Heiratsangeboten umworben werden«. Ein kleiner Kratzer am Image der edlen Wilden, den Tacitus natürlich keineswegs überdecken kann. Für diese offensichtliche Inkonsequenz hat der römische Historiker bis heute viel Schelte bekommen. Pikant dann auch sein Schlussgedanke zum Thema, als er meint: »Noch besser steht es fürwahr um die Stämme, in denen nur Jungfrauen heiraten dürfen und die Hoffnungen und Wünsche der Frau nur einmal in Erfüllung gehen.«

In vielen Darstellungen der Germanen werden die Stammesversammlungen, das *Thing* (Ding), als eine besondere politische Kultur hervorgehoben. Auch Heinrich Böll vermerkt bei diesen »Wilden mit eigener Religion, eigenem Kult, eigenen Sitten« ein System mit »demokratischen Ansätzen in ihrem Gemeinwesen, wie sie wahrscheinlich in der damaligen Welt kaum zu finden waren«. Im *Thing* beriet die Gemeinschaft aller freien Männer über wichtige Stammesangelegenheiten, über Recht, Krieg und Frieden. Es gibt allerdings nur sehr wenige Berichte darüber, wie solche Versammlungen abliefen und welche Bedeutung sie genau hatten. Sie schienen eher Erörterungs- als Entscheidungsstätte zu sein, die wahren Regierungsgeschäfte oblagen den Stammesführern und Königen. Vermutlich fanden sie nur wenige Male im Jahr im Einklang mit religiösen Festen statt.

Hinsichtlich der Kultformen und Gottheiten der Germanen spielten Krieg und Tod die zentrale Rolle, danach, wie in allen primitiven Kulturen, auch die Fruchtbarkeit. Über die – allerdings viele Hunderte Jahre jüngeren – nordgermanischen Jenseitsvorstellungen unterrichtet uns die ältere *Edda,* eine vom isländischen Dichter Snorri Sturluson (1179–1241) aufgeschriebene Sammlung germanischer Götter- und Heldensagen. Odin (german. Wodan) aus dem gewaltigsten Göttergeschlecht der Asen ist der Herr der Götter und Menschen: Er ist Künder der höchsten Weisheit, sieghafter Kämpfer und Gott der Schlachten. Seine Botinnen sind die Walküren – göttliche Jungfrauen, die über die Schlachtfelder reiten, die Gefallene durch ihren Kuss zum ewigen Leben erwecken und ins Totenreich Walhall geleiten. Dort hatten die toten Krieger genug Zeit und Raum, um zu trinken und zu raufen, so viel sie wollten. Nächster in der Hierarchie nach Odin ist Thor (german. Donar), der Gott des Blitzes und Donners, der Winde und der Wolken; er schenkt im Gewitter Fruchtbarkeit. Und schließlich regiert in dieser

Göttertrias Freya, die Ur- und Erdmutter aus dem Geschlecht der Wanen, zauberkundige Göttin der Liebe, der Ehe und der Fruchtbarkeit. Die Wochentage Mittwoch (Wodanstag), Donnerstag und Freitag – *Wednesday, Thursday* und *Friday* im Englischen – spiegeln die Namen der alten germanischen Gottheiten wider.

Nach Ansicht Cäsars hatten die Germanen weder Götter noch Priester, sondern waren Naturmystiker, die Sonne, Mond und Feuer verehrten. Das stimmte aber nicht. Tacitus weiß, dass sie ihre Götter in offener Natur suchten, in Lichtungen, Hainen und Mooren: »Im übrigen halten sie es mit der Erhabenheit des Himmlischen für unvereinbar, Götter in Wände einzuschließen und sie irgendwie menschenähnlich darzustellen.« Die Germanen traten ihren Göttern gegenüber allerdings recht selbstbewusst auf. Als Pragmatiker erwarteten sie von den Göttern Gegenleistungen, sei es bei ihnen dargebrachten Menschenopfern (die übrigens noch nach der Zeitenwende vorkamen) oder im Krieg: War ihnen der Sieg abhold, hatte auch der Gott versagt, und man suchte sich einen anderen. Angeblich kam es auch vor, dass sie vor einer Schlacht den Gott des Feindes anriefen und ihm opferten – und sie versprachen, zu ihm überzulaufen, wenn er ihnen half. Diese erfolgsorientierte, nicht durch Demut bestechende Haltung gegenüber den Mächten des Jenseits ist bemerkenswert und vielleicht auch ein Grund dafür, warum es dem Christentum letztlich nicht allzu schwer fiel, die Götter der Heiden in die Flucht zu schlagen. Denn Christus siegte (fast) immer.

Schreiben und Lesen war den Barbaren weitgehend unbekannt. Außer der großartigen Leistung des Bischofs Wulfila, der die Bibel im 4. Jahrhundert ins Gotische übersetzte und dafür aus griechischen, lateinischen und runischen Schriftzeichen ein eigenes Alphabet entwickeln musste, sind bei den Germanen bis zum Ende der Völkerwanderung keine Versuche festzustellen, ihre mündliche Sprache in eine adäquate Schrift zu übertragen. Ab dem 2. Jahrhundert setzte allerdings eine Art Kommunikationssystem ein, das auf Zeichen beruhte, den so genannten

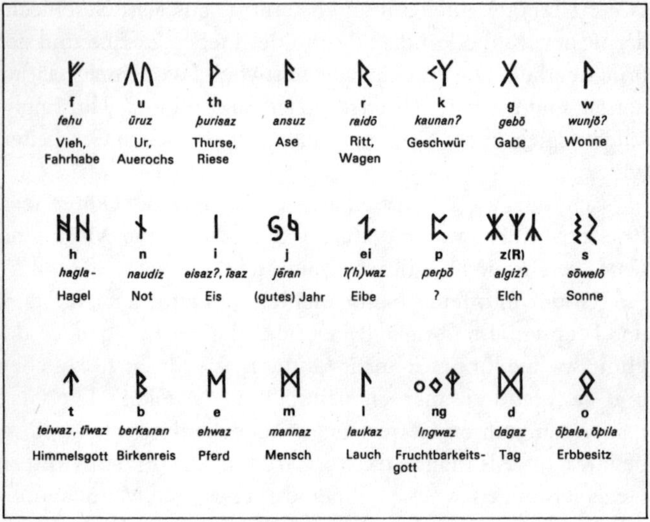

Runenalphabet

Runen. So wurden sie seit dem 17. Jahrhundert genannt, woher sie kamen, ist nicht ganz geklärt. Am wahrscheinlichsten ist, dass sie aus dem Alphabet der Etrusker in Norditalien abgeleitet wurden. Gotisch *runa* ist die Übersetzung von griechisch *mysterion* (Geheimnis), also kann man davon ausgehen, dass sich der kultische Gebrauch der Runen zuerst auf einen kleinen Kreis von Eingeweihten beschränkte.

Die Runen waren bildlichen Gehalts, so dass sie nur kurze Mitteilungen transportierten und ganz besonderen Gelegenheiten vorbehalten waren: Man findet sie auf Waffen, Schildbuckeln, Fibeln, Schmuck; sie stellen einzelne Namen oder Wörter dar. Offensichtlich sollten sie den Dingen eine magische Kraft verleihen, Götter verehren, Feinde verfluchen oder Weissagungen beeinflussen. Sie wurden in Holz geritzt. Im Englischen wie im Deutschen ist dies sprachlich übrigens noch verankert: dem Verb »ritzen« entstammt das englische Wort für Schreiben »to write«, und »Buchstaben« haben wir, da die Runen häufig in Buchenstäbe hineingeritzt wurden. Spätestens mit Aufkommen der christlich-mittelalterlichen Schrift waren die Runen zugunsten des lateinischen Alphabets verschwunden.

Das von Bischof Wulfila übersetzte Vaterunser vermittelt einen ungefähren Eindruck von der Lautung der gotischen Sprache.

Das gotische Vaterunser
des Bischofs Wulfila

Atta unsar, thu in himinam
Weihnai namo thein;
Qimai thiudinassus theins,
Wairthai wilja theins,
Swe in himina
Jah ana airthai.

(Vater unser, du in den Himmeln,
geweiht sei dein Name;
es komme deine Herrschaft,
es werde dein Wille
wie im Himmel
so auch auf Erde.)

Die blonden Krieger des Nordens – Ein römisches Trauma

»Die Barbaren sind unvernünftige, zweibeinige Tiere. Zieht ein Gewitter auf, so meinen sie, der Himmel stürze ein; sie geben jeden Vorteil auf und verlassen fluchtartig das Schlachtfeld. Andererseits sind sie von einem furchtbaren Todestrieb beseelt und scheinen sich am Sterben zu freuen. Auch ihre Frauen greifen zu den Waffen und kämpfen an ihrer Seite.«

Die Fassungslosigkeit der römischen Schriftsteller angesichts der germanischen Krieger füllt Bände. Der entscheidende Wesenszug der germanischen Stammeskultur war gewiss das Kampfethos – die Germanen waren eine Gesellschaft von Kriegern. Es galt als ehrenvoll, im Kampf zu sterben. Ihr Tod war für sie nichts Endgültiges, so dass sie vor Fehden und Schlachten nicht zurückschreckten. »Ja, als faul und träge gilt es sogar, mit Schweiß erwerben zu wollen, was man mit Blut gewinnen kann«, schreibt Tacitus. Ihre physische Kraft, ihre zahlenmäßige Stärke und ihr frappierender Mut haben sie die unglaublichen Umwälzungen der Völkerwanderung und den Zusammenbruch des Weströmischen Reiches überstehen lassen. So sehr ihre Widerstandsfähigkeit auf ihr Kämpferherz zurückzuführen ist, so selbstzerstörerisch konnte dieses aber auch sein. Herwig Wolfram hat den typischen Zustand der barbarischen Gemeinschaft und die innewohnenden Gefahren wie folgt beschrieben:

»Hunger und Not bedrohten ständig die germanische Stammesgemeinschaft. Sie entstanden aber nicht, weil sich die Bevölkerung in den langen Winternächten ihrer nördlichen Heimat ungestüm vermehrte, sondern wegen der allgemeinen Friedlosigkeit und Ausgesetztheit einer barbarischen Gesellschaft. In dieser bildete der Krieg den Normalzustand und musste der Friede erst vertraglich festgelegt werden. Auch herrschte grundsätzliche Ungleichheit; je nach Herkunft, Geschlecht und Alter besaßen Mann, Frau und Kind einen bestimmten Wert, den ihnen das Wergeld garantierte, das heißt ein materieller Betrag, der im Falle der Verletzung der psychischen und physischen Integrität als Buße fällig war. Die ständige Bedrohung der sozialen, wirtschaftlichen wie physischen Existenz des einzelnen wird auch oft genug ausgesprochen und gilt als einer der Hauptgründe für den Übertritt oder das Überlaufen von Germanen zu den Römern, um dem gefährlichen Leben als Barbar zu entkommen. Der Feind ist in dieser Umwelt nicht bloß das Volk, das jenseits einer breiten, zumeist verwüsteten Grenzzone haust, sondern bereits das Nachbardorf, der nächste Häuptling und sein Clan oder die andere Sippe desselben Stammes.«

Wenn sich die Forschung in der Einschätzung der germanischen Lebensqualität auch nicht immer ganz einig ist – war denn die nordische Natur so unerbittlich, die Ernährung so mangelhaft? –, so herrscht doch Übereinstimmung über die gewaltige Ruhelosigkeit ihrer politischen Kultur und Volksseele. Das hatte schon Cäsar bemerkt, der die Germanen im Gegensatz zu den Galliern als nicht zivilisierbar einstufte. Zweifellos kann man davon ausgehen, dass ein entscheidender Impuls für die germanische Wanderschaft Richtung Süden von dem Wunsch bestimmt war, ein sicheres und friedliches Leben zu führen: Glück definiert als Wohlstand und Abwesenheit von Krieg. Die Instabilität der germanischen Gesellschaft, in der Friede die Ausnahme war und eines Vertrags bedurfte, ist symptomatisch für die Verhältnisse vieler primitiver Völker und häufig auf die gleiche Ursache zurückzuführen: die überragende Bedeutung von kriegerischem Ethos. Die Reputation des Einzelnen hängt von seiner Bewährung im Kampf ab – je wagemutiger, desto angesehener. Dies setzt natürlich das Vorhandensein von Kriegen voraus, weswegen nun auch nachvollziehbar ist, warum sich die Germanen in Friedenszeiten anscheinend furchtbar langweilten: »Wenn sie nicht in den Krieg ziehen, verbringen sie nicht viel Zeit mit der Jagd, mehr mit Nichtstun, dem Schlafen und Essen ergeben. Gerade die tapfersten und größten Krieger tun gar nichts, wobei die Sorge um Haus, Herd und Äcker den Frauen, den älteren Leuten und den schwächsten Mitgliedern eines Haushalts übertragen ist. Sie selbst aber sind träge aus einem sonderbaren Widerspruch in ihrem Wesen heraus, da dieselben Menschen so sehr das Nichtstun lieben und die Ruhe des Friedens hassen.«

Das Leben in der Gemeinschaft war auf einem patriarchalischen System aufgebaut, das nach Befehl und Gehorsam funktionierte. Die kleinste Organisationseinheit war die Sippe, die aus der Großfamilie bestand, dem Verbund der Blutsverwandten. Da es keine Rechtssicherheit im modernen Sinne gab, also keine staatlich verankerte Ordnungsinstanz, spielten Haus und Sippe eine zentrale Rolle. Innerhalb der Sippe wurden alle Rechts- und Ehrschutzangelegenheiten geregelt, bis hin zur

Blutrache. Die Sippe übernahm eine wichtige Funktion nach außen, da man sich gegen Verbrechen selbst schützen musste. Auch im Krieg spielte der Sippengedanke eine wichtige Rolle, weil die Kämpfer innerhalb ihrer Sippe zusammenblieben und auf diese Weise füreinander kämpften, was ihre Wehrhaftigkeit verbesserte. Mitunter erstreckte sich der *pagus,* Gau, eine Organisationseinheit aus mehreren Sippen, auf ein gemeinsames Siedlungsgebiet, und danach kam das Volk, der Stamm.

Auch die germanischen Stämme kannten eine Adelsschicht, in die man – wenn keine göttliche Herkunft nachzuweisen war – durch besondere Leistungen aufsteigen konnte. Die Adligen durften sich eine Gefolgschaft halten, d. h. Verträge mit Freien abschließen, die in Kriegszeiten für ihren Herrn zu Felde zogen, in Friedenszeiten allerdings versorgt werden mussten. Im Krieg konnte dieses System dem Fürsten reiche Beute einbringen, danach kamen unter Umständen hohe Kosten auf ihn zu. Die Gefolgschaft kleiden, ernähren und bewaffnen, konnten sich nur reiche Adlige leisten.

Das Gefolgschaftssystem war gewiss nicht dazu angetan, eine friedliche Gesellschaft zu garantieren, ganz im Gegenteil. Tacitus beschreibt die Folgen sehr anschaulich: »Die Herren kämpften für den Sieg, die Gefolgschaft für den Herrn. Wenn der Stamm, in dem sie geboren wurden, in langer Friedens- und Ruhezeit träge wird, dann suchen viele vornehme junge Leute von sich aus die Völker auf, die gerade irgendeinen Krieg führen, denn einerseits ist dem Menschenschlag Ruhe unangenehm, und leichter werden sie in gefährlichen Situationen berühmt; auch wird man ein großes Gefolge nur mit Gewalttaten und Krieg zusammen halten.«

Aus den Kreisen des Adels wurden bei manchen Stämmen Könige gewählt. Dieses Königtum sollte man sich aber nicht allzu repräsentativ und herrschaftlich vorstellen, da die Könige kleine Gebiete regierten und echte Monarchien erst viel später mit dem Kontakt zu Rom entstehen sollten. Die Könige dieser frühen germanischen Stämme waren oberster Priester, Richter und Heerführer zugleich. Sie wurden bei ihrer Wahl auf den Schild gehoben und erhielten als Zeichen ihrer königlichen Würde den Königshort voller Schmuck und Schätze. Um die Zeitenwende waren viele dieser archaischen Kleinkönige verschwunden. Die Stämme wurden von Kriegsherren angeführt, die um den Vorrang und die Herrschaft kämpften – war unter ihnen einer, dem man königliche Ambitionen anmerkte, wurde es für ihn gefährlich. Im Zuge der Wanderungen setzte sich das Königtum der Heerführer gegen das ältere Königtum durch: gewählt wurden Heerführer *(duces)* wegen ihrer Tüchtigkeit *(ex virtute)*, und nicht Könige *(reges)* wegen ihrer Herkunft *(ex nobilitate)*. Entscheidend war, ob sie ihre Anhänger siegreich in neue Gebiete führten und sie dauerhaft reichlich versorgten. Bestimmt hat diese leistungsbezogene Herrschaftsbestellung die Kampfkraft der germanischen Völker maßgeblich gesteigert. Am Ende sollte mit der Großstammbildung der Goten oder Franken ein mächtiges monarchisches Großkönigtum entstehen.

Heil (ahd./mhd. *heil:* gesund, unversehrt) hatte man, wenn man tüchtig war und Glück hatte. Heil benötigte der König, um einen Krieg zu gewinnen, um seinem Volk Ruhm und Reichtum zu bringen – und Beute seinen Kriegern, die vom Heil des Königs profitierten. Heil war, wessen Ehre intakt war. Wurde einem Menschen körperlich oder materiell Schaden zugefügt und er in seiner Ehre verletzt, verlor er dieses Heil und war »feig«, dem Tode geweiht – es sei denn, er stellte seine Ehre durch Rache wieder her.

Wie muss nun die Streitkraft der germanischen Truppen bewertet werden? Die Römer hatten großen Respekt vor den physisch starken, blonden Kriegern aus dem Norden. Von Beginn an haben sich die Germanen im Kampf gegen die Römer wahrlich gut geschlagen, obwohl sie hinsichtlich ihrer Bewaffnung und Rüstung der Militärtechnik der Römer weit unterlegen waren. Es wäre jedoch falsch, zwischen Römern und Germanen eine grundlegende Feindschaft anzunehmen, die sich in ununterbrochenen militärischen Auseinandersetzungen entlud. Wie der spätere Varus-Bezwinger Arminius dienten schon unter Cäsar germanische Soldaten bei den Römern und lieferten sich die Germanen schon immer blutige Schlachten untereinander. Der Offizier Vellejus Paterculus, der nach der Varus-Niederlage in Germanien weilte, sah in ihnen unmenschliche Wilde, die an Menschen nur aufgrund ihrer Gestalt und ihrer Sprechfähigkeit erinnerten.

Über das Aussehen der Waffen der Germanen geben Abbildungen auf Steinreliefs, Grabbeigaben und Funde in Mooren Aufschluss. Die Waffenbeigabe nahm nach der Zeitenwende stark zu. Sie war als eine Weihgabe zu verstehen, d. h., den toten Kriegern wurde Ehre erwiesen, indem sie mit ihren Schwertern, Lanzen oder Schilden bestattet wurden. Große Votivhorte sind besonders für das 3. und 4. Jahrhundert in Norddeutschland und Dänemark belegt, wo die Moore bzw. später vermoorte Seen Waffenarsenale konserviert haben, die auf alte Kriegergemeinschaften hinweisen. Berühmte Opferstätten sind die im 19. Jahrhundert geborgenen Nydam und Thorsberg, aktuell erschlossene Orte sind Illerup und Ejsbol in Dänemark und Skedemosse in Ödland. Nydam ist das wohl bekannteste Moor, hier wurden seit 1858 neben Waffen, Schmuck, Gewändern und Geräten des 3. bis 5. Jahrhunderts vor allem die berühmten Schiffe geborgen, die komplett erhalten waren.

Die Waffen der Germanen beruhten auf der Erzgewinnung und später auf der Metallverarbeitung. Am Gürtel eines Kriegers hingen Messer, Axt und Schwert, seine Hauptwaffe aber war die »Frame«: eine 2 Meter lange Lanze, bestehend aus einem Holzschaft und einer zweischneidigen Eisenspitze für den Nah- und Fernkampf. Große Schwerter und Lanzen waren zunächst aufgrund des Eisenmangels wohl selten. Doch verfügten die Germanen über einschneidige Hiebschwerter, »Sachse«, nach denen die Sachsen benannt wurden. Später kam das zweischneidige Kurzschwert auf, das dem ähnlichen, ebenfalls zweischneidigen *gladius* der Römer nachempfunden war. Einziger

Speer- und Lanzenspitzen sowie Schildbuckel aus dem Moor (2./3. Jahrhundert), die dem berühmten Thorsberg-Fund von 1858–1861 entstammen.

Schutz waren Schilde aus Ahorn- und Eschenholz: Sie waren prächtig bemalt und sollten dem Gegner zeigen, mit wem er es zu tun hatte; hiermit hängt der Begriff »schildern« zusammen. Diese Schilde wurden aber auch zur lautstarken Untermalung der Schlachtgesänge eingesetzt, indem man beim Angriff den eigenen Stammesnamen hineinbrüllte. »Angestrebt wird nämlich vor allem ein rauer Ton und ein stoßweises Dröhnen; man hält dazu die Schilde vor den Munde, damit die Stimme durch den Widerhall voller und dumpfer anschwillt«, weiß Tacitus zu berichten. Seinen Schild zu verlieren, bedeutete höchsten Ehrverlust und führte nicht selten zum Freitod des Kriegers.

Mit dem Beginn der Völkerwanderung nahm die Verbreitung des Schwerts deutlich zu. Der Wurfspieß blieb die Waffe für die größere Distanz, weniger eingesetzt wurden Pfeil und Bogen, doch die Wurfaxt durchschlug so manche gute Panzerung. Man hat sich darüber gewundert, dass die Barbaren von Anfang an ohne Rüstung kämpften und fast ungeschützt in den

Kampf zogen. Nur wenige Krieger besaßen Helme, und erst nach der Völkerwanderung setzten sich bei den gotischen Reitern Kettenhemde und Schuppenpanzer durch.

Die germanischen Kampfverbände wurden in Hundertschaften aufgestellt. Man griff in Keilform an, wobei die Sippen zusammen blieben. Die Germanen kämpften eigentlich zu Fuß, nur die Adligen waren zu Pferd. Die militärische Stärke der frühen germanischen Truppen bestand in ihrer großen Kriegerzahl, in ihrer Furchtlosigkeit und Körperkraft. Sie sind nicht wegen genialer Strategien in die Militärgeschichte eingegangen. Sie waren auf überfallartige Attacken und Angriffe aus dem Hinterhalt spezialisiert. Wenngleich die Fußtruppen für die germanische Kampfweise charakteristischer waren als die Reiterei, erwarben sich die Reiter auf ihren kleinen Pferden bei der römischen Armee einen ausgezeichneten Ruf. Die Reiter der Bataver, so Tacitus, konnten in voller Montur Flüsse wie die Donau durchqueren. Cäsar berichtet, dass in Gallien unter dem Suebenkönig Ariovist 6000 Reiter und ebenso viel Infanterie in unglaublicher Geschwindigkeit vorstürmten, ihre Speere warfen, zurückfielen und erneut angriffen.

In der Spätantike gewann der germanische Reiterkrieger immer mehr an Bedeutung, auch die Römer stellten ab dem 3. Jahrhundert die Kavallerie in den Mittelpunkt ihres Heeres. Berühmt wegen ihrer gepanzerten Lanzenreiter waren die Ostgoten, von denen ein kleiner Reiterverband die berühmte Schlacht von Adrianopel im Jahr 378 entschied. Danach begannen auch die Westgoten eine schlagkräftige Kavallerie aufzubauen, unter König Alarich sollten sie dann über alles hinwegstürmen, was sich ihnen in den Weg stellte. Die gotischen Reiter wurden zur Legende. Sie führten eine lange Stoßlanze, genannt »Contus«, mit einem Fähnchen mit sich und trugen eine leichte Rüstung, den berühmten Spangenhelm mit Nacken- und Wangenschutz und einen Panzeranzug. Für den Zweikampf waren sie mit Schwert und Schild ausgerüstet. In dichten Formationen ritten sie auf gepanzerten Pferden gegen den Feind.

Interessant ist, wie sich die Beziehungen zwischen den Heeren der Römer und denen der Barbaren entwickelten. Die Strukturen glichen sich einander an. Zählte eine Legion in der Blütezeit Roms jeweils 6000 Soldaten römisch-italischer Herkunft, hatte sich diese Zahl in der Mitte des 4. Jahrhunderts halbiert. Später fiel das Kontingent einer Legion auf 1000 Mann zurück und erreichte damit genau die charakteristische Einteilung nach Tausendschaften, wie sie die großen Barbarenheere der Vandalen oder Westgoten aufwiesen. Die eklatanteste Entwicklung vollzog sich allerdings mit der Germanisierung des römischen Heeres. Die Germanen machten zu Beginn der Völkerwanderung den Großteil des römischen Heeres aus, sodass ab einem bestimmten Zeitpunkt alle Schlachten auf dem Gebiet des Römischen Reichs zwangsläufig von Germanen geschlagen wurden. Barbaren kämpften gegen Barbaren: jene, die nicht dem Römischen Reich angehörten, gegen jene, die in römischen Diensten standen.

Junge, kriegerisch erzogene Germanen sehnten sich nach einer Karriere im römischen Heer. Hier hatten sie die Gelegenheit, ihre Fähigkeiten in die Waagschale zu werfen, römische Kultur kennen zu lernen, Ansehen zu erlangen und reich zu werden. Dass sie so schnell eine zentrale Rolle in den kaiserlichen Heeren spielten, hing bestimmt auch mit dem Mangel an kriegsfähigen Soldaten in Italien zusammen. Die barbarischen Krieger waren die besten Ressourcen, die das freie Germanien zu bieten hatte. Auch der Varus-Bezwinger Arminius hatte die römische Kriegsschule absolviert. Über den Einfluss der germanischen Heerführer auf das Römische Reich schreibt der englische Historiker Malcolm Todd: »Ende des 4. und Anfang des 5. Jahrhunderts waren unter den höchsten Heerführern viele Germanen, besonders im Westen. Ihre Macht war ebenso groß, wenn nicht sogar größer als die der Kaiser, in deren Diensten sie doch standen.« Als Oberbefehlshaber römischer Heere in der Zeit entscheidender Kriege im 4. Jahrhundert machten die Alemannen und besonders die Franken von sich reden. Silvanus zum Beispiel war ein Franke, der sich nach in Gallien erworbenen Meriten selbst zum Kaiser ernannte, in der Folge aber von seinen Soldaten ermordet wurde. Schließlich gelang der entscheidende Schritt zum Heermeister erstmals einem König der Barbaren: Der Westgote Alarich I. wurde *Magister militiae.* Dieses höchste Amt hinderte ihn nicht daran, im Jahr 410 nach Rom zu marschieren und die Stadt zu erobern.

Konnte man die Rekrutierung germanischer Soldaten in römische Dienste als eine Lieferung von Ressourcen bezeichnen, so fand umgekehrt ein Know-how-Transfer statt, auf den selten hingewiesen wird. Da die Römer den Germanen in ihrer taktischen Ausbildung weit überlegen waren, dienten viele römische Feldherren in den Heeren der Germanen, bei Westgoten, Franken, Vandalen und Alemannen. Sie konnten diesen Streitkräften aber nicht die gleiche Perfektion vermitteln, mit der die römischen Legionen ihrem Imperium zur Weltmacht verholfen hatten, weder im waffentechnischen noch im strategischen Sinn.

Es wird jedoch deutlich, wie global die militärischen Verhältnisse jener Zeit aussahen. Waren die Germanen noch unmittelbar vor der Zeitenwende dem Leben kleiner Stämme im freien, wilden *Barbaricum* verhaftet, schrieben sie später als Heerführer im Römischen Reich Weltgeschichte. Die Bezeichnung der »lernfähigen Barbaren«, auf die im Sinne von Friedrich Prinz bereits hingewiesen wurde, reift im Zusammenhang mit den militärisch-politischen Karrieren der Barbaren zu seiner vollsten Berechtigung heran. Wie ein Parzival oder d'Artagnan zu großen Rittern und Musketieren wurden, so haben auch die lernfähigen Neuankömmlinge aus der germanischen Wildnis ihren Weg in einer fremden, hochentwickelten Gesellschaft mit Bravour gemacht. Man wäre fast versucht zu sagen: Sie kamen, sahen und siegten ...

Furor teutonicus – Der Marsch der Kimbern und Teutonen

Sie waren der Inbegriff unheimlicher Fremdartigkeit, unbezähmbarer Kraft und furchtbarer Raserei: die Kimbern und Teutonen, die aus dem Nichts auftauchten und *Roma aeterna* das Fürchten lehrten. Sie waren die erste germanische Wanderlawine aus dem hohen Norden, derer die zivilisierte Welt ansichtig wurde, und wurden somit zum Prototyp der Völkerwanderung. Nach ihrer Invasion sollten die Römer nie mehr aufhören, mit einer Mischung aus Misstrauen und nackter Angst in Richtung ihrer Nordgrenzen zu schauen – als seien die aggressiven blonden Krieger die Vorboten immer neuer Barbarenhorden, die sich des Südens bemächtigen wollten.

In der Tat haben die Kimbern und Teutonen Weltgeschichte geschrieben, als sie sich 120 v. Chr. auf den Weg machten und schließlich im Kulturraum des Mittelmeers landeten. 113 v. Chr. vernichteten sie zwei römische Legionen in der Schlacht von Noreia, bevor sie zwölf Jahre später endgültig besiegt werden konnten. Ihre furiosen Kämpfe gegen die römische Weltmacht bewogen Tacitus zu einem sehr respektvollen Satz über die Kimbern, die er als »jetzt ein kleiner Stamm, aber von ungeheurem Ruhm« bezeichnete. Die Teutonen kommen bei Tacitus nicht vor, dafür aber beim griechischen Seefahrer Pytheas, der nach seiner spektakulären Reise in den Norden über das heutige Helgoland um 325 v. Chr. berichtete: »Dort wird im Frühling reichlich Bernstein angespült, der ein Auswurf des gefrorenen Meeres ist. Die Inselbewohner verwenden ihn zum Heizen, auch verkaufen sie ihn an die Teutonen, die ihnen auf dem Festland am nächsten wohnen.« Mit dieser ersten Nennung des Stammes der Teutonen – so die Auffassung vieler Historiker – beginnt die Geschichte der Germanen.

Eine Sturmflut soll Jütland, die Heimat der Kimbern, überschwemmt haben. Versalzte Böden und einsetzende Hungersnot zwangen den größten Teil des Stammes zum Exodus – die Teutonen haben sich ihnen später angeschlossen. An dieser Sturmflut-Version äußerten aber schon antike Autoren ihre Zweifel, da sie die Wanderlust der Kimbern eher ihrer räuberischen Veranlagung als einer gewaltigen Flut zuschrieben. Strabon bemerkt kritisch dazu mit Hinweis auf die Gezeiten: »Es wäre doch ganz lächerlich, sich über eine Naturerscheinung, die täglich zweimal wiederkehrt, aufzuregen und deswegen die Gegend zu verlassen. Auch sieht es nach einer Erfindung aus, dass es einmal eine besonders heftige Flut gegeben habe«, denn Teile des Stammes seien ja in ihrer Heimat geblieben. Es ist dennoch wahrscheinlich, dass sich die klimatischen Bedingungen zu jener Zeit im Norden Europas verschlechterten, da auch andere Stämme sich von ihrer Heimat abwandten und mit den Kimbern auf Wanderschaft gingen – neben den Teutonen auch Ambronen und mehrere keltische Stämme, darunter die Tiguriner.

Den Städte bauenden Römern waren wandernde Naturvölker suspekt. Da sie nach einer plausiblen Erklärung für die Fremdheit der Barbaren suchten, machten sie die nordische Natur für das Aussehen und den Charakter dieses seltsamen Menschentypen verantwortlich. Vitruv war der Auffassung, diese ungeheuer großen Körper mit »heller Farbe, geraden und rötlichen Haaren, blauen Augen und viel Blut« hätten sich gebildet »infolge der Fülle der Feuchtigkeit und des kalten Klimas«. Die Völker hingegen nahe dem »Südpol und unter der Sonnenbahn« wären infolge der starken Sonnenbestrahlung »mit kürzeren Leibern, dunkler Farbe, krausem Haar, schwarzen Augen, schwachen Beinen und mit wenig Blut« geschaffen worden.

Die riesige Wandergemeinde hatte sich nach Süden in Marsch gesetzt. Sie zog nach Böhmen, Schlesien und Mähren, schließlich ins Donaugebiet und in die Ostalpen. Die Nachrichten, die in Rom kursierten, waren unheimlich und sollten von der Wirklichkeit noch übertroffen werden: zwei gigantische Marschsäulen von insgesamt 300 000 Menschen seien unterwegs, riesengroße, bewaffnete Krieger mit blauen Augen, dazu noch größere Scharen an Kindern und Frauen. Diese erbarmungslosen hünenhaften Barbaren seien gleich einer hereinbrechenden Wetterwolke auf der Suche nach Land, um sie zu ernähren, und nach Städten, um sich niederzulassen. Wer sich ihnen in den Weg stellte, würde überrollt und niedergemacht. Sie würden Rom und das Reich erobern und zerstören. Das klang wahrlich nicht gut.

Schließlich erfolgte ein erster Angriff auf das mit Rom verbündete Norikum. Konsul Papirius Carbo ließ die Alpenpässe besetzen, um die Germanen am Durchmarsch nach Italien zu hindern. Als sie jedoch nicht angriffen, beging Carbo aus Überheblichkeit heraus seinen ersten Fehler. Er rückte gegen die Kimbern vor und beschuldigte sie, die Noriker angegriffen zu haben, die Freunde der Römer seien. Hiermit lernten sich Römer und Kimbern kennen, und es ist anzunehmen, dass die Germanen über die Macht des römischen Militärs sehr wohl informiert waren, zumindest gerüchteweise. Die Kimbern versicherten, die Noriker in Zukunft in Ruhe zu lassen – sie hätten von der Freundschaft nichts gewusst. Sie versprachen, friedlich abzuziehen, denn sie wollten Siedlungsland finden, um sich niederzulassen. Carbo gab ihnen daraufhin Führer mit, angeblich um ihnen bei der Suche nach einem geeigneten Gebiet behilflich zu sein. Die Verhandlungen waren jedoch nur ein Vorwand: Der ruhmsüchtige Konsul wies seine Führer an, mit den Barbaren einen längeren Umweg zu machen, derweil er ihnen mit seinen beiden Legionen in Eilmärschen den Weg abschnitt und Posten bezog, um sie aus dem Hinterhalt zu vernichten. Er sollte für seinen blinden Ehrgeiz bitter bezahlen. Die Schlacht fand 113 v. Chr. bei Noreia statt, einem Ort im heutigen kärntnerisch-steirischen Raum, nördlich von Klagenfurt. Noreia wurde somit fast zu einem Schauplatz der Weltgeschichte.

Carbo überfiel die Kimbern während der Rast. Warum er glaubte, die Barbaren leicht besiegen zu können, sollte sein Geheimnis bleiben. Der primitiven, vorbehaltlosen Kampftechnik der Germanen waren die überraschten Römer nicht gewachsen – zwei Legionen, 12 000 Soldaten, wurden von dem unbekannten Gegner aufgerieben. Dass sie nicht völlig vernichtet wurden, verdanken sie dem Aberglauben der Germanen. Ein Gewitter setzte ein, und die Germanen brachen die Schlacht ab. Mehr als zweihundert Jahre später beschrieb der auf Griechisch schreibende, aus Alexandria stammende Geschichtsschreiber Appian in seiner *Römischen Geschichte* die Schlacht aufgrund gesicherter Quellen, jedoch manchmal verwirrend. So spricht er nur von Teutonen, während es die Kimbern waren, die in Norikum einfielen: »Carbo büßte seine Hinterlist mit schweren Verlusten. Vielleicht hätte er all seine Truppen verloren, wenn nicht während der Schlacht ein Unwetter mit Blitzen, Donnerschlägen und Finsternis hereingebrochen wäre, so dass die Barbaren den Kampf wegen dieser Zeichen des Himmels abbrachen. Die Römer flüchteten zersprengt in die Wälder und fanden sich erst am dritten Tag mit Müh' und Not wieder zusammen.«

Am Anfang der römisch-germanischen Beziehungen standen also List und Tücke sowie eine siegesgewisse Überheblichkeit seitens des Kulturvolkes – das war nicht der beste Einstieg für eine vertrauensvolle und entwicklungsfähige Partnerschaft. Angesichts dieser wilden Barbarenhorden, nur wenige Tagesmärsche von Italien entfernt, war den Römern angst und bange zumute, und doch meinte es das Schicksal gut mit ihnen. Erstaunlicherweise setzten Kimbern und Teutonen nun nicht ihren Weg nach Süden weiter fort. Statt nach Italien zogen sie nach Nordwesten zu den keltischen Helvetiern, einige wenige ließen sich an Neckar und Main nieder. Der Hauptstrom jedoch wanderte nach Gallien weiter, einer Odyssee entgegen, die sie etwa fünfzehn Jahre über Spanien zurück nach Gallien und Italien führen sollte. Es muss ein riesiger Wanderzug gewesen sein: die besten Krieger an der Spitze und in der Nachhut, Mütter und Kinder in der Zugmitte in Ochsenkarren, die Reiter an den Flanken mit dem Vieh, und ganz vorne – den Chronisten zufolge – die alten Frauen, die den richtigen Weg aus dem Blut von Gefangenen weissagten: »Unter ihren Frauen, die an dem

Heereszug teilnahmen, waren auch weissagende Priesterinnen mit ergrautem Haar, in weißen Gewändern, leinenen, mit Fibeln zusammengehaltenen Mänteln, mit Bronzegürtel, barfüßig. Diese gingen im Heerlager mit gezückten Schwertern auf die Gefangenen zu, bekränzten sie und führten sie zu einem Bronzekessel, der etwa zwanzig Amphoren fasste. Dort stand auch eine Leiter, die eine der Priesterinnen bestieg, um dann oberhalb des Gefäßes einem nach dem andern der Emporgereichten die Kehle durchzuschneiden. Mit dem in den Kessel fließenden Blut praktizierten sie eine Art Weissagung; anderen schlitzten sie den Leib auf und prophezeiten aus den Eingeweiden, wobei sie ihren Leuten laut den bevorstehenden Sieg verkündeten. Während des Kampfes trommelten sie auf die Felle, die über die Wagenkörbe gespannt waren, so dass ein ungeheurer Laut entstand.«

Völkerwanderungen zu jener Zeit bedeuteten, mühsam zu Fuß den Weg suchen. Tag für Tag, Monat für Monat, bei fast jedem Wetter. Je weiter die Kimbern und Teutonen nach Süden rückten, desto erträglicher wurde es. Wenn möglich, folgten sie den Flüssen, denn sie gaben ihnen Richtung und Ziel. Die Flüsse konnten aber zugleich unüberwindbare Hindernisse sein, es sei denn, man fand eine Furt für die Durchquerung, wobei dies Tage dauern konnte. Welchen Weg sie einschlugen, mussten sie mittels Kundschafter und bei den Händlern erfragen, denen sie begegneten. Wo waren fette Weiden, Vieh und fruchtbare Äcker? Wo war mit Widerstand zu rechnen, mit überlegenen Feinden? Wusste man nicht mehr weiter über den einzuschlagenden Weg, entschied nach Germanenart das Orakel: Ein Stein und das frische Blut von Feinden dienten als Wegweiser. Sicher wird ihre Wanderung oft genug kriegerischer Natur gewesen sein, vor allem wenn der Hunger übermächtig wurde und Beute zu machen war. Dann konnten sie anderen Gruppen zu Feinden werden, nahmen sie sich alles, was sich ihnen bot. Ein Bewusstsein für Kriegsverbrechen gab es nicht, Plünderung und Raub wurden nicht geächtet. Wehe den Besiegten! Immer wieder werden die Kimbern und Teutonen von den angsterfüllten Zeitgenossen als räuberisches Wandervolk dargestellt – eine durchaus nachvollziehbare Reaktion, auch wenn solche Berichte politisch gefärbt sind. Die Barbaren waren aber in erster Linie auf der Suche nach neuem Land. Hätten sie eine Heimat gefunden, wären sie dann zahme Pazifisten geworden, zufriedene Bauern? Oder hätten sie versucht, ihre neue Heimat zu vergrößern? Wären andere Barbaren nachgekommen? Wie hätte sich das Römische Reich verändert? Fragen, auf die wir keine Antwort haben.

Wie erging es aber den Kimbern und Teutonen auf ihrem langen Marsch? An der Rhône trafen sie 109 v. Chr. auf das Heerlager des Konsuls Marcus Junius Silanus und baten um die Vergabe von Siedlungsgebiet, denn sie wollten keinen Krieg führen. Das ihnen zugewiesene Land würden sie als römische Bundesgenossen bezahlen. Damit wiederholten sie anscheinend die gleichlautende Bitte, die ihre Gesandten vorher in Rom vorgetragen hatten, wo sie wegen ihres Äußeren für viel Erstaunen und Heiterkeit sorgten. Ihr Gesuch um Land wurde vom römischen Senat allerdings abgelehnt. Kurz nachdem sie wieder zu ihrem Stamm zurückgekehrt waren, wurden die Barbaren von Silanus angegriffen. Aber auch diese zweite Schlacht konnten die Römer nicht für sich entscheiden, sie geriet zum Debakel. Vier Legionen, etwa 24 000 Soldaten, wurden aufgerieben. Und wieder geschah des Unbegreifliche: Die Germanen wandten sich nicht nach Rom, sondern nahmen ihren Wanderzug nach Gallien wieder auf. Im Jahre 107 v. Chr. vernichteten die Tiguriner ein konsularisches Heer, dessen Befehlshaber fiel. 105 v. Chr. stieß die kimbrisch-teutonische Hauptmacht auf drei starke römische Verbände, die an der Rhône standen. Es war das alte Spiel. Sowohl die Truppen des ehemaligen Konsuls Scaurus nördlich des heutigen Marseille (der Konsul wurde in Gefangenschaft getötet) als auch am 6. Oktober 105 v. Chr. diejenigen des Konsuls Mallius Maximus und des Prokonsuls Servilius Caepio wurden bei Arausio (dem heutigen Orange) besiegt. Diese Schlacht, deren verheerender Verlauf wohl auch auf den erbarmungslosen Konkurrenzkampf zwischen den beiden römischen Befehlshabern zurückzuführen ist, war mit schätzungsweise über 80 000 gefallenen Soldaten eine der größten Niederlagen in der römischen Geschichte.

In den Kämpfen müssen die Barbaren eine Brutalität gezeigt haben, deren Sinn oft nicht zu erkennen war. Livius berichtet nach Valerius Antias: »80 000 Römer und Bundesgenossen wurden getötet, 40 000 Trossknechte und Marketender dazu. Alle Beute wurde den Göttern geopfert. Die Gewänder der Gefallenen und Gefangenen wurden zerrissen, Gold und Silber in den Strom geworfen, die Pferde ertränkt, die Gefangenen an den Bäumen aufgehängt. Von dem ganzen Heer blieben nur zehn Mann übrig, die die traurige Kunde überbrachten.« Auch wenn diese Zahlen übertrieben sein sollten, so veranschaulichen sie das tiefe Entsetzen der Römer über die brutale Gewaltanwendung der Barbaren. Es trägt nicht zu einer versöhnlicheren Haltung bei, wenn man weiß, dass das Abschlachten des besiegten Gegners einen kultischen Hintergrund hatte und die Germanen mit den Menschenopfern ihren Göttern huldigen wollten. Deutlich wird aber, dass hier zwei radikal unterschiedliche Konzepte von Leben und Kultur aufeinander prallten.

Auch nach dem großen Sieg von Arausio verschmähten die Germanen den Zug nach Italien, die Gründe dafür liegen im Dunkeln. Die Kimbern stießen über den Ebro nach Spanien vor, während die Teutonen und Ambronen marodierend durch Gallien zogen. Plutarch umreißt in prägnanter Kürze die Beuteattacken der Barbaren, denen in der Tat niemand gewachsen war: »Unwiderstehlich in ihrer Tollkühnheit, ihrem Wagemut und der Kraft ihrer Arme, griffen sie bei den Schlachten mit der Schnelligkeit und Gewalt eines Feuersturms an; keiner leistete ihrem Andringen Widerstand, sondern alle, auf die sie trafen, wurden wie Beutegut mitgenommen und fortgeschleppt.« Weder in Spanien noch in Gallien fanden die Germanen eine Heimat; es überrascht wohl kaum, dass sie bei den einheimischen Bevölkerungen auf keine Unterstützung stießen. Kimbern, Teutonen und Ambronen sollten sich also wieder an der Seine treffen, und nun wurde die langjährige ruhelose Wanderung ihrer Bestimmung entgegengeführt. Sie marschierten zum dritten Mal auf Italien zu. Die Zeit der Entscheidung war gekommen.

Die beiden Heerhaufen liefen einige Zeit gemeinsam, dann trennten sie sich. Teutonen und Ambronen wollten über die Westalpen gehen, die Kimbern über die Ostalpen. Zu dieser Zangenbewegung sollte es aber nicht mehr kommen, da Rom endlich den geeigneten Heerführer gefunden hatte: den römischen Feldherrn Gajus Marius, einen Haudegen alter Schule, der sich in aller Nüchternheit an die Aufgabe machte, die Barbarengefahr ein für alle mal zu bannen. Er hatte das Heer einer umfassenden Reform unterzogen, es vergrößert und modernisiert. Die Trennung der beiden barbarischen Heere kam ihm ausgesprochen entgegen, und so erwartete er 103 v. Chr. Teutonen und Ambronen bei Aquae Sextiae (Aix-en-Provence) am Tor zu den Alpen. Diese ließen nicht auf sich warten, »unermesslich an Zahl und abscheulich von Aussehen«, wie Plutarch meinte, »nach dem Klang ihrer Stimme und ihrem Getöse zu urteilen, waren sie keinen anderen Völkern ähnlich«. Marius ließ sich vom Gegner nicht provozieren und hielt seine Soldaten im Lager zurück. Vom befestigten Wall aus beobachteten sie den Feind, um sich an die fremdartigen Gestalten zu gewöhnen und ihre Ausrüstung begutachten zu können. Dies war einer der Schlüssel zum Erfolg, dem Fremden seinen Schrecken nehmen. »Marius glaubte nämlich, dass die Neuheit vieles vortäuscht, was dem Fürchterlichen gar nicht zukommt, und dass bei Gewöhnung auch das von Natur Entsetzliche den Schrecken verliert.« Als die Germanen sich auf den Weg machten und am Lager der Römer vorbeizogen, dauerte es aufgrund ihrer schwindelerregend hohen Zahl ganze sechs Tage, bis der Zug vorbei war. Sie fragten die Römer lachend, ob sie ihren Frauen daheim in Rom etwas ausrichten sollten, denn in Kürze würden sie bei ihnen sein. Marius war allerdings schneller und kürzte ihnen den Weg ab. In der Schlacht räumte er den übermütig gewordenen Barbaren keine Chance ein. Er ging erst gegen die

Ambronen vor, fing sie am Flussufer ab und durchstieß ihre Reihen. Als er den Rest ins Lager zurückdrängte, kamen ihnen ihre eigenen Frauen mit Schwertern und Äxten entgegen, um sowohl gegen die Verräter als auch gegen die Römer vorzugehen. Als am nächsten Tag die Schlacht zu Ende ging, waren angeblich 100 000 Barbaren gefallen. Die Teutonen waren vernichtet.

Die Kimbern hatten die Alpen überqueren können, da der römische Feldherr Catulus die Pässe nicht gesichert hatte. Er hatte es vorgezogen, seine Verteidigungslinie am Fluss Etsch zu errichten, um das Heer zusammenzuhalten. Legendär nun ist, wie die kraftstrotzenden Kimbern über die Alpen kamen. »Nackt ließen sie sich einschneien und kletterten durch Eis und tiefen Schnee auf die Gipfel, legten oben ihre breiten Schilde unter ihre Körper, stießen sich ab und fuhren die Bergwände mit ihren spielglatten Stellen und klaffenden Eisschlünden hinunter.« Dann rissen sie die Hügel auf, schleppten Bäume samt Wurzeln und Erdklumpen in den Fluss und drängten die Strömung so geschickt ab, dass die von Catulus gebaute Brücke ins Wanken geriet. Auge in Auge mit Tausenden entfesselter Kimbern blieb den völlig überrumpelten Römern nichts anderes übrig, als zu fliehen. Es gelang ihnen gerade noch, mit Catulus an der Spitze die Formation einigermaßen geordnet zu halten, damit sich die Blamage nicht allzu offensichtlich ausmachte. Es ist jedoch kaum anzunehmen, dass Catulus nach diesem unfassbaren Schachzug der Barbaren jemals sein Ansehen wiedererlangen konnte.

Die Kimbern drangen in die fruchtbare Poebene vor und wähnten sich endlich am Ziel ihrer Wanderung: in der neuen Heimat, im Gelobten Land. Anscheinend hatten sie das liebliche Klima, gekochtes Fleisch, Brot und der wohlschmeckende Wein allmählich etwas umgänglicher gemacht. Bestimmt waren sie es längst leid, immer wieder mit Kind und Kegel durch Europa zu ziehen. Sie wollten ein Dach über dem Kopf, Äcker bebauen, Vieh weiden, Wein statt Met keltern und Olivenbäume pflanzen. Marius, der zuerst von einer Niederlage des Catulus am Fuße der Alpen ausgegangen war, hatte seine Legionen in Eilmärschen auch in die Poebene geführt. Die Kimbern ließen ihm ausrichten, dass sie keinen Krieg wollten. Wenn Marius ihnen das Land lasse, wollten sie sich Rom als Soldaten verdingen. Dieses Ansinnen hatten sie inzwischen oft genug vorgetragen. Marius führte ihnen stattdessen den gefangenen Teutonenkönig Teutobod vor – erst jetzt erfuhren die Kimbern von der Vernichtung des Brudervolkes. Ohne ihre Verbündeten hatte sich ihre Situation verschlechtert. Zugleich war der Krieg erklärt: Boiorix, der König der Kimbern, forderte Marius auf, ihm Tag und Ort der Schlacht zu bestimmen, die auf den 30. Juli 101 bei Vercellae (Vercelli) festgelegt wurde. Zehn römischen Legionen unter Marius und Catulus stand ein kimbrischer Kampfverband von 5 Quadratkilometern gegenüber, mit über 100 000 Fußsoldaten und Reiterkriegern. Allem Anschein nach hat die Umzingelungsstrategie von Marius die Schlacht letztlich entschieden, obwohl der in der Mitte kämpfende Catulus den Sieg für sich reklamierte. Unter den Kimbern jedenfalls brach Panik aus, 60 000 wurden getötet (die Zahlenangaben sind uneinheitlich), die gleiche Menge wurde gefangen genommen. Im Angesicht der Niederlage brachten sich viele Krieger sowie 300 ihrer Frauen, die sich auf ihrer Wagenburg bis zuletzt erbittert gewehrt hatten, selbst um. Sie wollten nicht in Ketten, mit Schmach und Schande durch Rom geführt werden und als Sklaven ihr Dasein fristen.

Das furchtbare Ende der Kimbern hat Plutarch in erschütternder Weise festgehalten: »Als die Römer die Fliehenden bis in die Verschanzung zurückgedrängt hatten, trafen sie auf geradezu tragische Szenen: Die Frauen standen schwarzgewandet auf den Wagen und töteten die Fliehenden, die einen ihre Männer, die anderen ihre Brüder, wieder andere ihre Väter. Ihre kleinen Kinder erwürgten sie mit den Händen und warfen sie unter die Räder oder unter die Füße der Zugtiere; dann brachten sie sich selbst um. Eine Frau, sagt man, hing an einer aufgerichteten Deichsel; ihre Kinder hatte sie, mit Stricken an ihren Knöcheln festgebunden, zu beiden Seiten erhängt. Die Männer sollen, da es an Bäumen mangelte, den Strick um ihren Hals an den Hörnern der Rinder oder auch an deren Beinen angebunden, dann die Rinder mit Stacheln angetrieben haben und zu Tode geschleift oder getrampelt worden sein. Obwohl so der Tod unter ihnen wütete, gerieten noch mehr als 60 000 in Gefangenschaft; die Anzahl der Gefallenen soll doppelt so groß gewesen sein.«

Für den Ausgang der Schlacht war gewiss auch die hochsommerliche Hitze ausschlaggebend, die den hünenhaften Kimbern schwer zu schaffen machte. Es wird berichtet, dass ihnen der Schweiß in Strömen hinunterrann und sie sich zum Schutz vor der Sonne die Schilde vor das Gesicht hielten. Vielleicht war es dieser Umstand, der Tacitus zu der Aussage verleitete, es fehle den Germanen an Durchhaltevermögen. Auch andere Faktoren bei der Schlacht von Vercellae erwiesen sich als ungünstig für die Kimbern. Der Morgen war neblig gewesen, so dass Marius eine überraschende Attacke starten konnte, zudem blies ein heftiger Wind den Kimbern den Staub ins Gesicht. Eine wirkungsvolle Strategie war auch, dass Marius seine Schlachtreihe im Osten aufgestellt hatte, so dass »der Himmel vom Glanz und Lichtreflex der Helme zu brennen schien« und die Barbaren, wenn auch nicht einschüchterte, so doch zumindest irritierte. Obgleich auch Catulus seinen Anteil am Schlachtenruhm einforderte, wurde Marius vom Volk künftig als dritter Gründer Roms gefeiert: Er hatte die Teutonen besiegt und war Catulus gegenüber auch dadurch im Vorteil, dass er als amtierender Konsul einen höheren Rang bekleidete.

Nun konnten die Bürger des Römischen Reichs wieder aufatmen. Die meisten überlebenden Kimbern zogen vermutlich wieder nach Norden zurück. Viele ihrer versklavten Krieger bzw. ihre Nachkommen sollen sich dreißig Jahre später als Gladiatoren, gemeinsam mit teutonischen Leidensgenossen, dem rebellierenden Sklavenzug des berühmten Spartacus angeschlossen haben, der einer Gladiatorenschule bei Capua entflohen war. Sie zogen plündernd durch Italien, bevor sie von den Rö-

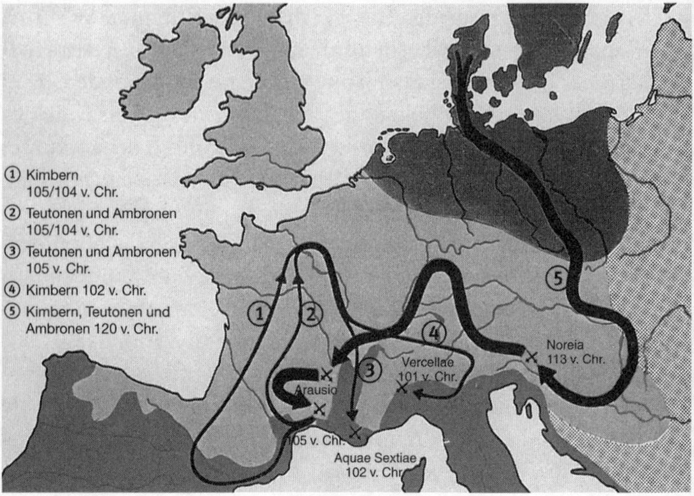

Der Marsch der Kimbern und Teutonen.

mern 71 v. Chr. geschlagen werden konnten. Damit hatten die letzten Kimbern und Teutonen in Italien aufgehört zu existieren.

Erst im späten 3. und 4. Jahrhundert – also einige Hundert Jahre später – fanden wieder germanische Invasionen ins Römische Reich statt. Wären die Teutonen und Kimbern nicht zurückgeschlagen worden, hätte dieser ethnische Erdrutsch bereits 100 v. Chr. einsetzen können, mit Hunderttausenden von barbarischen Nachahmern. Aber das, was in den nächsten Jahrhunderten geschah, ist auch ohne diese historische Utopie spannend genug.

Im Jahr 5 n. Chr. überbrachte eine kimbrisch-harudische Gesandtschaft dem Kaiser Augustus in Rom ein wertvolles Sakralgeschenk und bat – laut Strabo – damit um Freundschaft und Verzeihung für ihr einstiges Verhalten. Das belegt zweifelsfrei, dass man sich in der dänischen Heimat über den von ihren Vorfahren im Römischen Reich begangenen Feuersturm peinlich bewusst war. Letztlich bleibt aber offen, ob diese kostspielige

Geste aus tiefer Scham heraus erfolgte, oder ob sich die Nordländer bei den militärisch immer erfolgreicher operierenden Römern beliebt machen wollten – ein Trick, der auch heute noch unter Staatsmännern geläufig ist. Gewiss hatten sich ihre Vorfahren in Gallien, Spanien und Norditalien unpassend benommen, hatten gemordet und geplündert. Andererseits hatten sie verzweifelt eine Heimat gesucht, um sich niederzulassen – zwanzig Jahre lang, nachdem sie 7000 Kilometer durch Regen und Schnee und die Hitze des Südens zurückgelegt hatten. In Erinnerung bleibt eher ein entwurzelter, ausgemergelter Wanderzug landhungriger Menschen als eine auf Zerstörung und Eroberung ausgerichtete Invasionsarmee.

Cäsars Angriff auf das freie Germanien

Marius hatte die Invasion der Nordbarbaren zwar niedergeschlagen, doch damit war die Angelegenheit noch nicht zu Ende, denn in der Psyche der Römer hatte die Schreckenswelle ihre Spuren hinterlassen und lebte als latente Bedrohung fort. Es musste also nur ein ehrgeiziger, gewitzter Feldherr an das Kimberntrauma erinnern, und schon durfte er zum Schutz der Heimat alle erforderlichen Maßnahmen ergreifen – übrigens ein heute noch von den großen Staatsmännern angewandter Trick. Dieser gewitzte Feldherr war Gaius Julius Cäsar, und sein Operationsgebiet war Gallien. Cäsar hatte sich vorgenommen, die Grenzen des Römischen Reichs vom Mittelmeer bis zum Rhein zu erweitern – und darum musste Gallien erobert werden. Die Germanen, ob sie nun wollten oder nicht, sollten in Cäsars Plänen eine zentrale Rolle spielen.

Dreißig Jahre nach der Vernichtung der Kimbern und Teutonen überquerte eine weitere Schar von Barbaren den Rhein und versuchte, sich in Gallien niederzulassen. Dieses Heer setzte sich aus vielen Völkern zusammen und zählte ungefähr 15 000 Mann. Die Sueben waren in der Überzahl, hinzu kamen Markomannen und skandinavische Haruden. Angeführt wurden sie vom Kriegerhäuptling Ariovist, einem anerkannten Militärstrategen und einem der schillerndsten Könige aus der germanischen Geschichte. Sogar der römische Senat erkannte sein Heerkönigtum an und nannte ihn *rex Germanorum,* den ersten historisch verbürgten König der Germanen. Ariovist war eigentlich auf einen gallischen Hilferuf hin gekommen: Er war von den keltischen Sequanern gebeten worden, ihnen gegen ihre Nachbarn, die Häduer, zu helfen. Die gallischen Stämme jener Zeit lagen in ständigem Streit miteinander. Ariovist kümmerte sich um das Problem, schlug die Häduer 62 v. Chr. und erhielt zur Belohnung von den Sequanern ein Drittel ihres Gebietes südwestlich vom Rheinknie bei Basel. Also begann Ariovist sich mit seinen Söldnertruppen im Land der Verbündeten niederzulassen und seinen Einflussbereich sogar auszubauen. Es ist nicht ganz klar, ob die Sequaner darüber glücklich waren. Nun hatten auch andere rechtsrheinische Stämme von der magischen Formel »Land« erfahren, und da sich auf der germanischen Seite seit geraumer Zeit ein gewisser Bevölkerungsdruck bemerkbar machte und gutes Ackerland zunehmend rar wurde, hatten viele Stämme Lust, sich den Siedlungen Ariovists im fruchtbaren Ostgallien anzuschließen. Auf diese Weise soll sein germanisches Heer schließlich 120 000 Krieger umfasst haben. Letzten Endes herrschte Ariovist über das gesamte heutige Elsass, und es besteht kein Zweifel darüber, dass in seinen Träumen ein eigenes großes Königreich feste Konturen annahm.

Dies war spätestens der Augenblick, in dem ein ehrgeiziger römischer Feldherr seine Chance auf Beförderung gekommen sah. Endlich konnte sich Cäsar bewähren und den Römern seine militärischen Fähigkeiten beweisen. Damals war er zweiundvierzig Jahre alt. Cäsar behauptete, entweder müsse man Gallien erobern oder aber Gallien würde germanisch werden. Und wenn Gallien erst einmal in die Hände der Germanen gefallen war, wäre deren nächster Schritt ein Angriff auf Italien. Hiermit hatte Cäsar bei seinen Landsleuten fünfzig Jahre nach dem Germanensturm das tief verankerte Kimberntrauma wachgerufen. Es war klar, dass seine Landsleute in seinem Ansinnen einen gerechten Krieg, einen *bellum iustum,* sahen. Anders gesagt: Rom zitterte vor Angst, und Cäsar erhielt das gewünschte Kommando. Unverzüglich begann er 58 v. Chr. mit der Eroberung Galliens. Es war unvermeidlich, dass er dabei auf den Sueben Ariovist und die eingedrungenen Germanen treffen musste.

Anfangs hatten die Römer jede Konfrontation mit Ariovist vermieden. Über den *rex Germanorum* hinaus hatten sie ihm einen zweiten Titel verliehen, *amicus populi Romani,* ihn also »König der Germanen und Freund des römischen Volkes« genannt. Nun kam Cäsar der Hilferuf einiger gallischer Stämme um die Häduer nach Unterstützung gegen den großen Sueben sehr gelegen. Ihm winkte ein grandioser Kriegsschauplatz: Mit einem Sieg gegen die expandierenden Germanen konnte er anschließend ganz Gallien erobern. Cäsar forderte Ariovist auf, keine weiteren rechtsrheinischen Truppen mehr nach Gallien zu rufen, alle häduischen Gefangenen freizulassen und vor allem weitere militärische Aktionen gegen gallische Stämme einzustellen. Damit verbunden war implizit die Androhung eines römischen Angriffs. Ariovists Antwort darauf lautete, »wenn Cäsar wolle, solle er angreifen; er werde sehen, was die nie besiegten, in höchstem Maße waffenerprobten Germanen, die vierzehn Jahre lang kein Dach über dem Kopf gehabt hätten, mit ihrer Tapferkeit zu leisten vermochten«. Daraufhin setzten sich beide Heere in Bewegung.

Vor der entscheidenden Schlacht trafen die beiden Feldherren zwischen ihren Lagern auf einem Hügel in der Nähe des heutigen Colmar zu Verhandlungen aufeinander, die Cäsar in seinem *Gallischen Krieg* ausführlich beschreibt. Dabei schneidet Ariovist, obwohl die Gespräche aus der Feder Cäsars stammen, nicht schlecht ab. Immerhin habe er auf den Wunsch der Gallier hin seine germanische Heimat aufgegeben, und die Gallier hätten ihm freiwillig Teile ihres Landes übergeben. Mit den Gefangenen verfahre er nach alten Kriegsgesetzen, nach denen der Besiegte dem Sieger gegenüber tributpflichtig sei. Und schließlich sei er vor den Römern in Gallien gewesen, sie hätten nicht mehr Rechte auf die Provinz als er. Außerdem war Ariovist darüber informiert, dass Cäsar bei dem konservativen römischen Adel alles andere als beliebt war, und so meinte er, »ihrer aller Wohlwollen und Freundschaft könne er sich durch Cäsars Tod erkaufen«. Letztlich bot Ariovist Cäsar für dessen Rückzug seine militärischen Dienste an, um »alle Kriege, die Cäsar führen wolle, für ihn siegreich zu beenden«. Es nutzte jedoch nichts, Cäsar lehnte das Ansinnen Ariovists ab, womit die Verhandlungen gescheitert waren. In der folgenden Schlacht beim heutigen Mühlhausen im Elsass bot Cäsar vier Legionen, mit Hilfstruppen und der Reiterei ungefähr 25 000 Mann, gegen die Germanen auf, die eine ähnliche Zahl an Kriegern in den Kampf schickten. Obwohl das germanische Heer anfangs die Truppen Cäsars zurückwarf, konnten sich die Römer durch einen beherzten Auftritt der Reiterei des jungen Publius den Vorrang erkämpfen. Ariovists Truppen wurden zurückgedrängt und besiegt. Unter großen Verlusten zogen sie sich über den Rhein zurück. Ariovist entkam in einem Boot und starb vermutlich vier Jahre später.

Damit waren die Germanen aus Gallien vertrieben, und Cäsar konnte den Rhein als Grenze zwischen Galliern und Germanen etablieren. Mit der römischen Eroberung Galliens hatten die Germanen natürlich auch neue Nachbarn erhalten. Von nun an ließ Cäsar die Rheingrenze nicht mehr aus den Augen. 56 v. Chr. überquerten Usipeter und Tenkterer in nur scheinbar friedlicher Absicht den Rhein, um Cäsar nach Land zu fragen. Die Angelegenheit zog sich bis ins nächste Jahr hin. Noch während der Verhandlungen in der Nähe des heutigen Koblenz wurden sie von den Römern angegriffen, zahlreiche Germanen mit Frauen und Kindern wurden getötet. Dass Cäsar zu derart brutalen Aktionen fähig war, hatte er wenige Jahre zuvor mit dem Völkermord an den Nerviern bewiesen, deren Stamm und Namen, wie er stolz zugab, er nahezu ausgelöscht hatte. Im römischen Senat stellte Cato der Jüngere, ein erbitterter Feind Cäsars, den Antrag, ihn wegen der Gräueltat, die er an den Usipetern und Tenkterern begangen hatte, an die Germanen auszuliefern. Selbstverständlich blieb dieser Antrag ohne Folgen.

In den Jahren 55 und 53 v. Chr. überquerte Cäsar mit seinen Legionen den Rhein, um Strafexpeditionen unter den Germanen durchzuführen. Er drang dabei nie weit auf germanisches Gebiet vor, so dass seine Überfälle in erster Linie als Demonstrationen seiner Macht anzusehen waren und die Germanen einschüchtern sollten. In der Nähe von Neuwied ließ er die legendäre Holzbrücke in nur zehn Tagen errichten, zog achtzehn Tage durch die rechtsrheinischen Gebiete und brannte verlassene Dörfer und Felder nieder. Bestimmt hatten diese Expeditionen den Sinn, das eigene Prestige zu festigen und die Germanen vor weiteren Übergriffen zu warnen. Letztlich aber zementierte Cäsar auf diese Weise den Rhein als Grenzverlauf zwischen dem Römerreich und Germanien. Er machte auch den Staatsmännern und Bürgern im eigenen Land klar, wie fruchtlos und unergiebig eine Expansion in das freie Germanien sein würde. Der Bildungsmangel und die niedere Kulturstufe der Germanen seien nicht die Knochen eines einzigen römischen Legionärs wert.

Mit dem Verzicht auf Germanien erwies sich Cäsar als kluger, vorausschauender Kopf. Er schätzte die Widerstandskraft der Barbaren richtig ein. Die Gallier waren ein sesshaftes Volk mit einer entwickelten Landwirtschaft und gesellschaftlichen Siedlungsstrukturen, den Annehmlichkeiten der römischen Welt nicht abgeneigt und daher im römischen Sinn zu zivilisieren. Mit seinen tadellos ausgebildeten Legionen hatte er sie schließlich besiegen können. Die Germanen aber waren ganz anders, hatten eine weit größere kriegerische Energie, waren ständig in Bewegung und an Entbehrungen gewöhnt. Wer sie angriff und unterjochen wollte, musste ihnen in die undurchdringlichen Wälder folgen, ohne zu wissen, wo diese aufhörten, welche Gefahren und vor allem welche Kriegermassen dort auf ihn warteten.

So macht Cäsar in seinem *Gallischen Krieg* auch kein Hehl aus der Nutzlosigkeit einer Eroberung Germaniens und der Unbekehrbarkeit seiner Bewohner, sie seien unkultiviert und kriegerisch: »Raubzüge, die außerhalb der Stammesgrenzen unternommen werden, betrachten sie nicht als Schande. Sie vertreten den Standpunkt, dass sie erfolgen, um die Jugend zu üben und vom Müßiggang abzuhalten.« Seine Einschätzung der Germanen ist gewiss politisch gefärbt und stark verallgemeinernd, dennoch ist sie ernst zu nehmen. Immerhin geriet er bei seinen Militäraktionen in Kontakt mit den Germanen, und Germanen dienten, nicht zuletzt als Reiter, in seinem Heer. In seinem Bestreben, den Rhein als eine praktische Grenze zwischen den Verbündeten im Südwesten und dem Feind im Nordosten zu vermitteln, sind seine Einteilungen nicht immer korrekt. So gibt er selbst zu, dass auch auf der linken Rheinseite germanische Stämme lebten – dass beispielsweise die Treverer und Belgen germanischer Herkunft seien. Es ist anzunehmen, dass Mitte des 1. vorchristlichen Jahrhunderts die ethnischen Verhältnisse am Rhein sehr gemischt waren. Die römischen Truppen am Rhein sorgten von nun an dafür, dass die Wanderungen der Stämme erheblich eingeschränkt wurden. Die hoffnungsvolle »Go west«-Aufbruchsstimmung, die unter Ariovist bei den rechtsrheinischen Germanen geherrscht hatte, war nun verflogen.

Allerdings wissen wir aus der Geschichte, dass sich Cäsars Großneffe Gajus Octavianus, der später den Namen Augustus erhielt, zunächst nicht an den Rat des großen Feldherrn hielt. Während Cäsar die Grenze Roms am Rhein für perfekt hielt, wollte Kaiser Augustus nicht bloß die Donaugrenze erreichen, sondern auch das freie Germanien erobern, um das Römische Reich im Norden endgültig zu stabilisieren. Dieses Vorhaben sollte in eine Katastrophe münden, die noch heute als einer der größten militärischen Fehlschläge aller Zeiten gilt: die Varusschlacht im Teutoburger Wald.

DIE GERMANISCHE MOBILMACHUNG

Die Ruhe vor dem Sturm

Cäsar hatte Mitte des 1. Jahrhunderts v. Chr. Gallien unterworfen und die Rheingrenze als politische, weniger als ethnische Grenze zwischen Gallien und Germanien etabliert. Seine Mission war nach einer Reihe glänzender militärischer Erfolge erfüllt, er konnte nach Rom zurückkehren. Über das freie Germanien wusste man nicht gerade sehr viel: Cäsar hatte das Rheintal durchforscht und kannte neben den gefährlichen Sueben unter Ariovist noch weitere sechzehn germanische Stämme zwischen Rhein und Weser. Den Römern war die Nordsee vertraut, wenn auch nicht der genaue Küstenverlauf Richtung Osten. Darüber hinaus stellten sie sich Germanien als ein dunkles Land voller wilder Barbaren vor. Dennoch entschloss sich Kaiser Augustus dazu, das Römische Reich über Rhein und Donau hinaus bis zur Elbe auszudehnen.

Damit wollte Kaiser Augustus die Nordgrenze des Reichs durch eine Kontrolle des freien Germanien stabilisieren und befrieden. Wenn Germanien römische Provinz wäre, würde es die unsicheren Grenzen von Rhein und Donau nicht mehr geben bzw. mit dem Wegfall der Grenzen würden auch die Probleme an den Grenzen entfallen. Das Römische Reich reichte damals vom Atlantik bis zum Euphrat und von der Sahara bis zur Nordsee, aber der Grenzverlauf im Norden war immer noch problematisch.

Die mittleren und westlichen Gebiete Europas hatten die Römer gerade unterworfen, darunter einen Teil des heutigen Österreich, Bayern und der Schweiz. Zu einer umfassenden *pax Romana* fehlte noch das Gebiet der Germanen, die *Germania libera,* wie man allerdings erst im 19. Jahrhundert sagte. In diesem Zusammenhang kam es Kaiser Augustus gelegen, dass die meisten Brandherde innerhalb des Römischen Reichs gelöscht waren und fünfzehn Legionen bereitstanden, sich neuen Aufgaben zu widmen. Wie genau und langfristig die Pläne von Kaiser Augustus waren, darüber ist sich die Forschung allerdings nicht einig. Es ist möglich, dass er die nun folgenden Feldzüge lediglich als Präventivmaßnahmen verstand, um die militärische Bedrohung durch die Germanen einzudämmen, dass er aber nicht von einer vollständigen Eroberung Germaniens ausging.

Die militärischen Operationen begannen im Jahr 12 v. Chr., nachdem Kaiser Augustus drei Jahre lang in Gallien verbracht hatte, wo er sich um die Neuordnung der Provinzen kümmerte und somit genug Zeit hatte, um auch über das Germanenproblem nachzudenken. Das germanische Kommando übertrug er seinem Stiefsohn Drusus. Dieser unterwarf in vierjährigen Kämpfen die germanischen Stämme bis zur Elbe, darunter die Cherusker. Unterstützt wurden seine Legionen von der römischen Flotte, die an der Nordseeküste und dem Land der Friesen vorbeigefahren und von hier den großen Flüssen gefolgt war, um ins Landesinnere zu kommen. Nach diesen erfolgreichen Operationen war Drusus allerdings das Glück nicht mehr gewogen: Auf dem Rückweg stürzte er vom Pferd, brach sich den Oberschenkel und erlag schließlich seinen Verletzungen. Sein Bruder Tiberius, der von Mainz aus zu seinem Sterbelager geeilt war, kehrte mit dem Heer und der Leiche seines Bruders an den Rhein zurück.

Tiberius setzte die Germanenkriege 8 v. Chr. fort, wobei er und seine Nachfolger in den nächsten Jahren Verträge mit vielen germanischen Stämmen abschließen konnten und die Einrichtung einer ordentlichen Provinzialverwaltung bloß eine Frage der Zeit zu sein schien. Rückschläge traten allerdings immer wieder auf: Im Jahre 1 n. Chr. lehnten sich die Cherusker auf, andere Stämme schlossen sich an. 4 n. Chr. musste Tiberius erneut einmarschieren, um die kaiserliche Autorität wiederherzustellen. In der Folge war man immerhin so weit, dass Germanien zur vorläufigen römischen Provinz erklärt und die üblichen Abgaben auferlegt werden konnten. Die Germanen und ihre Führungsschichten verhielten sich den Römern gegenüber ambivalent, je nach ihrem Vorteil unterstützten sie die Fremden oder konspirierten gegen sie. Im Jahr 9 n. Chr. hatten sich die Römer immerhin schon seit zwanzig Jahren an diesem schwierigen Land zu schaffen gemacht, als einer der jungen Barbarenfürsten rebellierte: Arminius, der Cherusker.

Ein römisches Fiasko – Die Schlacht im Teutoburger Wald

Das ist der Teutoburger Wald,
Den Tacitus beschrieben,
Das ist der klassische Morast,
Wo Varus stecken geblieben.

Hier schlug ihn der Cheruskerfürst,
Der Hermann, der edle Recke;
Die deutsche Nationalität,
Die siegte in diesem Drecke …

Wenn Hermann nicht die Schlacht gewann
Mit seinen blonden Horden,
So gäb' es die deutsche Freiheit nicht mehr,
Wir wären römisch geworden.

Heinrich Heine, *Deutschland. Ein Wintermärchen*

Die Schlacht im Teutoburger Wald ist die berühmteste Schlacht, die zwischen Römern und Germanen ausgefochten wurde. Wahrscheinlich ist es generell das berühmteste Ereignis, das jemals zwischen Römern und Germanen stattgefunden hat. Außerdem war ihr Ausgang für die weitere Geschichte der beiden Parteien von entscheidender Bedeutung. Darum wundert es einen, dass Heinrich Heine im Jahr 1884 sich so ironisch über dieses Ereignis europäischer Geschichte geäußert hat. Aber er war nicht der Einzige. Auch Joseph Victor von Scheffel lässt es in einem Liedchen für gesellige Burschenschaftsabende am nötigen Respekt fehlen:

Als die Römer frech geworden,
zogen sie nach Deutschlands Norden.
Vorne beim Trompetenschall,
Ritt der Generalfeldmarschall,
Herr Quintilius Varus.

Doch im Teutoburger Walde
Hu, wie pfiff der Wind so kalte;
Raben flogen durch die Luft
Und es war ein Moderduft
Wie von Blut und Leichen.

Plötzlich aus des Waldes Duster
Brachen krampfhaft die Cherusker;
Mit Gott für Fürst und Vaterland
Stürmten sie von Wut entbrannt
Gegen die Legionen …

Joseph Victor von Scheffel, *Die Teutoburger Schlacht*

Eine augenfällige Diskrepanz zwischen der historischen Bedeutung der Hermannschlacht und dem ironischen Umgang mit ihr! Was genau war im Teutoburger Wald passiert?

Als Nachfolger des Tiberius war Quintilius Varus an den Rhein gekommen. Er übernahm das Kommando des hier stationierten Heeres, obwohl er keine besonderen militärischen Verdienste vorzuweisen hatte. Varus war Statthalter in Syrien gewesen und kam von dort als reicher Mann zurück. Er hatte sich mit der Großnichte des Kaisers vermählt, was ihm hervorragende Beziehungen und per kaiserlichen Beschluss den Oberbefehl am Rhein eingebracht hatte. Zeitgenossen beschrieben ihn als einen »Mann von mildem Wesen und ruhiger Art, etwas langsam in Geist und Körper und eher mit dem Müßiggang im Lager vertraut als mit dem eigentlichen Kriegsdienst«. Er vertraute der trügerischen Ruhe der vorgefundenen Verhältnisse; Rom schien das wilde Germanien im Griff zu haben, seit einiger Zeit war es zu keinen gravierenden Aufständen aufsässiger Barbaren mehr gekommen. Ideale Verhältnisse für einen, der sich der Aufrechterhaltung römischer Kultur auch in den römischen Provinzen verschrieben hatte und dessen Beziehung zu den Einheimischen sich in der selbstherrlichen Anwendung römischer Gesetze, in der Erhebung von Steuern und der Aushebung von Soldaten erschöpfte. Über die herablassende Einstellung von Varus den Germanen gegenüber bemerkte Dio Cassius: »Er erteilte ihnen nicht nur Befehle, als seien sie Sklaven der Römer, sondern er forderte auch Geld, als seien sie unterworfene Völker.« Tributzahlungen in Gold und Silber waren für die Germanen besonders bitter, da die seltenen Edelmetalle für die Stammesfürsten ein knappes Gut darstellten und für ihre Reputation unabdingbar waren.

Die unsensible Haltung des Varus fand ihre Entsprechung in dem übersteigerten Selbstbewusstsein, mit dem sich die Römer präsentierten und das vielleicht der Hauptgrund für ihre Niederlage sein sollte – sie nahmen die Barbaren nicht ernst. Varus hatte fünf Legionen zur Verfügung: zwei waren in Mogontiacum, dem heutige Mainz, die anderen drei waren im Sommer bei Minden an der Weser und im Winter bei Haltern an der Lippe stationiert. Als im Herbst des Jahres 9 n. Chr. der Umzug von Minden nach Haltern ins Winterquartier anstand, sollte es eine denkwürdige Truppenbewegung werden: Varus war ein Stammesaufstand berichtet worden, für dessen Beilegung er gewillt war, einen kleinen Umweg in Kauf zu nehmen.

Der Gegenspieler des Varus ist zweifellos der interessantere Charakter: Arminius, der sechsundzwanzigjährige Cherusker. Die Nachricht von den Stammesunruhen war seine Erfindung, und er hatte Recht darin behalten, dass Varus anbeißen würde.

Die römischen Legionen sollten auf ihrem Weg ins Winterlager auf unbekanntes Terrain und damit in einen Hinterhalt gelockt werden. Arminius war der Sohn des Cheruskerfürsten Segimer. Die Cherusker waren ein mittelgroßer Stamm, deren Verbreitung vom Quellgebiet der Lippe und Ems bis über die Elbe nach Osten reichte. Arminius hatte gemeinsam mit germanischen Söldnertruppen in Pannonien und Illyrien unter Tiberius gedient und war jetzt als Befehlshaber zu den Rheintruppen unter Varus abkommandiert worden. Was kann aber einen jungen Mann, der wegen seiner Verdienste bei der Niederwerfung des Aufstands der Pannonen sogar mit dem römischen Bürgerrecht und – einzigartig genug – mit der Ritterehre ausgezeichnet worden war, dazu bewogen haben, einen Aufstand gegen die römische Besatzung anzuzetteln? Arminius hatte glänzende Aufstiegschancen im römischen Heer, überdies waren die Cherusker ein mit Rom verbündeter, privilegierter Stamm, der im Gegenzug Hilfstruppen stellte.

Über die Gründe dieses gewagten Coups können nur Spekulationen angestellt werden. Will man der Revolte eine romantische Note zugrunde legen, so könnte man annehmen, dass der stürmische, freiheitsliebende Germane die arroganten Besatzer hasste und sein Volk vom Joch der römischen Herrschaft befreien wollte. Wenn man aber die machtpolitische Variante in Betracht zieht, so muss man davon ausgehen, dass Arminius mit einem sensationellen Sieg über die Römer an die Spitze seines Stammes vorrücken und damit andere Familienmitglieder übertreffen wollte. Die private Begründung könnte sein, dass sich Arminius an seinem prorömischen Onkel Segestes rächen wollte, der Varus nahe stand und ihm überdies die Hand seiner Tochter Thusnelda vorenthielt. Es gibt auch eine berufliche Erklärung: Arminius und seine Mitstreiter forderten einen höheren Sold, bessere Arbeitsbedingungen und mehr Akzeptanz innerhalb der römischen Truppen. Oder war es einfach die Tat eines jungen Abenteurers, der sich keine Gedanken über die Tragweite seiner Verschwörung machte? Wie dem auch sei, die radikale Entschlossenheit und der unbedingte Siegeswille des Arminius bleiben ebenso bemerkenswert wie unerklärt. Der römische Geschichtsschreiber Velleius Paterculus beschrieb Arminius wie folgt: »Es gab damals einen jungen Mann aus vornehmem Geschlecht, der tüchtig im Kampf und rasch in seinem Denken war, ein beweglicherer Geist, als die Barbaren gewöhnlich sind. In seiner Miene und in seinen Augen spiegelte sich sein feuriger Geist. Es war kein dummer Gedanke von ihm, dass niemand leichter zu fassen ist als ein Nichtsahnender, und dass das Unheil meistens dann beginnt, wenn man sich ganz sicher fühlt.« Die historischen Quellen stellen eines klar: Der Germane Arminius kommt bei den römischen Autoren wesentlich besser weg als ihr Landsmann Varus, dem sie die katastrophale Niederlage nie verziehen haben.

Bevor sich die Truppen auf den Weg machten, sickerte das Gerücht der Verschwörung durch, die sich hinter dem ominösen Aufstand germanischer Stämme verbarg. Der mit Arminius verfeindete Segestes versuchte, Varus zu warnen und riet ihm, Arminius und andere Rädelsführer gefangen zu nehmen oder zumindest vorsorglich zu entwaffnen. Varus tat nichts dergleichen. Arminius hatte sich schließlich als herausragender Soldat erwiesen, er war hochdekoriert aus seinen Kämpfen für Rom zurückgekehrt. Zudem waren selbst Varus die Kontroversen und Fehden innerhalb der cheruskischen Führungsschicht nicht verborgen geblieben, so dass er die Warnungen des Onkels als neue Auswüchse eines Familienstreits interpretierte. Die Führungsschicht der Cherusker bestand aus zwei oder drei miteinander verwandten Familien, die allerdings im ständigen Zwist lebten und jeweils die Führung über den gesamten Stammesverband anstrebten. Hinzu kam, dass die vorwiegend älteren Adelskreise sich mit den Römern arrangiert hatten und ihre Position ausbauen wollten. Sie waren beeindruckt von der römischen Kunst des Straßen- und Brückenbaus und akzeptierten sie als überlegene Kultur. Die jungen Stürmer und Dränger hingegen waren Rom in der Regel weniger freundlich gesinnt.

Varus zog also von Minden aus mit der XVII., XVIII. und XIX. Legion los, insgesamt etwa 20 000 Mann, begleitet von den Familienangehörigen samt Gepäckzug, die ein vorsichtigerer Heerführer wohl auf direktem Weg ins Winterlager geschickt hätte: insgesamt rund 30 000 Menschen bei einer Zuglänge von etwa 25 Kilometern. Arminius und seine Krieger hielten sich in der Begleitung des Varus auf. Der Weg zu dem fingierten Stammesaufstand führte die Marschkolonne auf unwegsames Gelände. Die Römer gerieten in die Sümpfe und Wälder des Teutoburger Waldes, vermutlich des Höhenzugs östlich der Quellen von Ems und Lippe. Darin lag im Prinzip die durchdachte Strategie des Arminius, der die Kampfweise der römischen Legionen aus nächster Nähe kannte: Sie verloren ihre einzigartige Stärke, sobald sie übersichtliches, weites Gelände verlassen mussten. Nicht in offener Feldschlacht, sondern in germanischer Überfalltaktik würde er Varus also angreifen. Angesichts dieses Streckenverlaufs meldete sich der beunruhigte Segestes wieder zu Wort und versuchte noch einmal, Varus zum Handeln zu bewegen, jedoch ohne Erfolg. Am nächsten Morgen waren Arminius und sein Trupp verschwunden. Gerüchte kamen auf, nach denen römische Patrouillen abgefangen und getötet worden waren. Nun wurde allmählich sogar Varus das Ausmaß der furchtbaren Situation bewusst. Er leitete den Zug auf den Dören-Pass als die direkte Straße zum Winterlager Aliso (Haltern an der Lippe) um in der Hoffnung, vielleicht doch noch so schnell wie möglich das rettende Ziel zu erreichen. Viele germanische Begleiter begannen, den Zug zu verlassen, wobei sie vorgaben, Verstärkung zu holen.

Dann erreichte die Römer die Nachricht, Aliso würde belagert, also wechselten sie wieder den Kurs. Der Wald um sie herum wurde immer dichter, und ein heftiger Regen kam auf. Man kann sich vorstellen, wie sich die Soldaten durch den dichten und nassen Wald kämpften, Bäume fällten, Wege anlegten und schwierige Geländeabschnitte überbrücken mussten. Dazu der gewaltige Zug aus Frauen und Kindern, Kaufleuten, Marketendern, Wagen und Lasttieren, und noch »ein stattlicher Sklaventross«, wie Cassius Dio, der Chronist der Ereignisse, schreibt: »Inzwischen kam auch ein starker Regen und Sturm auf, was die Marschierenden weiterhin voneinander trennte, und der Boden, um die Wurzeln und Stämme her schlüpfrig geworden, machte jeden Schritt höchst unsicher; Bruch und Sturz der Baumwipfel sorgten für weitere Verwirrung«.

Da griff Arminius an. Tausende von Speeren wurden entlang des gesamten Zugs in die Menschenmenge geschleudert, durch den Regen, mitten in das Chaos. Durch die locker gewordene Marschordnung, die eine gruppenweise, konzentrierte Verteidigung gegen die flinken Angreifer erschwerte, mussten die Römer erste große Verluste hinnehmen. Sie retteten sich in die Nacht, schlugen ein Lager auf und verbrannten die meisten Wagen und anderen Ballast. Am nächsten Morgen gerieten sie kurzfristig auf besseres, offenes Gelände, dann jedoch wieder in die unheilvollen, nassen Wälder. Sie erlitten noch schwerere Verluste. Der nächste Tag sollte ihr Schicksal besiegeln.

»Erneut überfielen sie heftiger Regen und starker Wind, die sie weder weiter gehen noch festen Stand finden, ja nicht einmal mehr die Waffen gebrauchen ließen. Sie konnten sich nämlich nicht mehr mit Erfolg ihrer Bogen und Speere oder der ganz und gar durchnässten Schilde bedienen.« Die römischen Legionen verloren vollends ihre Gefechtsordnung; sie waren verwirrt, ausgezehrt, in die Defensive gedrängt und dem Zweikampf mit siegesgewissen, aggressiven Germanen nicht gewachsen. »Die Feinde hingegen, größtenteils nur leicht gerüstet und imstande, ungefährdet anzugreifen und sich zurückzuziehen, hatten weniger unter den Unbilden zu leiden. Außerdem hatte sich ihre Zahl stark vermehrt, da viele von den anderen, welche zunächst nur abgewartet hatten, sich ihnen jetzt – in der Hoffnung auf Beute – anschlossen.« Das war das Ende. Das gesamte römische Heeresaufgebot wurde hingemetzelt. Viele der 30 000 Menschen fanden den Tod, wurden gekreuzigt, lebendig begraben, den Göttern geopfert. »Varus und die übrigen hohen Offiziere erfasste darüber Angst, sie möchten entweder lebendig in Gefangenschaft geraten oder von ihren grimmigsten Feinden getötet werden, und das ließ sie eine zwar schreckliche, aber notwendige Tat wagen: Sie begingen Selbstmord.« Die Germanen rissen den halb verbrannten Leichnam von Varus vom Scheiterhaufen, der Kopf des Statthalters war für Rom gedacht.

So unvorstellbar brutal diese Schlacht auch verlief, so bemerkenswert ist der folgende Gedanke von Velleius Paterculus. Zwanzig Jahre nach der Schlacht beschrieb er den gerechten Volkszorn der germanischen Stämme, die von den römischen Besatzern erniedrigt, ausgeraubt und vernichtet zu werden drohten – blinder Patriotismus kann ihm wahrlich nicht vorgeworfen werden: »Eingeschlossen in Wälder und Sümpfe, in einem feindlichen Hinterhalt, wurden sie (die Römer) Mann für Mann abgeschlachtet, und zwar von demselben Feind, den sie ihrerseits stets wie Vieh abgeschlachtet hatten – dessen Leben und Tod von ihrem Zorn oder ihrem Mitleid abhängig gewesen war.«

Die Legionen im Winterlager Aliso kamen ungeschoren davon, da ihnen ein nächtlicher Ausbruch durch die Belagerungsreihen der Cherusker gelang. Arminius und seine Truppen zogen sich daraufhin zurück. Die Reaktion von Kaiser Augustus in Rom auf die Katastrophe im Teutoburger Wald ist in die Zitatkultur des Abendlandes eingegangen. Als er die von den Germanen nach Rom geschickte Kopftrophäe des Varus erhielt, zerriss er sich laut Sueton seine Kleider, stieß seinen Kopf immer wieder gegen den Türpfosten und rief: *»Quinctili Vare, legiones redde!«* – »Quinctilius Varus, gib mir meine Legionen wieder!« Er ließ sich sein Haar und seinen Bart mehrere Monate lang wachsen und soll über Jahre hinweg an diesem Tag gefastet und geschwiegen haben. Die Römer waren nicht mehr unbesiegbar. Die XVI., XVII. und XVIII. Legion wurden nie mehr aufgestellt.

Einige Jahre später stieß ein römischer Trupp unter Germanicus, dem Sohn des Drusus, im Teutoburger Wald auf den Ort des Grauens. Laut Tacitus fanden sie eine gespenstische Stätte vor – mit bleichen Knochen, Waffenresten, Gliedmaßen von Pferden und Schädeln, die an Ästen und Baumstümpfen aufgespießt waren: »Und nun betraten sie die Unglücksstätte, grässlich anzusehen und voll schrecklicher Erinnerungen. Das erste Lager des Varus wies an seinem weiten Umfang und der Absteckung des Hauptplatzes auf die Arbeit von drei Legionen hin. Dann erkannte man an dem halb eingestürzten Wald und dem niedrigen Graben, dass die zusammengeschmolzenen Reste sich dort gelagert hatten. Mitten in dem freien Feld lagen die bleichenden Gebeine zerstreut oder in Haufen, je nachdem die Leute geflohen waren oder Widerstand geleistet hatten. Dabei lagen Bruchstücke von Waffen und Pferdegerippe, zugleich fanden sich an Baumstämme angenagelte Köpfe. In den benachbarten Hainen standen die Altäre der Barbaren, an denen sie die Tribunen und die Centurionen der ersten Rangstufe geschlachtet hatten.« Germanicus ließ jeden einzelnen Knochen aus schuldiger Pietät begraben, vielleicht wollte er auch jede einzelne Spur der Schande Roms löschen.

Nach der verheerenden Niederlage der römischen Legionen übernahm Tiberius im Frühjahr 10 n. Chr. wieder den Oberbefehl am Rhein; die Truppenstärke wurde drastisch erhöht. In den nächsten Jahren zog er immer wieder in nahe dem Rhein gelegene Gebiete germanischer Stämme ein, zerstörte einzelne Landstriche, schlug aber keine entscheidenden Schlachten. Eine militärische und politische Zielsetzung wird aus seinen Expeditionen nicht ersichtlich. Ende 12 n. Chr. übergab er das Kommando Germanicus, der noch häufiger in Germanien einmarschierte, dessen Vorstöße aber ebenfalls fruchtlos blieben. Den Römern war eine Lektion erteilt worden, und jetzt gebärdeten sie sich wie verletzte Tiere, die in blinder Wut nach ihrem Peiniger schlagen, ohne diesen wirklich zu treffen. Zwar erreichte Germanicus im Jahre 13 nach der Unterwerfung einiger Stämme sogar die Elbe, doch blieb die Grenze weiterhin unsicher und Germanien frei und unüberschaubar. Er kehrte schließlich an den Rhein zurück, von der Gründung einer römischen Provinz weit entfernt. Seine Angrifflust wurde dann 17 n. Chr. von seinem Onkel Tiberius, der sich zu einer defensiven Germanienpolitik entschlossen hatte, unterbunden. In den Augen des Tiberius war dieses finstere Land mit seinen unberechenbaren Einwohnern nicht das Blut eines einzigen Legionärs wert; er meinte sogar, man solle die Barbaren ihrer eigenen Zwietracht überlassen. Die römischen Stützpunkte am Rhein wurden geräumt.

Germanicus durfte im Triumph nach Rom zurückkehren. Offiziell hatte er die Cherusker und deren Bundesgenossen besiegt, so dass am 25. Mai 17 in Rom ihm zu Ehren eine große Feier stattfand. Inoffiziell allerdings war der Versuch des Imperiums, Germanien zu erobern, kläglich gescheitert. Politisch gesehen hatten Tiberius und Germanicus mit der unaufrichtigen Feier ihr Gesicht einigermaßen gewahrt. Indem er aber dreißig Jahre römische Expansionspolitik in Germanien revidierte, ging Tiberius durchaus ein gewisses Risiko ein. Er setzte sein Prestige aufs Spiel, bewahrte aber zweifellos so manchen Legionär wie auch Barbaren vor weiteren Gemetzeln und legte den Grundstein für eine interessante Phase der eher friedlichen Kommunikation beider Völker. Vermutlich hätte eine bis zur Elbe vorverlegte Grenze mit dem Zugewinn Germaniens den Römern nur Verdruss bereitet. Das Land hatte nichts zu bieten, keine Edelmetallvorkommen und keine einträglichen Kornfelder. Gewinne waren allenfalls in Form menschlichen Kampfpotenzials zu machen, das sich so gerne voller Leidenschaft gegen Rom richtete. Die Vorstellung, die römische Weltordnung könne ins Unendliche expandieren, war an den rebellischen Germanen gescheitert. Man überließ also Germanien sich selbst und akzeptierte fortan den Rhein als Grenze zwischen beiden Territorien. Die Auswirkungen der Varusschlacht hat der römische Geschichtsschreiber Florus in einem Satz zusammengefasst: »Infolge dieser Niederlage kam es dahin, dass das Reich, welches am Gestade des Ozeans nicht haltgemacht hatte, am Ufer des Rheins seine Grenze fand.« Und das stand eigentlich schon im Testament des Augustus.

Die Niederlage im Teutoburger Wald hatte der römischen Weltmacht einen irreparablen Schaden zugefügt, weil der Mythos der unbezwingbaren Legionen dahin war. Die am Rhein stehenden Truppen waren 9 n. Chr. zur Hälfte vernichtet worden, der Verlust solch hohen Menschenpotenzials war für römische Verhältnisse eine schmähliche Niederlage. Daher kann sich Arminius die anschließende Kurskorrektur der römischen Germanienpolitik auf die eigene Fahne schreiben. So hat es auch Tacitus gesehen, der dem jungen Cheruskerfürsten den Ehrentitel *liberator haud dubie Germaniae* verlieh: »Zweifellos war er der Befreier Germaniens und ein Mann, der Rom nicht, wie andere Könige und Heerführer, in seinen Anfängen, sondern auf der Höhe seiner Macht herausgefordert hat. Er lebte 37 Jahre, herrschte zwölf und wird noch immer bei den Barbarenvölkern besungen.«

Bei genauerer Betrachtung lässt sich Arminius allerdings nicht als der Befreier Germaniens feiern. Es ging ihm um die Vorherrschaft bei den Cheruskern, ein germanisches Einheitsgefühl im Sinne des Tacitus und der Inschrift des Hermannsdenkmals war weder bei ihm noch bei den anderen Stämmen jener Zeit entwickelt. Die Varusschlacht war kein germanischer Nationalaufstand. Der politische Ehrgeiz des Arminius, der den Königstitel zum Ziel hatte, sollte ihm zum Schicksal werden. Arminius starb, Tacitus zufolge, »durch die Heimtücke seiner Verwandten«, die das Königtum des machtbewussten Fürsten fürchteten.

Denn Arminius war es trotz militärischer Erfolge nicht gelungen, die cheruskische Elite, geschweige denn seine eigene Sippe um den Schwiegervater Segestes und den Vaterbruder Inguiomerus von seiner Politik zu überzeugen. Segestes war auch deswegen sein erbitterter Feind, weil seine Tochter Thusnelda von Arminius entführt worden war – wohl mit dem Einverständnis Thusneldas. Diese mächtigen Adligen und deren Gefolgschaften hätte er aber gebraucht, um einen starken Stammesverbund zu errichten. In der germanischen Kultur hatten nämlich die Interessen der Fürsten Vorrang gegenüber denen des Volkes, was zur Folge hatte, dass die Gesellschaft der Barbaren sehr instabil war. Einzelne Zielsetzungen, Ambitionen, Sympathien, persönliche Gunst oder Missgunst konnten die Belange eines ganzen Stammes dominieren sowie ruinieren. Arminius hatte einen erfolgreichen Krieg gegen einen anderen Fürsten geführt und gewonnen, gegen den mächtigen Markomannenkönig Marbod. Dieser hatte einen starken Stammesverband gegründet, dem neben Markomannen auch Lugier, Langobarden und Quaden angehörten – und Arminius und Marbod hatten beide versucht, den eigenen Machtbereich auf Kosten des anderen zu vergrößern. 17 n. Chr. gab Marbod den Kampf auf und zog sich nach Böhmen zurück, musste aber bald zu den Römern fliehen. Arminius wurde folgerichtig verdächtigt, die Königswürde anzustreben. Laut Tacitus war der cheruskische Adel nun zum Äußersten bereit, denn die Königsambitionen Einzelner waren ein schwerer Verstoß gegen ihre traditionelle politische Kultur. Arminius wurde von der Verwandtschaft verraten und starb im Jahr 21 durch Gift oder Dolch. Das war das Ende des berühmtesten Germanen in der Geschichte.

Ein technisch hochgerüstetes und strategisch geschultes Berufsheer war von einer unterlegenen Kultur vernichtet worden. Zwar hatten die Römer die mächtigste Streitkraft ihrer Zeit, aber sie konnten von den Germanen aufgrund ihrer besseren Geländekenntnis besiegt werden. Außerdem hatten die Römer die Barbaren unterschätzt. Hier hätte das in Militärkreisen bekannte Sprichwort zum Tragen kommen sollen: »Auch wenn dein Feind wie eine Maus aussieht, solltest du ihn wie einen Löwen betrachten.« Dass eine Maus zum Löwen wurde, ein David zum Goliath, ist einer der Gründe dafür, warum die Varusschlacht bis zum heutigen Tag berühmt geblieben ist.

Hermann der Cherusker – Der erste deutsche Nationalheld

Die Schlacht im Teutoburger Wald hat eine besondere Wirkungsgeschichte vorzuweisen, die im 16. Jahrhundert beginnt und auf die wiedergefundene *Germania* des Tacitus zurückgeht. Die deutschen Gelehrten des Humanismus sahen, wie bereits erwähnt, in der Lobschrift des römischen Historikers auf die Germanen endlich die Nobilitierung deutscher Geschichte: Nun konnten sie endlich dem Vergleich mit den großen Kulturen der Antike standhalten und auf eine eigene ruhmreiche Vergangenheit zurückblicken. Eine zentrale Rolle in dieser stolzen Rückbesinnung spielte von Anfang an der Sieg des jungen Arminius über die legendären Legionen des Römischen Reichs.

Dafür war es wichtig, die in den wiederentdeckten Schriften des Tacitus (1455 die *Germania,* 1507 die *Annalen*) genannten Namen und Orte zu identifizieren. Wenn man den Teutoburger Wald finden würde, hätte man auch einen zentralen Ort deutscher Heimat urbar gemacht, war diese legendäre Stätte doch zumindest ideell der Ursprung der germanischen Befreiung und Einheit. Tacitus hatte einen *saltus Teutoburgiensis* erwähnt, ein »teutoburgisches Waldgebiet«. Dieses lag in der Nähe der äußersten Brukterer, eines germanischen Stamms zwischen Ems und Lippe. Seine topographischen Angaben waren allerdings zu ungenau, sodass die fieberhafte Suche nach dem Ort der Schlacht fünfhundert Jahre lang anhielt. Zahllose Vorschläge wurden gemacht und füllten ganze Bibliotheken, bis sich 1987 die Forschung weitgehend auf den Kalkrieser Berg bei Osnabrück geeinigt hat. So hatte man beispielsweise wegen der lautlichen Nähe zu »Teutoburg« Duisburg in Erwägung gezogen, auch das süddeutsche Augsburg kam in Betracht. Schließlich machte der oft erwähnte Osning das Rennen, der daraufhin vom Paderborner Bischof Ferdinand von Fürstenberg im 17. Jahrhundert kurzerhand in Teutoburger Wald umbenannt wurde. Der Osning ist das etwa 300 Meter hohe Mittelstück des 120 Kilometer langen Höhenzugs namens Teutoburger Wald, der von Osnabrück über Bielefeld in den Südosten von Paderborn führt und der die westfälische Bucht vom Weserbergland trennt. Östlich davon liegt Minden, westlich Haltern. Mit anderen Worten: Der Name der Schlacht im »Teutoburger Wald« bedeutet also nicht, dass diese Schlacht in dem heute so genannten Höhenzug stattgefunden hat.

Hatten es die Gelehrten immer bedauert, dass Deutschland die Tür zur Ruhmeshalle der römischen Antike versperrt gewesen war, so lieferte Arminius nun endlich den Schlüssel dafür. Der germanische Freiheitsheld, der Römersieger, war auf Anhieb die ideale Verkörperung eines stolzen Deutschlands und sollte jahrhundertelang dessen heroisches Leitmotiv bleiben. Als Erster nahm sich Ulrich von Hutten des jungen Helden an und führte ihn somit in die deutsche Literatur ein. Sein Arminius-Dialog erschien 1529, *»quo homo patriae amantissimus, Germanorum laudem celebravit«* (»worin der Mann, von glühender Vaterlandsliebe erfüllt, die Deutschen gepriesen hat«). In diesem Lateinisch geschriebenen Dialog bewirbt sich Arminius vor dem Gericht des antiken Totenreichs um den Platz des bedeutendsten Feldherrn der Weltgeschichte, seine Konkurrenten sind nicht zu unterschätzen: Alexander der Große, Scipio der Ältere und Hannibal. Mit Hilfe des großen Fürsprechers Tacitus und dank eigener brillanter Argumente gelingt es ihm, diese beinahe auszustechen, letztlich aber darf die bestehende Ordnung nicht umgestoßen werden. Also verleiht ihm Hutten neben den großen drei Feldherren den Ehrenplatz des ersten Vaterlandsverteidigers. Mit diesem Werk beginnt der Arminius-Kult in der deutschen Literatur, der sich über Wieland und Klopstock bis zu Kleist und Grabbe erstrecken wird. Darüber hinaus steht von Hutten bereits im Zusammenhang der gegen das Papsttum aufbegehrenden Reformation, die in Arminius den Streiter für die eigene Sache sieht: Arminius und die Reformation im Kampf gegen Varus und die römische Kirche. So hofft von Hutten, seine Zeitgenossen mögen sich gegen die »weichen, zarten Pfaffen und weibischen Bischöfe« erheben wie einst Arminius gegen Varus. Luther bemerkte schnell, wie nützlich der junge Held der eigenen Sache werden konnte. Er deutschte dessen Namen kurzerhand zu Hermann ein, abgeleitet von »Heer-mann« als Führer eines Heeres, und erhob ihn zur germanischen Leitfigur im Kampf gegen die katholische Kirche. Kein Wunder, dass er bekannte: »Wenn ich ein poet wer, so wollt ich den zelebrieren. Ich hab in von hertzen lib.«

Besonders zu Beginn des 19. Jahrhunderts wurde Arminius/Hermann zur Kultfigur, zum ersten deutschen Nationalhelden. Angesichts der französischen Besatzung verlangten die Deutschen dringend nach einem Stellvertreterhelden, der gegen Napoleon aufbegehrte. Heinrich von Kleist verarbeitete das Thema in seinem Drama *Hermannsschlacht,* in dem die Römer unter Varus selbstverständlich für die Truppen Napoleons und die Germanen für die Preußens stehen. Das Drama wurde 1808 geschrieben, aber erst 1821 herausgebracht und 1860 uraufgeführt. Die aktuelle Brisanz und die im Drama angelegte offensichtliche vaterländische Tendenz machten eine frühere Veröffentlichung unmöglich – sehr zum Leidwesen des politisch hochmotivierten Heinrich von Kleist, der sein Vaterland in großer Gefahr sah. »Diesem Siege verdankt unser Vaterland, nach der Römer eigenem Geständnisse, die Freyheit; und wir, die Enkel, dass noch ungemischtes Deutsches Blut in unsern Adern strömt, und das reine Deutsche Worte auf unserer Zunge ist.« Die *Hermannsschlacht* zählt als Tendenzstück nicht zu den Meisterwerken des Dichters, so tragen alle Römer ein »Affengesicht«, und nur die Deutschen sind imstande, »mit Ehrfurcht und mit Sehnsucht« zu lieben. Das Drama wurde dann immer wieder für aktuelle politische Inhalte in Anspruch genommen, bis hin zum völkischen Rassismus der Nationalsozialisten; nach 1945 kam das Drama – mit Ausnahme der Inszenierungen von Claus Peymann in Bochum und Wien – kaum mehr auf die Bühne.

Mit den Napoleonischen Kriegen verschärfte sich die Rivalität zwischen Germanentum und Romanentum. Das idealisierte Germanenbild war sehr beliebt, so bezeichnete Herder Arminius als »Aufwecker teutscher Nation« und »Märtyrer der teutschen Freiheit«. Die deutschen Romantiker berauschten sich an der Einfachheit und Naturnähe des germanischen Brauchtums. Die politische Zersplitterung Deutschlands in der ersten Hälfte des 19. Jahrhunderts führte dazu, dass sich Kultur und Politik auf der Suche nach einer nationalen Identität der germanischen Vergangenheit zuwandten. Man begann mit der Errichtung nationaler Denkmäler, die zwar im klassischen Stil gehalten waren, deren Symbolik aber germanischer Prägung war. Das berühmteste ist die Walhalla, die 1830–1842 im Auftrag von König Ludwig I. von Bayern in der Nähe von Regensburg gebaut wurde. Diese 120 Meter lange »Ruhmeshalle« des Deutschen Volkes hat die Form eines griechischen Tempels, ihr Inneres zieren die Bildnisse germanischer Götter und großer Deutscher – selbstverständlich befindet sich auch Arminius darunter.

Dies nimmt sich bescheiden aus im Vergleich zum Hermannsdenkmal auf einem Hügel des Teutoburger Waldes bei Detmold. Auf einem 30 Meter hohen Sockel steht die in Kupfer getriebene Figur des Arminius mit Flügelhaube und gezogenem Schwert (aus Kruppstahl); entschlossen schaut der Held nach Westen zu den französischen Nachbarn. Es ist das Werk des Bildhauers Ernst von Bandel (1800–1876), das bereits 1838 begonnen wurde, aber erst aufgrund einer Spende Preußens 1875 vollendet werden konnte. Kaiser Wilhelm war bei der Einweihungsfeier zugegen. Vier Jahre nach der Reichsgründung und dem Ende des deutsch-französischen Kriegs avancierte Arminius gleichsam zum Gründungshelden der deutschen Nation. Das Denkmal war gedacht als ein Symbol des jungen starken Deutschland; in der markigen Inschrift heißt es: »Deutsche Einigkeit, meine Stärke, Deutschlands Macht«. Im klassizistischen Unterbau sollten berühmte Deutsche Einzug halten, dieser Teil ist aber nicht vollendet worden. Historische Präzision und künstlerische Perfektion strahlt das Denkmal nicht aus: Zum einen verweist die Rüstung der Figur ins Mittelalter und nicht auf die Zeitenwende, und zum anderen stimmen die Proportionen nicht ganz, vor allem das Schwert ist viel zu groß. Dennoch ist das Hermannsdenkmal beeindruckend und eine Touristenattraktion. 200 000 Besucher jährlich machen den Grotenberg zu einem ausgesprochen beliebten Ausflugsziel, das einen ausgezeichneten Blick über Detmold und den Teutoburger Wald bietet. Trotz seiner Ehrfurcht gebietenden Maße von insgesamt 53 Metern Höhe und 856 Zentnern wirkt Arminius zwar selbstsicher, aber auch irgendwie rührend – nationalistische Aggressivität geht jedenfalls nicht von ihm aus.

Mit der Errichtung des Hermannsdenkmals nach dem deutsch-französischen Krieg 1870 hatte die Arminius-Begeisterung die Wirkung des Germania-Textes von Tacitus übertroffen, die politisch-historische Orientierung der Deutschen als Germanen galt von nun an dem Mythos des Cheruskerfürsten. Bei Felix Dahn sind bereits die Vorzeichen einer unheilvollen nationalistischen Vereinnahmung spürbar, so heißt es in seinem *Siegesgesang nach der Varusschlacht* von 1872: »Heil dem Helden Armin. Auf den Schild hebet ihn. Zeigt ihn den unsterblichen Ahnen: Solche Führer wie den gib uns, Wodan, mehr – und die Welt, sie gehört den Germanen!« Die schwierige Situation im zerrütteten Deutschland nach dem Ersten Weltkrieg begünstigte abermals das Aufkommen einer Glorifizierung der germanischen Kultur, die in der verhängnisvollen Verbindung mit dem nationalsozialistischen Rassismus schließlich gipfeln sollte. Dabei war Hitler selbst kein ausgewiesener Freund der Germanen um Arminius, weil er ihren barbarisch-primitiven Ruf in der Weltgeschichte richtig einschätzte und sich damit seinem italienischen Widerpart Mussolini unterlegen fühlte. Außerdem darf nicht außer Acht gelassen werden, dass der junge Cherusker eigentlich ein Meuterer war, der sich aus der Mitte des römischen Heeres heraus mit List und Tücke gegen die römische Weltmacht erhob – solch subversive Anarchisten machten sich im SS-regierten Hitler-Deutschland gar nicht gut. Dennoch hat die Desavouierung des Germanenbilds durch das Dritte Reich lange Schatten geworfen, sodass die erneute Beschäftigung mit den Germanen erst lange nach dem Zweiten Weltkrieg wieder einsetzte.

Die freundliche Variante der Germanenrezeption darf aber hier nicht verschwiegen werden. Schon im frühen 19. Jahrhundert kam eine weitere Strömung auf, die sich von der deutsch-französischen Feindschaft der Napoleonischen Kriege nicht beeinflussen ließ. Deutsche Altertumsvereine interpretierten römische Kultur nicht als historischen Gegner der germanischen Stämme, sondern im Sinne des heutigen Verständnisses als Mitbegründer des modernen Europa. Es kam zu intensiven Grabungsinitiativen, Museen und historische Institute wurden gegründet. Einen Meilenstein stellte die Gründung der Reichslimeskommission 1892 dar, die der berühmte Altertumsforscher Theodor Mommsen (1817–1903) ins Leben gerufen hatte: zur Untersuchung des »ältesten großen historischen Bauwerks, welches Deutschland besitzt«.

»Wenn Hermann nicht die Schlacht gewann/Mit seinen blonden Horden/So gäb' es die deutsche Freiheit nicht mehr/Wir wären römisch geworden.« Wie oft sind diese Verse aus Heines Wintermärchen schon zitiert worden! Häufig dienten sie als Beleg für die historische Bedeutung der Varusschlacht, die für die Geschichte Europas einen zentralen Wendepunkt darstellte – nur dass Heines Versepos keinesfalls ernst und bewundernd gemeint war. Heine reiste aus dem fortschrittlichen Frankreich zurück nach Deutschland, wobei die Symbole preußischer Herrschaftspolitik ihm ein Dorn im Auge waren – das Hermannsdenkmal war erst seit wenigen Jahren im Bau. Nicht nur dass Heine den europäischen Internationalismus Napoleons begrüßte und daher nicht empfänglich war für das politische Germanentum der Deutschen, auch die Identifizierung der Deutschen als Germanen hielt er für fragwürdig. Seine Sottise auf Arminius und die Hermannsschlacht wurde allerdings nicht von allen als solche erkannt.

Kalkriese – Auf der Suche nach den verlorenen Legionen

Nach fünfhundert Jahren nimmermüder Forschung über den Ort der Varusschlacht und einer wahrscheinlich gleichen Zahl vermeintlicher Erfolge machte ein englischer Hobbyarchäologe und Militärhistoriker 20 Kilometer nordöstlich von Osnabrück im Jahr 1987 eine sensationelle Entdeckung. Oberstleutnant Tony Clunn von der britischen Rheinarmee stieß in Zusammenarbeit mit der Bodendenkmalpflege Osnabrücks auf einen Schatz von Silbermünzen, den er ein Jahr später mit Hilfe eines Metalldetektors um entscheidende Trouvaillen ergänzen konnte: Er fand Bleischleudergeschosse, die auf eine Schlacht hindeuteten, die an dieser Stelle stattgefunden haben musste. Die daraufhin sichergestellten Münzen, Waffen und Knochenreste haben das niedersächsische Kalkriese in den letzten fünfzehn Jahren zu einer der ersten Adressen germanisch-römischer Grabungsgeschichte werden lassen und das Thema der Schlacht im Teutoburger Wald mit neuem Leben erfüllt.

Der Kalkrieser Berg liegt 18 Kilometer nordöstlich von Osnabrück. Man geht davon aus, dass die Hauptschlacht dieses dreitägigen Gemetzels an der engen Stelle zwischen dem Berg im Süden und dem Großen Moor im Norden stattgefunden hat. Bereits 1885 hatte Theodor Mommsen die Vermutung geäußert, Kalkriese könnte vielleicht der Ort der Varusschlacht sein, da die Bauern bei ihrer Feldbestellung immer wieder auf römische Münzen aus der augusteischen Zeit stießen. Der Verdacht Theodor Mommsens konnte sich allerdings nicht durchsetzen, weil keine militärische Ausrüstung gefunden wurde –

also vertraute man weiterhin dem Teutoburger Wald, der schließlich in den *Annalen* des Tacitus genannt worden war. Die spektakuläre Entdeckerleistung des Briten Clunn hat der Kalkriese-Fraktion zum Durchbruch verholfen und den Archäologen eine fast hundertprozentige Sicherheit über den tatsächlichen Ort der Schlacht gegeben. Rund 1200 Münzfunde und entsprechend viele militärische Ausrüstungsartikel sind inzwischen auf einer recht großen Geländefläche verteilt gefunden worden, wobei die Grabungen und Prospektionen noch längst nicht abgeschlossen sind – die Arbeit wird vermutlich noch Jahrzehnte dauern. Das fragliche Gelände ist ungefähr 6 Kilometer lang und an seiner schmalsten Stelle 1 Kilometer breit. Um den lang gestreckten römischen Heereszug noch mehr auszudünnen, hatten die Cherusker den Engpass durch einen Wall und nasse Böden weiter verschmälert – die Römer liefen in eine Falle, die wie die Engstelle einer Sanduhr aussah.

Die Grabungen und die Geländesituation von Kalkriese belegen unzweifelhaft, dass hier eine große Schlacht zwischen Römern und Germanen stattgefunden hat. War es aber wirklich die Varusschlacht? Da die Kalkrieser-Niewedder Senke damals eine wichtige Verkehrsverbindung zwischen West und Ost war, irritieren die ständigen Hinweise in den historischen Quellen, die von einem unübersichtlichen, unbekannten Gelände sprechen, das den Legionen zum Hinterhalt wurde und sie ins Orientierungschaos stürzte. Die Kalkrieser Senke müssten sie eigentlich gut gekannt haben. Ein zweiter Einwand ist, dass es eine andere große Schlacht im Jahr 15 n. Chr. gab, aus der sich der römische Legat Aulus Caecina mit seinen vier Legionen nur mit höchster Not befreien konnte. Die in den Quellen angegebene Geländebeschreibung dieser Schlacht würde sehr gut zu Kalkriese passen – zu dem Engpass zwischen dem Berg und einem vorgelagerten Moor. Gegen diese Einwände spricht allerdings, dass die römischen Chronisten im Allgemeinen sehr dürftige Ortsbeschreibungen gegeben haben, die sich alle zudem sehr ähnelten – ihnen muss das ganze nördliche Germanien als eine einzige dunkle und regennasse Moorlandschaft vorgekommen sein. An dieser Stelle kommt man also nicht recht weiter. Da überdies Tacitus die auffällige Ähnlichkeit der Schlachttypologie zwischen Varus und Caecina betont, kann letztere auch an einem anderen Ort stattgefunden haben. Dennoch zweifeln manche Forscher Kalkriese als den definitiven Ort der Varusschlacht weiterhin an.

Auch der reichhaltige Münzbefund kann keine letzte Sicherheit geben. In Kalkriese wurden keine Münzen aus der Zeit nach Varus gefunden, was für Kalkriese spricht. In dieser Gegend wurden aber generell keine später datierten Münzen gefunden, obwohl noch Jahre nach der Varusschlacht viele römische Verbände dort unterwegs waren. Dies wiederum würde bedeuten, dass neue Münzen nicht nach Germanien gelangten, z. B. die Münzprägung eine Zeitlang eingestellt war, so dass auch die Truppen um Caecina keine Münzen aus der Zeit nach Varus haben konnten. Damit verliert der numismatische Befund ein wenig an Aussagekraft für Kalkriese als Ort der Varusschlacht, ein Gegenbeweis kann allerdings auch nicht geführt werden.

Oberstleutnant Clunn hatte sich Kalkriese aus der Luft genähert. Er war die Nordroute des Wiehengebirges abgeflogen, um den Heereszug von oben zu rekonstruieren. Schließlich entdeckte er das Schlachtfeld mit rein archäologischen Mitteln, anhand von Luftbildarchäologie und Flächengrabungen. Aufgrund der Weiträumigkeit der Schlacht kann man in Kalkriese von einer der weltweit größten Schlachtfeldgrabungen der Antike sprechen. Ihr einmaliger Wert besteht in dem großen Nutzen für Historiker und Altertumswissenschaftler. Es handelt sich um Objekte aus der Militär-, Alltags- und Verkehrskultur: Schwertriemenhalter, Schienenpanzerschnallen, Helmbuschhalter, Pferdegeschirr, Ärztebesteck, Werkzeuge für Schuster, Schreiner und vieles mehr. In buchstäblich Tausenden von kleinen Tüten sind unscheinbarste Stücke aufbewahrt, von Teilen eines Kettenhemdes über Bruchstücke von Dolchen und

An dieser Stelle ist ein Teilstück des Germanenwalls rekonstruiert worden. Vor dem Eingang wurde der eiserne Gesichtshelm gefunden.

Schwertern bis zu Nägeln aus der Schuhsole eines Legionärsstiefels. Die spektakulärste, schönste Entdeckung ist bisher eine eiserne, mit Silber beschlagene Gesichtsmaske – die grausigsten Funde sind menschliche Gebeine. Von den über 1000 Münzen sind viele aus Kupfer, dem Zahlungsmittel der Soldaten. Der Gegenstempel VAR kommt häufig vor, womit als Zeit der Prägung unzweifelhaft die Jahre 7 bis 9 bewiesen sind, also die Kommandozeit des Varus. Die unglaubliche Menge an solchen Münzen und Militaria ist selbstverständlich ein eindeutiger Hinweis auf eine Schlacht.

Im Museumspark von Kalkriese kann man sich selbst auf die Spuren der römischen Legionen begeben. Die Route der Varustruppen ist mit auf dem Boden liegenden Stahlplatten gekennzeichnet, auf denen Textfragmente römischer Historiker abgebildet sind. Mit dem Germanenwall kommt eine weitere Attraktion des Museumsparks hinzu. Den Wall hatten die Cherusker längs des Engpasses angelegt, um den Heereszug der Römer zu einer noch schmaleren Linie zusammenzudrängen.

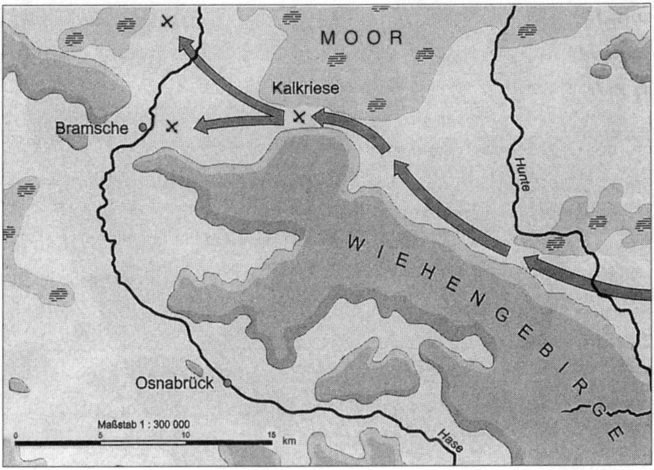

An der Geländeverengung zwischen dem nördlichen Moor und dem südlichen Gebirge gerieten die römischen Truppen in den tödlichen Hinterhalt der Germanen.

Nun konnten sie die ausgedünnte Marschformation auf ihrer ganzen Länge von den Palisaden aus angreifen, indem sie immer wieder über die Römer herfielen und sich blitzartig hinter ihren Wall zurückzogen. Eine bessere Angriffsfläche konnten ihnen die in die Falle gelockten Truppen des Varus gar nicht bieten.

Man hat sogar die damalige Bodenbeschaffenheit nachgebildet, deren Nässe und Unebenheiten den Römern schwer zu schaffen machten. Von den Germanen rasch angelegte Drainagegräben – ein Hinweis auf die starken Regenfälle während der Schlacht – sollten die Unterschwemmung durch das vom Berg herabfließende Wasser vermeiden helfen. Der Berg, das Moor und der Wall aus Erde und Grasoden versperrten den verzweifelten römischen Truppen die Flucht nach Norden und Süden. Auch nach Osten konnten sie nicht mehr zurück. Diejenigen, die die Angriffe aus dem germanischen Hinterhalt überlebten, müssen sich nach dem Passieren der Engstelle in zwei Züge aufgespalten haben. Sie wurden nach wenigen Kilometern vom Gegner aufgehalten und vernichtet.

Selbst wenn nach wie vor nicht zweifelsfrei bewiesen ist, ob Kalkriese mit dem Blut der Varussoldaten getränkt ist – der Ort hat sich als Forschungs- und Grabungsstätte zu einem hochinteressanten Freilichtmuseum entwickelt, dessen wachsende internationale Reputation Jahr für Jahr mehr Besucher anzieht. Der englische Oberstleutnant Tony Clunn hat der germanisch-römischen Sache einen großen Dienst erwiesen. Dessen scheint sich auch das Land der Angeln und Sachsen bewusst zu sein. Der Entdecker des liebsten deutschen Schlachtfeldes wurde 1996 von Königin Elisabeth II. im Buckingham-Palast mit dem Orden »Member of the Order of the British Empire« ausgezeichnet.

Kulturimport aus dem Süden – Die Römer in Germanien

Die römisch-germanische Geschichte im heutigen Deutschland erstreckt sich im wesentlichen bis ins frühe 5. Jahrhundert. Sie ist in zweifacher Hinsicht zu erzählen. Einmal ist interessant, wie sich das freie Germanien mit den neuen römischen Nachbarn arrangierte und welche römischen Einflüsse es aufnahm. Zum zweiten entstanden im 1. Jahrhundert die römischen Provinzen links des Rheins, in denen Römer, Germanen und Gallier unmittelbar zusammenlebten. Das Leben hier fand auf höherem Niveau statt als das im freien Germanien.

Bevor die Römer die Eroberung Germaniens aufgaben und sich aus dem ungastlichen Feindesland zurückzogen, hatte es bereits einen gewissen römischen Einfluss auf die germanischen Stämme gegeben. Wie bereits erwähnt, waren große Teile des alten germanischen Adels prorömisch eingestellt, weil sie den technisch-zivilisatorischen Vorsprung der Besatzer als vorbildlich empfanden. Ein guter Kontakt zur überlegenen Weltmacht konnte ihnen dabei helfen, ihre Rolle in der Führungs- und Oberschicht innerhalb der germanischen Welt auszubauen. Im Gegenzug unterstützten die Römer ihre neuen politischen Freunde ganz geschickt durch Aufmerksamkeiten verschiedenster Art, selbst kleine Geschenke wie Silberpokale, schöne Gläser oder Textilien verfehlten ihre Wirkung nicht. Den Kindern der germanischen Oberschicht stand die Ausbildung zum römischen Soldaten offen, inklusive reizvoller Karriereaussichten in Militär und Verwaltung.

Der Rückzug der römischen Truppen aus dem *Barbaricum* zu Anfang des 1. Jahrhunderts führte zu einer Neuordnung der Verhältnisse und hatte natürlich entscheidenden Einfluss auf die kulturhistorische Entwicklung im freien Germanien. Die »nassen« Grenzen von Rhein und Donau zogen eine politische, ethnische, kulturelle und vor allem ökonomische Trennlinie zwischen den rechtsrheinischen Germanen und den linksrheinischen römischen Provinzen. All die Städte, die eine römische Geschichte aufweisen, liegen westlich des Rheins und südlich der Donau: Neuss, Köln, Bonn, Mainz, Trier, Straßburg, Regensburg oder Augsburg. In diesen Provinzen herrschte eine lebhafte kulturelle und wirtschaftliche Dynamik, die erlesene römische Mittelmeerkultur begann die Grenzgebiete zu durchströmen. Östlich des Rheins waren die ehemaligen römischen Einflussgebiete, die sich immerhin bis zur Elbe erstreckt hatten, verloren gegangen. Die alten römischen Heerlager und Zivilplätze konnten mit den Städten am Rhein nicht mithalten, Urbanität entstand im *Barbaricum* nicht.

Die germanische Gesellschaft war noch immer in den von Tacitus beschriebenen kleingliedrigen Stammesstrukturen organisiert, obwohl es zunehmend Kontakte mit Händlern gab und germanische Banden immer wieder zu kleinen Beutezügen über die Flüsse setzten. An den Grenzen stauten sich Neugierige, Abenteuerlustige, Wirtschaftsflüchtlinge und andere, denen die römischen Provinzen wie verheißenes Land vorkamen – all jene, die Heinrich Böll in seinem Essay schmunzelnd die »Kollaborateure« nennt. Auf der Suche nach einem schöneren, friedlicheren und reicheren Leben waren so manche potenzielle »Kollaborateure« bereit, den Sippen und Siedlungen ihrer bisherigen Existenz den Rücken zu kehren. Diese Ballung verschiedenster Stämme in den grenznahen Gebieten war wohl der Grund dafür, dass sich im 2. und besonders im 3. Jahrhundert viele kleine Einheiten zu größeren Verbänden zusammenschlossen, die nach dem Motto »Gemeinsam sind wir stark!« verfuhren.

Die Jahrzehnte nach dem Tod des Arminius waren aber doch eine fried- und fruchtlose Zeit im Verhältnis zwischen Germanen und Römern. Viele kleine Kriege und Scharmützel fanden statt, im Jahr 29 kam es zum Volksaufstand der bisher proromischen Friesen. Sie revoltierten gegen drastisch erhöhte Tributzahlungen, kreuzigten die Steuereintreiber und besetzten das Kastell des römischen Kommandanten. Sie unterlagen zwar den zwei aus dem Rheinland angerückten Legionen, ab jetzt hatte aber laut Tacitus »der Name der Friesen bei den anderen Germanen einen hellen Klang«. Andere Unruhen und Grenzüberschreitungen – wie die der Chatten in den Jahren 39, 50 und 69 – folgten, wurden aber ebenfalls blutig niedergeschlagen. Das Gleiche geschah 69 mit dem Aufstand der Bataver, der derart gefährliche Ausmaße annahm, dass zu seiner Niederschlagung eigens Truppen aus Spanien und Britannien herbeigerufen werden mussten.

Nach der Niederwerfung der Bataver kehrte an der germanischen Front wieder Ruhe ein. Den Durchbruch auf römischer Seite erzielten von Mainz aus zwei große Expeditionen im Jahre 83 unter Kaiser Domitian, die den Grenzverlauf zwischen dem *Barbaricum* und der zivilisierten Welt doch noch einmal veränderten. Seine Truppen eroberten den Raum zwischen mittlerem Rhein und oberer Donau, womit der zwischen diesen beiden Flüssen zulaufende spitze Trichter germanischen Gebiets Richtung Norden gefüllt wurde: Zwischen den beiden Flüssen wurde die Nordgrenze nach oben verschoben, so dass sie nun vom Rhein aus über den Westerwald, den Taunusrücken und den Odenwald bis zur Donau verlief. An dieser Grenze entstand dann jene historische Befestigungsanlage, deren Popularität bis in die heutige Zeit hineinreicht: der Limes. Zuerst bestand er nur aus Wachtürmen entlang eines gerodeten Bodenstreifens, dann aber wurde er unter den Adoptivkaisern Trajan und Hadrian durch Gräben, Wälle und Kastelle zu einer 548 Kilometer langen Polizeigrenze ausgebaut. Das Charakteristische am Limes war allerdings nicht seine militärische Qualität. Vielmehr ging von ihm eine kulturelle und ökonomische Botschaft aus, da sich in seinem Verlauf Stützpunkte und städteartige Siedlungen entwickelten, in denen Handel getrieben wurde und sich die germanischen und römischen Bevölkerungsanteile einander annäherten.

Zur selben Zeit wie der Bau des Limes wurden zwischen den Jahren 82 und 90 die beiden Provinzen *Germania inferior* (Hauptstadt Colonia Agrippinensis-Köln) und *Germania superior* (Hauptstadt Mogontiacum-Mainz) eingerichtet.

Untergermanien umfasste das Gebiet links des Niederrheins, Teile Belgiens und Hollands bis zur Kanalküste. Der überwiegende Teil der Truppen blieb allerdings im Lager Vetera bei Xanten. Obergermanien umfasste den rechtsrheinischen Streifen von Basel bis in den Taunus und einen linksrheinischen mit einem kleinen Teil des heutigen Nordostfrankreich. Die Bevölkerung beider Provinzen war überwiegend germanisch: Am Niederrhein hatten sich Batayer, Ubier und Sugambrer angesiedelt, am Oberrhein viele Sueben. Die Gründung dieser Provinzen im Rheingebiet war für das weitere germanisch-römische Verhältnis von entscheidender Bedeutung, da hier ein Gebiet von großer wirtschaftlicher und gesellschaftlicher Dynamik entstand. Die römischen Grenztruppen blieben zwar in den Legionskastellen und Lagern stationiert, doch entwickelte sich an diesen Stützpunkten, die häufig Flussübergänge kontrollierten, ein reges Leben.

Die römischen Soldaten hatten neben ihrer militärischen Funktion auch andere Aufgaben. Sie bauten Straßen, Brücken, Kanäle oder betrieben Kalkbrennereien und Ziegeleien zur Herstellung von Baumaterial. Nicht nur die Infrastruktur der Provinzen profitierte von ihnen, sondern auch die private Wirtschaft. In den Augen der einheimischen Bevölkerung verfügten die Soldaten über eine beträchtliche Kaufkraft. Daher wurden sie stets von treuen Freunden begleitet, von Händlern, Wirten und Prostituierten. Kontakte zwischen den Truppen und der heimischen Zivilbevölkerung entstanden schon aufgrund der notwendigen Versorgung der Soldaten mit Lebensmitteln. Getreide, Obst, Gemüse und Fleisch wurden von ortsansässigen Landwirten geliefert, nur gehobenere Ware wie Olivenöl oder Fischsoßen musste aus dem fernen Süden angeliefert werden. Ein Großteil der örtlichen Erzeugnisse ging als Steuerabgaben direkt an die Truppen. Was die Bauern darüber hinaus verkaufen konnten, steckten sie als Gewinn ein. In der Nachbarschaft der Soldaten ließen sich immer mehr Menschen nieder: Kaufleute, Gastwirte, Maurer, Zimmerleute, Waffenschmiede, Werkzeugmacher, Schuster, Schneider, Tuchwalker, Juweliere, Ärzte, Lehrer. Jeder versuchte in dieser neuen Welt sein Glück zu machen. Germanen aus dem rechtsrheinischen Entwicklungsland kamen mit ihren vierrädrigen hölzernen Rinderkarren angefahren und boten Bernstein, Felle, Wolle und Seife feil sowie blondes Frauenhaar für die Damen der römischen Gesellschaft. Dafür erhielten sie Geld und Prestigegüter wie Schmuck, die es in ihrer Heimat nicht gab, dort allerdings sehr begehrt waren. Außerhalb der Kastelle entstanden nun kleinere, dorfähnliche Siedlungen, so genannte *vici*. Große Siedlungen wurden eingerichtet, um sowohl die Truppenkontingente zu stützen als auch gezielt städtisches Wachstum einzuleiten.

Über diese Pionierzeit der Annäherung beider Völker schrieb Cassius Dio: »Die Römer besaßen in Germanien einige feste

Plätze. Diese lagen nicht nebeneinander, sondern hier und da verstreut, wie sie gerade erobert worden waren. Die römischen Truppen bezogen dort regelmäßig Winterquartier und legten Städte an, während die Germanen allmählich römische Sitten annahmen, die Märkte besuchten und in friedlichem Verkehr mit den Römern lebten. Aber die Germanen hatten ihre angestammten Sitten, ihre angeborene Art und ihre ungebundene Lebensweise nicht vergessen. Solange sie nun mit großer Behutsamkeit an das Neue gewöhnt wurden, empfanden sie die Veränderung ihrer Lebensweise nicht als Last und merkten nicht, wie sie sich veränderten.«

An Rhein und Donau entstanden germanische Klientelstaaten, die sich durch einen Vertrag zu bestimmten Gegenleistungen verpflichteten: zur Lieferung von Kuhhäuten wie die Bataver oder zum Dienst im römischen Heer. Ihre uneingeschränkte Freiheit hatten sie verloren, als Gegenleistung erhielten sie Geld und eine eigene ökonomische Kaufkraft, die sie vor der Ankunft der Römer noch nicht besessen hatten. Alle hatten etwas davon: die Germanen erlangten durch die Romanisierung eine Verfeinerung ihrer Lebensart, und die Römer freuten sich über das militärische Engagement der Germanen und die damit verbundene Stabilisierung ihrer Grenzen.

Die römische Kultur hielt dafür eine Vielfalt an Waren für die Barbaren bereit. Aufgrund der Fundverteilung im unbesetzten Germanien weiß man, dass bis zu 200 Kilometer von den Grenzen entfernt – in diesem Streifen sind die Münzhorte gefunden worden – Münzen das beliebteste Tauschobjekt waren. Darüber schreibt auch Tacitus: »Was Silber und Gold betrifft, so bin ich mir im Zweifel, ob es ihnen die Götter aus Gnade oder im Zorn vorenthalten haben. Indes haben die uns am nächsten siedelnden Stämme wegen des Handelsverkehrs Gold und Silber zu schätzen gelernt; sie nehmen auch bestimmte Sorten unseres Geldes an und sind dabei sogar wählerisch. Die Stämme im Inneren des Landes tauschen auf die einfachere und ursprünglichere Art immer noch Waren. Auf Silber sind sie mehr aus als auf Gold, nicht weil sie davon innerlich irgendwie berührt wären, sondern weil Silbermünzen leichter zu verwenden sind für Leute, die nur alltägliche, billige Ware kaufen.« Die Bevorzugung von Silbermünzen weist darauf hin, dass sich die den Grenzen zugewandten Stämme schon im 1. Jahrhundert marktwirtschaftlich verhielten und regen, freundschaftlichen Kontakt zu den Römern pflegten. Im Innern Germaniens hielt man allerdings am Tauschhandel fest, so dass die Silbermünzen in erster Linie eingeschmolzen und zur Herstellung von Schmuck verwendet wurden.

Den Handelsverkehr zwischen Römern und Germanen belegen sowohl historische Quellen als auch archäologische Funde. Unmittelbar hinter der Grenze gab es eine reguläre Handelszone, die zweite Zone dahinter weist Gräber mit römischen Luxusartikeln auf, und die dritte ist die Zone von Gräbern, die vom Austausch ausgenommen war und eine noch archaische Kultur aufwies. Im gesamten Germanien findet sich eine erstaunliche Vielfalt an römischem Tafelgeschirr, an Bronze- und Silbergefäßen, Gläsern, Löffeln, Schmuck, Spiegeln, Fibeln und Waffen. Besonders beliebt bei den Germanen waren das römische Terra-sigillata-Geschirr – mit rötlichem Überzug und Reliefverzierung – und Glasgefäße aus rheinischer Produktion in Köln. Adlige Stammesführer waren versessen auf römischen Luxus, weil er ihnen eine Aura mediterraner Zivilisation verlieh. Auch Gartenbau und Landwirtschaft profitierten vom römischen Einfluss. Alltagsgüter gelangten in den Norden, neue Obstsorten wie Kirschen und Pfirsiche, dazu Zwiebeln, Kopfsalat, Dill, Petersilie sowie Feinschmeckerprodukte wie Oliven, Feigen, Austern, Pfeffer und Öl. Und besonders schätzenswert ist es, dass die Römer an Mosel und Rhein den Weinbau einführten.

Das 2. Jahrhundert bildete die Glanzzeit des Römerreichs. Die römische Zivilisation stand nun auf ihrem Höhepunkt. Dies traf auch auf die römischen Provinzen an Rhein und Donau zu. Der Aufschwung äußerte sich bereits darin, dass im

2. Jahrhundert die römische Truppenpräsenz am Rhein halbiert wurde; in beiden Provinzen waren nur noch vier Legionen stationiert. Das römische Verwaltungssystem funktionierte vorbildlich. Der Handel zwischen Römern und Germanen florierte, und in den Städten entwickelte sich eine eigene hoch stehende Kultur. Mit der Anwendung des römischen Rechts kehrte Sicherheit in der Gesellschaft ein. Die Münzprägung ermöglichte ein einheitliches Zahlungssystem. Neben den heimischen Sprachen verbreitete sich Latein immer mehr, sodass eine Kommunikation unter verschiedensten Bevölkerungsgruppen möglich wurde. Es entstand eine (lateinische) Lese- und Schriftkultur, wie sie erst wieder in der Neuzeit erreicht wurde. Auf den legendären römischen Straßen – sie waren die ersten künstlich angelegten Verkehrswege in Deutschland – war einiges in Bewegung. Waren konnten erstmals über größere Entfernungen transportiert werden, und Menschen konnten reisen. Von großer Bedeutung war die Süd-Nord-Achse von Argentorate (Straßburg) über Noviomagus (Speyer), Borbetomagus (Worms), Mogontiacum (Mainz) nach Bonna (Bonn).

Die Romanisierung des heutigen Deutschland erstreckte sich bis ins 5. Jahrhundert. Das Land bekam ein neues Gesicht, eine neue Architektur durch Straßen und Brücken, Bäder und Aquädukte. Die ersten Städte entstanden. Dann fegten die Stürme der Völkerwanderung über die in den Provinzen entstandene Kultur hinweg.

Trier, Köln und Mainz – Die Entstehung der ersten Städte

Die ersten städtischen Siedlungen entstanden durch Legionslager, die die Römer kurz vor der Zeitenwende an entscheidenden strategischen Punkten in Grenznähe errichteten. Sie dienten entweder zur Grenzsicherung oder als Basis für ihre Feldzüge innerhalb Germaniens. Wie am Stadtplan von Köln zu sehen ist, waren die Zelte und Unterkünfte der Soldaten nach einem geometrischen Muster angeordnet, das dem Vorbild Roms folgte. Um die Lager herum formierten sich meistens kleine Siedlungen. Nachdem Kaiser Tiberius die Eroberung Germaniens aufgegeben hatte, konnten sich im rechtsrheinischen Raum keine urbanen Strukturen mehr entfalten. Am westlichen Ufer hingegen entwickelten sich noch im 1. Jahrhundert aus den römischen Lagersiedlungen große, florierende Städte wie Trier, Köln und Mainz, die allesamt römische Neugründungen waren.

Trier, die älteste Stadt Deutschlands, war im 4. Jahrhundert die bedeutendste römische Stadt nördlich der Alpen, vielleicht sogar eine der blühendsten Metropolen überhaupt. Nicht von ungefähr nannte man sie »Rom des Nordens«. Nachdem Cäsar 56 und 54 v. Chr. mit einem römischen Heer die aufrührerischen Treverer unterworfen hatte, wurde die Stadt 16 v. Chr. von Kaiser Augustus an einer alten Siedlungsstätte dieses (germanisch beeinflussten) keltischen Stammes gegründet und *Augusta Treverorum* genannt. Schon im 1. Jahrhundert stieg die in einer weiten Flussschleife gelegene Moselstadt zum Sitz des kaiserlichen Verwalters, des *procurators,* auf. Als bedeutendes Verwaltungszentrum war die Stadt für die Finanzen der drei Provinzen *Gallia Belgica* (Trier), *Germania inferior* (Köln) und *Germania superior* (Mainz) zuständig. Im Jahre 293 wurde dann die Stadt von Konstantius I. zur kaiserlichen Residenz erhoben. Darauf erlebte Trier eine hohe wirtschaftliche und kulturelle

Blüte, besonders unter den Kaisern Valentinian I. (364–375) und Gratian (367–383). Mit fast 300 Hektar Grundfläche (die ummauerte Fläche wurde nie ganz bebaut) war Trier die größte Stadt nördlich der Alpen. In ihrer Blütezeit wird sie knapp 100 000 Einwohner gezählt haben – eine Einwohnerzahl, die keine deutsche Stadt im Mittelalter je erreichte. Sie blieb allerdings hinter derjenigen der historisch gewachsenen Metropolen jener Zeit zurück wie Konstantinopel, Karthago, Alexandria (jeweils ca. 500 000) oder Rom (über 1 Million Einwohner). Ein Jahrhundert lang wurde Trier von den Cäsaren bewohnt. Als die kaiserliche Residenz im Jahr 395 aus Furcht vor den Völkerzügen der Barbaren nach Mailand verlegt wurde, setzte der Abschwung ein. Für das Überleben der Stadt sollte es von großem Vorteil sein, dass es hier seit etwa dem Jahr 200 eine Christengemeinde gab und Trier kurz danach Bischofssitz wurde.

In den nächsten Jahrhunderten hatte das herrschaftliche Trier einen enormen Bevölkerungsschwund zu verzeichnen, im Mittelalter lebten hier gerade noch 10 000 Einwohner. Die römischen Aquädukte, die Trier mit Wasser versorgt und hygienische Verhältnisse ermöglicht hatten, waren inzwischen verfallen. Im 5. Jahrhundert war die Stadt unter den verheerenden Verwüstungen der Franken zusammengebrochen – viermal waren sie zwischen 410 und 435 über Trier hereingefallen, 455 zerstörten sie es vollends. Das römische Trier verfiel. Die Beschreibung der Verwüstung durch die Franken, die der Kirchenmann Salvian von Marseille geliefert hat, vermittelt einen erschütternden Eindruck von der Gewalt der Germanenstürme: »Obwohl die ganze Stadt verbrannt war, wuchsen die Leiden noch nach den Zerstörungen. Die nämlich, welche der Feind bei der Einnahme nicht getötet hatte, wurden darnach vom Unglück überwältigt. Die einen starben an tiefen Wunden in langen Todesqualen, die anderen, bereits angesengt durch das feindliche Feuer, peinigte nach dem Brande die Qual. Die einen starben an Hunger, die anderen an ihrer Blöße, die einen siechten dahin, die anderen erfroren. Und so fielen alle durch ver-

Die imposante Wucht der Porta Nigra lässt erahnen, wie Respekt einflößend die gesamte Stadtumwehrung gewirkt haben muss.

schiedene Todesarten einem gemeinsamen Tode zum Opfer. Und was weiter? Durch den Untergang der einen Stadt wurden auch die übrigen betroffen. Überall lagen, was ich selbst mit ansehen und aushalten musste, nackte und zerfleischte Leichname beiderlei Geschlechts umher, die den Anblick der Stadt schändeten, von Vögeln und von Hunden zerrissen. Verderben für die Lebenden war der üble Geruch der Toten; der Tod hauchte neuen Tod aus.«

Heute ist Trier die Stadt mit den meisten und intaktesten römischen Baudenkmälern in Deutschland (etwa zwanzig). Das Wahrzeichen der Stadt ist die Porta Nigra, ein monumentales Stadttor aus dem 2. Jahrhundert, Teil der damaligen Stadtmauer. Sie verdankt ihren Namen »Schwarzes Tor« den verwitterten Quadern aus Sandstein, die dem Denkmal eine einmalige Aura verleihen.

Die als »Basilika« bezeichnete Palastaula ist eine der wenigen Großbauten nördlich der Alpen, die aus römischer Zeit erhalten geblieben sind. Sie wurde von Konstantin dem Großen erbaut, der von 306 bis 312 in Trier residierte, und ist ein Symbol der imperialen Bedeutung Triers, was beispielsweise auch daran zu erkennen ist, dass die Empfangshalle der Kaiserresidenz mit Wand- und Fußbodenheizung ausgestattet war. Die Kaiserthermen aus dem 4. Jahrhundert waren eine der größten Bäderanlagen des Römischen Reichs, die der Gesundheit und Unterhaltung der Einwohner dienten.

Unweit der Kaiserthermen befinden sich die Barbarathermen aus dem 2. Jahrhundert, eine ebenfalls riesige Bade- und Freizeitanlage für die Öffentlichkeit. Weitere römische Baudenkmäler sind das Amphitheater, in dem vor 20 000 Zuschauern auch Gladiatorenkämpfe, Tierhetzen und Hinrichtungsspektakel stattfanden, und die Römerbrücke, die noch immer eine der wichtigsten Zugangsstraßen in die Stadt ist. Die Steinpfeiler der im 2. Jahrhundert fertiggestellten Brücke sind heute immer noch unversehrt. Auch die Privathäuser in der Stadt und die Villen auf dem Land zeugten mit ihren herrlichen Mosaiken von erlesener römischer Bauweise. Wegen all dieser Zeugnisse einer großartigen Zivilisation wurde Trier von der UNESCO zum Weltkulturerbe erklärt.

Köln unterschied sich stark von Trier. Köln war eine Grenzstadt, die auf der gegenüberliegenden Rheinseite jederzeit des Feindes gewärtig sein und die ständigen Übergriffe der Germanen auf Gallien unterbinden musste. Daher war hier das Oberkommando der niedergermanischen Streitkräfte Roms stationiert. 38 v. Chr. siedelte der Feldherr Agrippa Teile des römerfreundlichen Germanenstammes der Ubier an, 12 v. Chr. wurde das rechtwinklige Straßennetz angelegt. Ihren Status als *Colonia* – eine »Kolonie« genoss das volle Stadtrecht Roms und die Einwohner wurden römische Bürger – erhielt die Stadt 50 n. Chr. auf Wunsch der dort geborenen Kaiserin Agrippina: So kam Köln zu seinem Namen *Colonia Claudia Ara Agrippinensium* (später nur *Colonia*). Das ungefähr 30 000 Einwohner zählende Köln wurde die Verwaltungshauptstadt Untergermaniens *(Germania inferior)* und entwickelte sich für einige Hundert Jahre

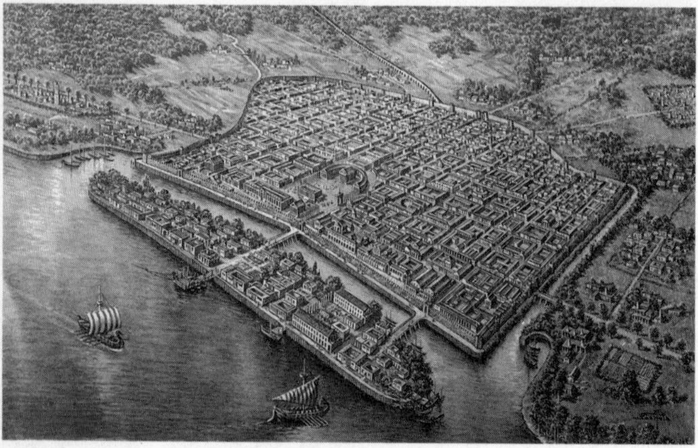

Das römische Köln um 200 n. Chr.

zu einem Zentrum des Kunsthandwerks und der Wirtschaft. Produkte aus Glas und Keramik waren besonders begehrte Artikel auch in der römischen Welt, die Verkehrslage eignete sich vorzüglich für die Ausfuhr der Waren.

Wie in jeder römischen Stadt lag im Zentrum das Forum, daneben der Statthalterpalast, den man noch heute unter dem Kölner Rathaus besichtigen kann. Die typische Struktur einer römischen Stadtgründung mit zwei Hauptachsen, Rechtecken und Quadraten ist noch am Stadtplan ablesbar: Aus dem *cardo maximus* wurde die Hohe Straße, aus dem *decumanus maximus* die Schildergasse; viele andere Straßen folgten dem Verlauf der römischen Stadtmauer. Römische Zivilisation bedeutete für Köln auch fließendes Wasser für Häuser und öffentliche Bäder. Ein 95 Kilometer langes Aquädukt versorgte die Metropole am Rhein vom 1. bis 3. Jahrhundert mit frischem Quellwasser aus der Eifel. 95 Kilometer war die Wasserleitung lang und damit eine der längsten des Römischen Reichs. Sie musste über die ganze Strecke ein gleichmäßiges Gefälle haben und war eine meisterhafte Ingenieursleistung. Die Teilrekonstruktion des Aquädukts kann heute in der Nähe von Mechernich besichtigt werden. Da man sich im Mittelalter die Relikte der Eifelwasserleitung nicht erklären konnte, nahmen manche an, der Trierer Erzbischof habe seinen Amtsbruder in Köln über diese Leitung mit Wein beliefert.

Richtung Norden, Westen und Süden führten Verkehrstraßen aus Köln in die Provinz hinaus, wo – um die Stadt vor Umwelt- und Luftverschmutzung zu schützen – Glashütten, Töpfereien, Gerbereien und anderes Gewerbe angesiedelt waren. Kölns Bevölkerung setzte sich aus Germanen, Ubiern, Sugambrern, römischen Legionären, altgedienten Soldaten aus Frankreich, Spanien und Afrika, dazu Händlern aus allen Teilen des Reichs zusammen – eine bunt gemischte Bevölkerung römisch-mediterraner Prägung war für das Rheinland fortan kennzeichnend.

Schon ab dem 1. Jahrhundert erhielt die Stadt eine etwa 4 Kilometer lange Befestigungsanlage, die ein Areal von knapp 100 Hektar umschloss – 9 Tore und 19 Türme waren in die Stadtmauer integriert. Im Jahr 310 entstand unter Konstantin die erste feste Brücke über dem Rhein, die auf der anderen Seite in das Kastell *Divitia* (heutiger Stadtteil Deutz) mündete, dem wichtigsten rechtsrheinischen Brückenkopf der Römer in Niedergermanien. Die Brücke bestand aus steinernen Pfeilern und einer Oberkonstruktion aus Holz. Das Kastell, in dem 900 Soldaten untergebracht waren, sollte die Rheingrenze stärken. In der Bauurkunde hieß es: »Die Kraft unseres größten Herrn Konstantin, des frommen, glücklichen, unbesiegten Augustus, hat die Franken niedergedrückt und bezähmt. In ihrem Lande wurde das Kastell *Divitia* im Beisein des Fürsten und in Ergebenheit gegen seine göttliche Majestät von den Zweiundzwanzigern erbaut.«

Trotz seiner Befestigungsanlagen konnte Köln dem Ansturm der Barbaren im 4. Jahrhundert nicht standhalten. Im November 355 fielen fränkische Truppen in Gallien ein, belagerten zwei Monate lang die Stadt, eroberten und brandschatzten sie schließlich. Die Angreifer hatten von einer politischen Krise profitiert: Im Dienst der Römer hatte der fränkische Heermeister Silvanus Köln zunächst erfolgreich gegen Franken und Alemannen verteidigt. Kaiser Constantius II. argwöhnte Konkurrenz und schickte Gesandte nach Köln. Nicht ohne Grund: Silvanus rief sich selbst zum Kaiser aus. Nur achtundzwanzig Tage konnte er sich behaupten – bestochen von den Gesandten, brachten ihn seine eigenen Soldaten um. Ein Jahrhundert später fielen die Franken wieder in Köln ein, die inzwischen letzte römische Festung am Rhein. Der römische Feldherr Aegidius versuchte 456 vergeblich Köln zu halten, unterlag aber dem zahlenmäßig überlegenen Gegner und floh nach verzweifeltem Kampf. Vierhundert Jahre Hauptstadt der römischen Provinz Germania Inferior gingen hiermit zu Ende. Der Übergang zur fränkischen Herrschaft vollzog sich aber nicht abrupt, da die Franken schon längst in die römische Provinz eingedrungen waren. Viele Bauten wurden zerstört, nur die Stadtmauer blieb aus Verteidigungszwecken erhalten. Die neuen Herren zeigten sich am Stadtleben nicht besonders interessiert und zogen auf Höfe außerhalb der Stadt und in dörfliche Gemeinschaften. Die antike Stadt mediterraner Prägung existierte nicht mehr, erst nach vielen Jahren sollte sich Köln wieder erholen.

Auch Mainz entstand aus einem befestigten Legionslager. Bereits 38 v. Chr. legten die Römer bei einer Keltensiedlung ihr Feldlager *Mogontiacum* (benannt nach dem keltischen Gott Mogon) an, das ungefähr 20 n. Chr. Hauptwaffenplatz und Sitz des militärischen Oberbefehlshabers Obergermaniens wurde. Neben dem Römerlager in Xanten diente gerade Mainz als Operationsbasis für die oft langjährigen Feldzüge in das unbekannte Germanien hinein – deswegen lagen beide gegenüber den Mündungen großer ostwärts strömender Flüsse (der Main bei Mainz, die Lippe bei Xanten). Die großen Expeditionen des Drusus 12–9 v. Chr. wurden von Mainz aus geführt, wohin auch sein Leichnam nach dem tragischen Reitunfall zurückgebracht wurde. Als Denkmal wurde ihm der so genannte Eichelstein auf der Mainzer Zitadelle errichtet, wo alljährlich zu Ehren des großen Feldherren kultische Massenfeiern stattfanden. Von dem einst prunkvollen, wohl mit einem Adler bekrönten Denkmal ist heute leider nur ein riesiger Mauerklotz übrig geblieben.

Bereits im Jahr 27 wurde eine feste Rheinbrücke errichtet, die am anderen Ufer zum Brückenkopf *Castellum Mattiacorum* (heutiger Stadtteil Kastel) führte. Zahlreiche Verteidigungskriege wurden von Mainz aus geführt, da die Germanen immer wieder Übergriffe starteten. Allen voran die Chatten (83/85), gegen die Domitian jedoch den rechtsrheinischen Raum erzwang, dessen Gebietsgrenze dann in die Grenzbefestigung eingegliedert wurde. Ende des 1. Jahrhunderts waren in Mainz zwei Legionen stationiert, die im Heerlager auf dem strategisch günstig gelegenen *Castrum* (heutiger Stadtteil Kästrich) untergebracht waren. Hierher führte eine 9 Kilometer lange Wasserleitung, die auf den noch heute sichtbaren Quadersteinen verlief – einem der wenigen übrig gebliebenen Zeugen der römischen Vergangenheit. Um das *Castrum* herum siedelten die Familien der Soldaten, Handwerker und Händler. Eine zweite Siedlung entstand in Weisenau, eine dritte am Hafen, in dem ein Teil der Römerflotte lag, an die heute die 1981 entdeckten Schiffe erinnern. Ein Hobbyforscher war in einer Baugrube auf ein Schiff aus dem 2. oder 3. Jahrhundert gestoßen – eine sensationelle Entdeckung, der weitere acht Schiffe folgen sollten. Darüber hinaus verfügte die Stadt über ein Theater mit 16 000 Plätzen, Tempel, Ehrenbögen und einen Statthalterpalast. Im 3. Jahrhundert wies Mainz verfeinerte römische Lebensformen auf – wie die von den Römern schon früh an den Hängen des Kästrich eingeführten Weinkultur –, die den Einwohnern ein angenehmes Dasein ermöglichten.

Doch auch *Mogontiacum* sollte den barbarischen Attacken zum Opfer fallen. Schon im 3. Jahrhundert war es von den Alemannen bedrängt worden. 368 fiel der Alemannenfürst Rando in die Stadt ein, 406 überrannten Alanen, Sueben, Vandalen und Burgunden den Rhein und richteten in Mainz schwere Verwüstungen an, die eine Erschütterung des Römischen Reichs nach sich zogen. »Das einstmals mächtige Mainz ist eingenommen und zerstört, in seinen Kirchen wurden Tausende ermordet«, schrieb der Kirchenvater Hieronymus. Damit neigte sich die römische Herrschaft in Mainz ihrem Ende entgegen. 451 brachen die Hunnen auf ihrem großen Feldzug Richtung Westen über Mainz herein, raubten die Stadt aus und zerstörten sie. Im selben Jahr wurden die Hunnen von den Römern und Germanen auf den Katalaunischen Feldern bei Troyes besiegt. Kurz danach brachen die römischen Provinzen am Rhein endgültig zusammen. Ab 456 standen auch Mainz und Umgebung unter fränkischer Herrschaft.

Mainz, das rechtlich gesehen keine *Colonia* war, konnte in seiner Bedeutung als römische Stadt nicht mit Trier und Köln konkurrieren. Erst in der Karolingerzeit stieg der Ruhm der Stadt; die Gründung des Erzbistums im Jahr 742 machte sie zur Metropole des Christentums in Deutschland. Erster Erzbischof von Mainz wurde der angelsächsische Benediktinermönch Bonifatius, der »Apostel der Deutschen«.

Aus der gegenüber von *Mogontiacum* errichteten Zivilsiedlung *Aquae Mattiacae* 11 v. Chr. ging Wiesbaden hervor, dem Kaiser Hadrian etwa hundert Jahre später das römische Stadtrecht verlieh. Wiesbaden wurde schon im Verlauf des 1. Jahrhunderts für seine Heilquellen berühmt, die besonders von den reichen Römern gerne aufgesucht wurden: Aus einem befestigten Erdkastell wurde ein Bade- und Kurort.

Diese rund vier Jahrhunderte waren für die germanischen Provinzen eine kulturell stark prägende Zeit. Mit den Stürmen der Völkerwanderung wurde die städtische Entwicklung abrupt gestoppt. Dass die urbane Kultur nicht vollends durch die einbrechenden Barbaren zum Erliegen gebracht wurde, ist auf die Bischöfe und Priester zurückzuführen, die den Germanenfürsten entschieden entgegentraten. Da die politisch-militärische Führung der Städte durch den Rückzug der Römer aufgebrochen war, übernahmen die Bischöfe die Funktion von Stadtherren: Sie kümmerten sich um die Wasserversorgung, ohne die städtisches Leben nicht möglich war, organisierten die Verteidigung und den Mauerbau, beschafften Lebensmittel und verhandelten mit den Germanenfürsten, wenn diese mit ihren Barbarenhorden vor den Stadttoren auftauchten. Während die römischen Viertel zunehmend verwaisten, blieben die kirchlichen Siedlungskerne weiter bestehen. Bistumssitze wie Trier, Köln und Mainz existierten fort – jene Orte aber, deren Bistümer aufgrund der Völkerwanderung im 5. Jahrhundert abgezogen wurden, hatten kaum eine Chance.

Der Limes – Die Grenze am Ende des Imperiums

Wie lang war der Limes in Deutschland? Wo verlief er? Was ist heute noch von ihm zu sehen? Der Limes zieht sich über 548 Kilometer quer durch Deutschland: von Rheinbrohl am Mittelrhein durch Rheinland-Pfalz, Hessen, Baden-Württemberg und Bayern bis oberhalb von Regensburg an der Donau. Noch immer sind Abschnitte davon in der Landschaft zu erkennen, so beispielsweise – wenn auch rekonstruiert – bei der Saalburg in der Nähe von Bad Homburg. An anderen Streckenverläufen befinden sich nur noch einzelne Türme oder Mauerreste. Die unscheinbarsten Zeugen sind überwachsene Geländestreifen, die bei genauer Betrachtung noch den alten, geraden Grenzverlauf erkennen lassen.

1999 wurde die achthundertfach beschilderte Deutsche Limes-Straße fertiggestellt, an der siebzig Orte und Landkreise teilhaben. Erst vor kurzem wurde sie als Weltkulturerbe der UNESCO vorgeschlagen. Der englische Hadrianswall, eine Art zweieiiger Limes-Zwilling, ist dort bereits längst vertreten. Der Limes in Deutschland ist das größte Geländedenkmal Europas, vielleicht sogar die längste Befestigungsanlage der Welt nach der Chinesischen Mauer. Nach inzwischen über hundert Jahren

Der obergermanisch-rätische Limes wurde größtenteils unter Trajan (98–117) und Hadrian (117–138) erbaut. Unter Antoninus Pius (138–161) wurde um 150 die Strecke ab Wörth Richtung Süden nach Lorch vorverlegt, zur Schnittstelle zwischen obergermanischem und rätischem Limes. Die später errichteten Steinkastelle und Graben-/Wallkombinationen konnten die endgültige Zerstörung des Limes durch die Alemannen im Jahr 260 nicht verhindern.

Forschung sind viele Anlagen neu errichtet worden: Türme, Kastelle, Badeanlagen, Mauern, Ruinen und Palisaden, unterstützt durch Museen, Wanderwege und Römerfeste.

Der Limes teilte sich in einen obergermanischen (382 Kilometer im Nordwesten) und einen rätischen Abschnitt (166 Kilometer im Osten). Solche Verteidigungslinien hatten die Römer auch am Euphrat und in Nordafrika. Ein unüberwindbares militärisches Bollwerk war der Limes nicht. Er wurde als Überwachungsanlage gegen die immer wieder vorrückenden Germanenstämme gebaut, diente aber auch als Grenze zwischen dem Römischen Reich und dem freien Germanien, an der Personenverkehr und Warentransport erfasst werden konnten. Meist waren die römisch-germanischen Kontakte vom kleinen Grenzverkehr geprägt. Zumindest in den ersten zwei Jahrhunderten unterhielten germanische Fürstensitze und römische Städte diplomatische Beziehungen, an der Grenze zur Donauprovinz Rätien war es, anders als am Rhein, sogar ausgesprochen friedlich. Aber immer wieder kam es zu unerlaubten Grenzübertritten, räuberischen Übergriffen und kleinen Scharmützeln, die durch den Limes zumindest erschwert wurden. Am Ende allerdings, Mitte des 3. Jahrhunderts, als ganze Heere als mächtige Vorboten der Völkerwanderung nach Süden zogen, wurde der Limes mühelos überrannt.

Die Geschichte des Limes beginnt mit den Verteidigungslinien an Rhein und Donau. Ende des 1. Jahrhunderts überschritten die Römer den Oberrhein, um die lange Rhein-Donau-Linie abzukürzen und eine direkte Verbindung zwischen den Stellungen am Rhein und an der Donau herzustellen. Bis dahin hatte das germanische Gebiet zwischen Schwarzwald, oberem Neckar und Bodensee wie ein Keil in den Süden hineingeragt. Jetzt wurde die Grenze nach Norden geschoben und die Lücke geschlossen, was die Kommunikation und die Truppenbewegungen der Römer erheblich erleichterte. Auf ihrem Marsch legten die Römer flache, schnurgerade Geländestreifen an, um gegen unliebsame Überraschungsangriffe gewappnet zu

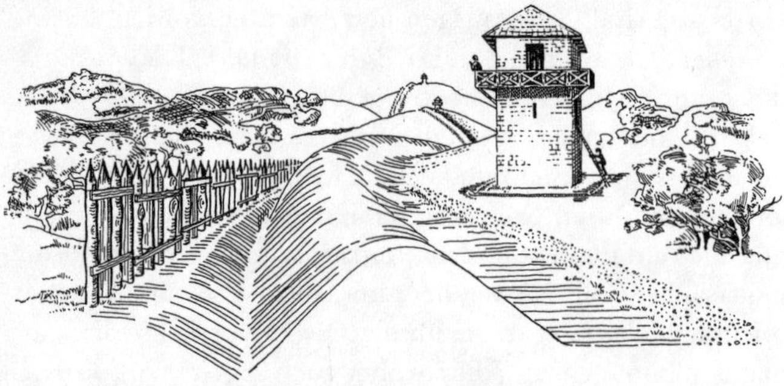

Rekonstruktionszeichnung des obergermanischen Limes in seiner letzten Ausbauphase zu Anfang des 3. Jahrhunderts mit Turm, Wall und Holzpalisade.

sein. Entlang dieser durch dichten Wald geschlagenen Schneisen entstand in der Folge eine Grenzlinie, an deren Verlauf an markanten Punkten Wachtürme errichtet wurden – dahinter wurden Lager angelegt.

Für diese Grenze verwendete Tacitus 98 n. Chr. erstmals den Begriff »Limes«, der eigentlich den Weg zwischen zwei Grenzbefestigungen bedeutet. Mit der Zeit entstanden Palisadenzäune, und die Holzkastelle wurden zunehmend durch Steinbauten ersetzt. Der rätische Limes im heutigen Bayern hingegen bestand aus einer einzigen 167 Kilometer langen, bis zu 3 Meter hohen Steinmauer. Anfang des 3. Jahrhunderts wurde hinter den Palisaden ein rund 8 Meter breiter und 2 Meter tiefer Graben gezogen, dessen Aushub zu einem zusätzlichen Wall genutzt wurde. Bemerkenswert ist der gerade Verlauf der Trassenführung. Vermessungstechnisch gesehen war der Limes eine Meisterleistung, die wahrscheinlich auf einem speziellen Peilsystem beruhte.

Die römischen Truppen errichteten etwa 900 Wachtürme, viele kleinere Militäranlagen für Spezialeinheiten und etwa 60 Kastelle, je nach Gefahrenlage. Die Türme standen an höher gelegenen Stellen, damit ein drohender Einfall der Germanen rechtzeitig ausgemacht werden konnte. Sie waren durch Postenwege und Signaldienste (Rauchzeichen, Blasinstrumente) miteinander verbunden. Im ersten Stock befand sich das Wohngeschoss, im zweiten die Wachplattform. Die Türme standen bis zu 1000 Meter voneinander entfernt, die Kastelle 10 bis 20 Kilometer. In den Kastellanlagen hielten sich zwischen 20 und 1000 Soldaten auf, Fußsoldaten *(cohortes)* und Reiterei *(alae)*. Es waren ausschließlich Auxiliarsoldaten (Hilfstruppen) aus allen Teilen des Reiches, selbst Germanen wurden eingesetzt. Noch um 150 n. Chr. stand zwischen Straßburg und Regensburg kein einziger römischer Legionär. Die Kastelle lagen meist im Hinterland des Grenzwalls, sodass die eigentliche Verteidigungslinie nicht direkt am Limes verlief: Im Ernstfall wurden die Limestürme nach kurzem Widerstand aufgegeben, womit den Truppen in den Kastellen genügend Zeit zur Kampfesvorbereitung blieb. Die Kastelle waren ähnlich den Legionslagern aufgebaut, sie waren rechteckig und von einer Wehrmauer umgeben. Im Innern befanden sich die Kommandantur, das Fahnenheiligtum mit Kaiserstatue, Versammlungsräume, Schreibstuben, Waffenkammern, ein Lazarett, Mannschaftsbaracken, Werkstätten und Ställe. In größeren Kastellen gab es außerdem noch ein Badehaus. Zu den angrenzenden Zivilsiedlungen gehörten Geschäfte, Gaststätten, Bordelle, Handwerksbetriebe und Wohnhäuser für die Familien der Soldaten.

Es waren die Alemannen, die das Ende des Limes einläuteten. Seit Beginn des 3. Jahrhunderts bedrohten sie immer wieder die Provinzen Obergermanien und Rätien: Angeblich zerstörten sie schon 233 Kastelle und Siedlungen wie die Saalburg, Mainz und Baden-Baden, im Jahr 260 waren die römischen Legionen nicht mehr in der Lage, ihnen zu trotzen. Die Alemannen überrannten den Limes und besiedelten fortan das so genannte Dekumatenland zwischen Rhein, Main und Neckar. Damit war der *Status quo ante* hergestellt, Rhein und Donau bildeten wieder die alte römisch-germanische Reichsgrenze. Die meisten Limeskastelle verfielen und wurden im Mittelalter überbaut oder eingeebnet. So manches Steinkastell erlitt das typische Schicksal eines römischen Denkmals: Die Menschen bedienten sich der Steine, um eigene Häuser zu bauen. Manches blieb dennoch erhalten und wurde bezeichnenderweise »Teufelsmauer« genannt.

Die Erforschung des obergermanisch-rätischen Limes ist nun über hundert Jahre alt und begann mit einem ehrwürdigen Unterfangen. 1892 nahm die Reichs-Limes-Kommission unter Leitung des Berliner Althistorikers Theodor Mommsen (1813–1903) die Arbeit auf mit dem Ziel, den Verlauf des Limes und die Lage der Kastelle zu ergründen. Er wusste, dass es höchste Zeit war, dass »von den noch erhaltenen Zeugen dieser fernen Vergangenheit jeden Tag Weiteres abbröckelt«. Die Forschungsberichte über die Ausgrabungen füllten vierzehn Bände und gelten noch heute als einzigartige Pioniertat der Aufarbeitung germanisch-römischer Geschichte. In den letzten Jahrzehnten wurde viel für die Erhaltung des Limes unternommen; zwischen 1953 und 1996 wurden fünfzehn Limestürme wieder aufgebaut. Leider hat aber der Bauboom in den fünfziger und sechziger Jahren etliche Denkmäler zerstört. Durch verfeinerte Grabungstechniken, großflächige Grabungskampagnen und die Luftbildarchäologie, d. h. durch das gezielte Überfliegen der fraglichen Gebiete, ist man in der Lage, immer wieder neue Anlagen zu entdecken, genaue Palisadenverläufe zu ermitteln und demzufolge die Türme auszumachen. Es wurden allerdings noch nicht alle Kastelle ermittelt.

Die Rekonstruktionen haben zu dem Verständnis für die historische Grenze beigetragen; dabei mussten sich die Denkmalpfleger entscheiden, ob sie die Überreste ausgruben oder sie im Boden beließen, ob sie rekonstruiert werden sollten, auch wenn man gar nicht weiß, wie sie damals genau aussahen. Viele Gemeinden haben die Relikte nicht originalgetreu wieder aufgebaut, sondern neue Materialien verwendet – ein archäologisch problematisches Verfahren, das jedoch Geschichte lebendig macht und die Wissbegier der Besucher weckt.

Die Saalburg auf den Taunushöhen bei Bad Homburg nimmt unbestritten den ersten Rang unter den Rekonstruktionen ein. Sie ist das einzige im vollen Umfang wiederhergestellte Limeskastell in Deutschland. Die Besatzung der Saalburg bestand aus *Cohortes equitatae,* aus 500 Mann Kavallerie und Infanterie, was ein häufiger Kastelltyp war. Die Saalburg wurde im Jahr 90 als bescheidenes Holzkastell gebaut, wurde aber bis 213 zu einer imposanten Anlage ausgebaut. Kaiser Wilhelm II. veranlasste 1897 die Rekonstruktion der Burg (*castrum*) auf den originalen Steinfundamenten und legte drei Jahre später im Rahmen eines Festaktes selbst den Grundstein. Seither haben sich Millionen Besucher einen Eindruck von den Limeskastellen und der damaligen Lebenswirklichkeit verschaffen können – auch wenn die wiederaufgebaute Burg vom Originalzustand leicht abweicht. Gezeigt werden Ausrüstungsgegenstände der Soldaten, Nachbauten römischer Geschütze und zahlreiche Alltagsgegenstände. Im Innern stehen das Stabsgebäude, die Kommandantur, der Getreidespeicher sowie zwei Mannschaftsbaracken, und häufig führen Laienspieler Szenen aus dem Soldatenleben für die Touristen auf.

Weitere Höhepunkte entlang dem Limes sind beispielsweise das Kastell Osterburken im Neckar-Odenwald-Kreis, die Kastell-Überreste in Aalen (Ostalbkreis) sowie die große, teilrekonstruierte Anlage im bayerischen Weißenburg mit einer gut erhaltenen Badetherme – alle Orte verfügen außerdem über informative Museen. Der obergermanisch-rätische Limes von Bad Hönningen bis Regensburg ist 548 Kilometer lang und liefert eine der spannendsten Bildungsreisen vor der eigenen Haustür.

Germanische Mobilmachung – Die neuen Großstämme

Im späten 2. Jahrhundert setzten zwei Entwicklungen ein, die maßgeblich zu der anstehenden Umgestaltung des frühgeschichtlichen Europa beitragen sollten: Zum einen gerieten die germanischen Völker zunehmend auf breiter Basis in Bewegung und drückten auf die Grenzen des Römischen Reichs, zum anderen formierten sich ganz allmählich aus der Vielzahl alter germanischer Stämme einige wenige, dafür aber mächtige Verbände, die gemeinsam mit den Hunnen zu den Hauptakteuren der Völkerwanderung zählten: die Goten, Vandalen, Burgunden, Franken und Alemannen. Die römische Republik hatte die Wucht wandernder Nordvölker bereits zu spüren bekommen. Vor der Zeitenwende hatten ihnen sowohl die Kelten als auch die Kimbern und Teutonen schwer zugesetzt. Zwar hatten die Germanenkriege unter Augustus und Tiberius bis 20 n. Chr. die blonden Krieger lange in Schach gehalten, doch nun zogen wieder ganze Schwärme neugieriger, landhungriger Barbaren heran. Während in den westlichen Provinzen am Rhein und am germanischen Limes relativer Friede herrschte, braute sich an der Donau Unheil zusammen. Die Markomannenkriege (166/67–180) bedeuteten einen Wendepunkt in der römischen Geschichte. Fast vierzehn Jahre lang sollte die Bevölkerung unermesslich darunter leiden.

167 fielen die Langobarden und ihre Verbündeten in die Provinz Pannonien ein. Ein Markomannenkönig vermittelte zwischen den Römern und den Angreifern. Dann durchbrachen die Markomannen, Quaden, Sarmaten und vereinzelt die Vandalen die Donaugrenze und stießen bis zur Adria vor. Eigentlich hatte man sie für Freunde der Römer gehalten, viele optimistische Verträge waren mit ihren – von Rom zumeist eingesetzten – Fürsten geschlossen worden. Nun waren sie aber null und nichtig. In vier Feldzügen schlug Kaiser Marc Aurel die

Eindringlinge zurück und brachte ihnen mehrere vernichtende Niederlagen bei. Man mutmaßte, er wolle vom heutigen Böhmen über Mähren bis in die Slowakei neue Provinzen einrichten. Als Marc Aurel aber 180 starb, kehrte sein Sohn und Nachfolger Commodus wieder zur Defensivpolitik zurück und schloss einen Friedensvertrag mit den Barbaren.

Viele Historiker halten die Markomannenkriege für die erste große Völkerwanderung und für das Anzeichen eines verschobenen militärischen Kräfteverhältnisses zugunsten der Germanen. Aber die Angriffsfeldzüge Marc Aurels hatten die markomannischen wie quadischen Angreifer so nachhaltig geschwächt, dass sie keine ethnischen Identitäten mehr waren, als die eigentliche Völkerwanderung begann. Vorkämpfer werden für gewöhnlich zu Krüppeln geschossen, Nachkämpfer zu Rittern geschlagen.

Wie ist das 2. Jahrhundert mit seinen großflächigen Umwälzungen in Mittel- und Osteuropa und den anschließenden Markomannenkriegen zu erklären? Zweifellos hatten die Vandalen, insbesondere aber die Goten, mit dieser Entwicklung maßgeblich zu tun, weil sie ihre Heimat an der Ostsee und in der deutsch-polnischen Tiefebene verließen, wobei die Vandalen nach Süden zur Donau, die Goten hingegen nach Südosten zum Schwarzen Meer zogen. Warum es dazu kam, ist nicht bekannt. Jedenfalls übten vor allem die Ostgermanen Druck auf die mit den Römern benachbarten Stämme aus, sodass als Reaktion darauf größere Verbände entstanden. Das alte erfolgreiche System der Römer, an den Grenzen die Uneinigkeit der Germanen untereinander auszunutzen und sie gegen sich selbst zu richten, begann zu bröckeln. Damit hatte sich das Kräfteverhältnis bedrohlich zugunsten der Germanen verschoben. Hinzu kam, dass die Barbaren hinsichtlich Bewaffnung und Kriegsführung von den römischen Legionen gelernt und ihre Kampfkraft gesteigert hatten. Archäologischen Grabungen zufolge müssen zu dieser Zeit immer mehr römische Waffen und Ausrüstungsgegenstände nach Germanien gekommen sein. Die Römer mussten nun darauf achten, die Kontrolle über die Barbaren nicht zu verlieren, denn diese waren dabei, all ihre Kräfte zu mobilisieren.

Im gesamten von Tacitus als Germania bezeichneten Gebiet entwickelten Großstämme ein großes aggressives Potenzial: Goten und Vandalen im Osten, Franken und Alemannen am Rhein, dazwischen die Burgunden, während die Sachsen entweder ihr Territorium nicht verließen oder nach Gallien oder Britannien zogen. Man darf sich die wandernden Völker und Stämme nicht als große, homogene Einheiten vorstellen, sondern eher als Koalitionen, deren Zusammensetzung sich ständig änderte und neuen Gruppen wie Einzelpersonen offen standen. So gab es etwa gotische Führer, die Vandil (Vandale) oder Bulgar (Bulgare) hießen. Während die Völker fremdes Gebiet durchzogen, mussten Verhandlungen mit den Einheimischen geführt werden, war man auf Nahrungsmittel angewiesen, auf die Gewährung einer kurzen Bleibe, wohl meist unter friedlichen Bedingungen, oft aber auch unter Streit und Kampf.

Wie die neuen mächtigen Großstämme entstanden, ist nicht bekannt. Tacitus hatte rund vierzig alte Stammesnamen genannt, bestimmt gab es sogar mehr. Diese alten Namen waren nahezu verschwunden, nun tauchten bei den Geschichtsschreibern plötzlich neue Stämme auf. Von den Alemannen (»alle Männer«) hörte man zum ersten Mal definitiv im Jahre 260, als sie den Limes durchbrachen und sich bald darauf im Dekumatenland festsetzten. Die Franken (»die Freien«) überschritten 256 den Limes und fielen in Gallien ein. Die Sachsen, erstmals erwähnt 150 vom Griechen Ptolemäus, machten 286 durch ihre Raubzüge an der gallischen Nordseeküste von sich reden – auch Britannien war vor ihnen nicht mehr sicher. Ihr Name leitet sich vermutlich von ihrem einschneidigen Haumesser, dem »Sachs«, ab. Die Franken waren das wichtigste neue Volk; sie kamen vom östlichen Niederrhein und waren ein Zusammenschluss vieler kleiner Stämme wie Salier, Chattuarier, Brukterer, Amsivarier und anderer. Territorial lagen hinter den Franken die Sachsen und hinter den Alemannen die Burgunden, die ihre erbitterten

Feinde waren. Die Burgunden, wohl ein ostgermanisches Volk, das seit dem 3. Jahrhundert am oberen Main nachweisbar ist, bezeichneten sich als Verwandte und Nachkommen der Römer.

Im 3. Jahrhundert waren die germanischen Stämme folgendermaßen verteilt: die Franken und Sachsen im Nordwesten, die Alemannen zwischen Rhein und Donau, neben ihnen die Burgunden, hinter ihnen im Norden die Langobarden, im Osten die Vandalen und die Goten, die zunächst an der unteren Weichsel gesiedelt hatten und zu Beginn des 3. Jahrhunderts an die Nordküste des Schwarzen Meeres gewandert waren. Dort setzten sie ihre neuen Nachbarn, die nichtgermanischen Sarmatenvölker, unter Druck. Große Verbände bildeten sich, die auch neue Verfassungsformen entwickelten, so in erster Linie das neue, auf kriegerischer Basis entstehende Heerkönigtum, das die bislang zentrifugal wirkenden Kräfte der Stammesgesellschaft bündelte. Mit dieser Konzentration wurde ein Bevölkerungswachstum zwar eher nur vorgetäuscht, aber der Gesamtdruck nahm dennoch zu. Militärisch-politische, soziale und wirtschaftliche Konflikte waren garantiert, im Innern wie gegenüber dem Römerreich.

Bei den Alemannen handelte es sich ähnlich wie bei den Franken um ein Bündnis verschiedenster Gruppen, wie auch ihr Name besagte. Sie waren wohl vorwiegend aus suebischen Gruppen hervorgegangen, deren Siedlungsgebiet ursprünglich an der oberen Elbe lag und die vermutlich als eine lose Verbindung von Kriegerhorden anzusehen sind, die verschiedenen Führern folgten. Zu Alemannen wurden sie aber erst am Rhein, was sich daran erkennen lässt, dass keiner ihrer Teilstämme einen alten Namen trug, sondern dass sie einheimische Lokalbezeichnungen wie die »Linzer« (Linz am Rhein) oder »die Männer aus dem Ries« (Rätien) annahmen. Daher führte ihre Niederlassung zwischen den Vogesen und der oberen Donau zur Vermischung mit der sesshaften Bevölkerung und zu einer neuen ethnischen Identität. Eine große politische Einheit konnte bei dieser Form von »Landnahme« nicht entstehen. Es dauerte aber nicht lange, bis alemannische Verbände wieder ins obere Rheintal und östliche Gallien einfielen und die Römer das Fürchten lehrten. Kaiser Julian gelang es, ihnen 357 bei Straßburg eine schwere Niederlage zuzufügen, worauf sich die Alemannen vorläufig geschlagen gaben und den Schwerpunkt ihrer Aktivitäten eine Zeitlang wieder in das Gebiet rechts des Rheins verlagerten.

Wenige Jahre später spitzten sich die Auseinandersetzungen zwischen Alemannen und Römern wieder zu. Die Alemannen schlugen 365 ein römisches Heer in der Champagne und wurden 366 bei Chalons-sur-Marne besiegt. 6000 Alemannen fanden angeblich den Tod. Solche Zahlenangaben sind mit Vorsicht zu genießen, vor allem wenn sie 3000 oder ein Vielfaches davon sind, da die römische Literatur ein barbarisches Stammesheer im Allgemeinen mit 3000 Kriegern annimmt. Jedenfalls versetzte der alemannische Königssohn Rando die römische Welt in Schrecken, als er Mainz in der Osternacht 368 überfiel. Nun konzentrierte Kaiser Valentinian seine Kräfte: Die Römer zogen an den Neckar, brannten die alemannischen Dörfer und Felder nieder und schlugen die Alemannen vernichtend.

Daraus wird ersichtlich, dass die Alemannen weder eine alte Tradition noch eine zentrale Führungsstruktur kannten. Lange blieben die Alemannen umherziehende Kriegerhorden, die kein zentrales Königtum kannten und kein dauerhaftes Reich gründeten. Dazu kam, dass sie bereits im 4. Jahrhundert in Konflikt mit den Franken gerieten, und zwar sowohl als römische Staatsdiener als auch rechts des Rheins. Schließlich unterlagen sie um 500 den erfolgreicheren Konkurrenten, behielten aber – nicht zuletzt, weil fränkisch organisiert – ihre ethnische Identität als Teil des Frankenreichs.

Die Franken sind ähnlich wie die Alemannen als ein militärischer Bund verschiedenster Stämme anzusehen. Wie sich der Zusammenschluss genau vollzog und ab wann sich die Franken als ein Volk verstanden, ist, wie die meisten erfolgreichen ethnogenetischen Prozesse, nicht überliefert. Offenbar angelockt durch die nachlassende römische Abwehrfähigkeit, fielen sie Mitte des

3. Jahrhunderts in die linksrheinischen Provinzen ein. Ihr erster großer Angriff fand 257 statt, als fränkische Verbände bis nach Spanien vorstießen – besonders hartnäckige Marodeure sollen bis nach Afrika gekommen sein. Im Jahr 275 griffen sie wieder Gallien an und zerstörten die Kastelle hinter der niedergermanischen Grenze. 294 wurden fränkische Völkerschaften dann von Constantius Chlorus in Gallien besiegt und angesiedelt – wahrscheinlich schon zu diesem Zeitpunkt mit dem Ziel, dass die neuen Siedler die Grenzen gegen nachrückende Franken verteidigen sollten. Diese Politik, germanische Verbände gezielt zum Nutzen des Römischen Reichs zu integrieren, wurde übrigens mit den Saliern zwischen Maas und Schelde fortgesetzt. Auf diese Weise bot sich den germanischen Neuankömmlingen die Chance, zunehmend Ämter zu übernehmen. Ab Mitte des 4. Jahrhunderts stellten sie höchste Truppenführer und sogar Oberbefehlshaber im römischen Heer.

Die nächsten großen Zusammenstöße zwischen den Franken und den Römern fanden Mitte des 4. Jahrhunderts statt, als Köln, Bonn und weitere Orte zerstört wurden. Wie bereits erwähnt, hatten die Franken Köln erobert und waren 355 von Silvanus, einem fränkischen Feldherrn in Diensten Roms, besiegt worden. Wieder fanden wie ein Jahrhundert zuvor Ansiedlungen fränkischer Krieger mit ihren Familien im linksrheinischen Gebiet statt, die als »Föderaten« das Land behalten durften und dafür Wehrdienst für die Römer leisten mussten – für diese politische Einbindung der Franken war Kaiser Julian (360–363) verantwortlich. Es mag verwundern, wie vielfältig und ungeordnet die Heereszüge und Interessekonstellationen dieser Stämme anmuten, welche Wege sie gingen, dass einige die römischen Provinzen angriffen, andere in römischen Militärdienst traten, dass manche über die Grenzen zurückgedrängt wurden, andere in den Provinzen angesiedelt wurden. An den heftigen Stürmen waren viele Völker und Kriegerhaufen beteiligt, deren politische Ziele genauso heterogen waren wie ihre ethnische Zusammensetzung. Analog dazu muss man sich das

Entstehen fränkischer Siedlungsgebiete als einen langen, kleingliedrigen Prozess vorstellen. Die salischen Franken setzten sich am Niederrhein fest, andere in der Nähe der Mosel, im südlichen Belgien, in der Champagne. Die Verbreitung der fränkischen Siedlungen und ihre Integration in die romanische Kultur folgten keiner zentralen politischen Macht, erst im späten 5. Jahrhundert schloss Chlodwig die verschiedenen, in Gallien eingesickerten fränkischen Gruppierungen in einem Königreich zusammen, das sich vom Rhein bis zur Loire erstreckte. Im Todesjahr Chlodwigs (511) hatten die germanischen Franken ganz Gallien unterworfen, waren also Herren über die gallo-römische Bevölkerungsmehrheit geworden – und als solche wurden sie auch akzeptiert.

Die große Kraft im Osten, repräsentiert durch die Goten, mutet exotischer an als die der Alemannen und Franken im Westen. Ihr Schicksal wurde stets als eine höhere Existenzform wahrgenommen und gab Anlass zum Entstehen der Gotensaga.

Die Gotensaga – Beginn einer Odyssee

Die Goten sind zweifelsohne das schillerndste Volk der germanischen Welt. Gewiss haben sie die längsten, verzweifeltesten Wege aller germanischer Völker zurückgelegt – wie allgemein die Ostvölker mehr in Bewegung waren als die Westvölker –, bis die Ostgoten im heutigen Italien und die Westgoten im heutigen Spanien schließlich untergingen, d. h. ihre politische Eigenständigkeit und ethnische Identität weitgehend verloren. Ihre romantische Reputation haben sie wohl in gleicher Weise ihrer aufwühlenden, abenteuerlichen Odyssee zu verdanken wie auch ihrem dramatischen, oft dramatisierten Untergang. Dabei hatten die Goten nicht einmal eine einheitliche ethnische oder besondere kulturelle Identität entwickelt. Als sie sich einmal in Bewegung gesetzt hatten, bestanden sie – wie die Franken und Alemannen – aus verschiedensten Ethnien, aus bunt zusammengewürfelten Stämmen und Kriegerbanden. So war bereits das berühmte gotische Machtzentrum am Schwarzen Meer im 3. Jahrhundert eine Konstruktion verschiedenster Elemente, die sich aus Nomadenvölkern, Ostgermanen und der einheimischen Bevölkerung selbst zusammensetzte, die griechische und römische Einflüsse aufwies. Insofern dient also auch der ethnische Kern der Goten nicht als Erklärung für ihre Sonderstellung, die die Phantasie der Nachwelt so sehr beschäftigte. Mit Blick auf eine Art Germanenprestigeskala ließe sich dagegen anführen, dass die gotische Sprache die älteste und archaischste aller germanischen Sprachen ist – erhalten in der berühmten *Wulfila-Bibel* –, bevor sie dann auf der Krim im 16. Jahrhundert erlosch. Und nicht zuletzt waren die Goten die ersten Germanen, die noch außerhalb der römischen Provinzen den christlichen Glauben annahmen.

Lange mussten die Goten als Synonym für Kulturfeindlichkeit und Barbarei herhalten, bis sie dieses ebenso unglückliche wie unverdiente Etikett zu Ende des 18. Jahrhunderts an die Vandalen abgeben durften – ob diese es dann mehr verdienten, darf allerdings ebenfalls bezweifelt werden. Dass gotisch als negative Fremdbezeichnung weiterhin existiert, dafür stehen zum Beispiel die Bewohner der Kanarischen Inseln, die die unbeliebten Festlandsspanier noch heute als Goten bezeichnen. Den berühmtesten Beleg für die Grobheit und Minderwertigkeit alles Gotischen findet man in der Kunstgeschichte: Die Gotik ist die Kunst des Mittelalters, und den Begriff prägten Architekten der italienischen Renaissance, die ihre direkten Vorläufer als Barbaren verspotten wollten, den abschreckenden Baustil nordalpiner Kathedralen vor Augen. Schauerlich-schön-romantische Ausprägung findet der Begriff in der »gothic novel« der englischen Literatur gegen Ende des 18. Jahrhunderts, in der unheimliche Geschichten den Leser in wohlige Angst und Schrecken versetzten – allen voran *Frankenstein* von M. Shelley. Die positive Umdeutung des Gotischen ist besonders auf die deutschen Romantiker zurückzuführen.

Es gibt noch einen weiteren magischen Begriff im Zusammenhang mit den Goten, den der Gotensaga. Der gotische Historiograph Jordanes beschreibt in seiner Gotengeschichte *De origine actibusque Getarum* (551) die Urheimat der Goten, worin er ausführliche Hinweise gibt auf die älteste Stammes- und Kulturgeschichte Skandinaviens. Dass Schweden hiermit zu tun hat, wird bereits mit Blick auf Namen wie Göteborg oder Gotland deutlich. Außerdem steht die zweite Krone im schwedischen Reichswappen für »Regnum Gothorum«, für das Königreich der den Goten gleichgesetzten Götar. Jordanes bezieht seine Informationen aus einem verschollenen Werk, das der römische Senator Cassiodorus unter Theoderich dem Großen über die Goten niederschrieb. Jordanes hatte dessen Gotengeschichte drei Tage zur Verfügung und konzipierte daraus sein knapp hundert Seiten starkes Bändchen, über dessen Überlieferung die Forschung heute gar nicht so glücklich ist – sonst müssten wir uns nicht mit der gotischen Herkunftsgeschichte herumschlagen, die angeblich in Skandinavien beginnt, sondern könnten uns mit der antiken Historiographie begnügen, die ab 238 mehr als reichlich über die Goten berichtet. Bei Jordanes geht es also nicht um Geschichte, sondern um Geschichten – und die haben zum Renommee der Goten beigetragen.

Jordanes beschreibt die Urwanderung der Goten wie folgt: »Von dieser Insel Skandza (Scandia) also sollen einst wie aus einer Werkstatt der Völker oder einer Mutter der Nationen die Goten mit ihrem König Berig ausgefahren sein. Sobald sie ihre Schiffe verließen und ans Land stiegen, gaben sie demselben sogleich ihren Namen. Denn noch heute heißt, wie man erzählt, dort ein Land Gothiskandza. Von da rückten sie bald vor ins Land der Ulmeruger, die damals an den Meeresküsten saßen, zogen gegen sie zu Felde, lieferten ihnen eine Schlacht und vertrieben sie aus ihrer Heimat. Ihre Nachbarn, die Vandalen, unterwarfen sie schon damals und machten sie sich durch ihre Siege untertan. Als nun die Zahl der Volkes immer mehr zunahm und ungefähr der fünfte König nach Berig herrschte, nämlich Filimer, der Sohn des Gadarich, fasste dieser den Entschluss, in bewaffnetem Zug mit Weib und Kind auszuwandern. Als er nach geeigneten Wohnsitzen und passenden Gegenden suchte, kam er in die Lande von Scythien, welche in ihrer Sprache Oium (fruchtbare Au, gutes Land) heißen. Die fruchtbaren Gegenden gefielen dem Heer.«

Laut Jordanes verließen die Goten ihre skandinavische Heimat ungefähr 1490 v. Chr., also noch vor dem Trojanischen Krieg, von dem die Römer ihre Herkunft ableiteten. Der Sage nach kamen sie auf drei Schiffen; in den ersten beiden waren die Goten und im dritten die Gepiden, ein den Goten nah verwandtes Volk, das im Verlauf der Völkerwanderung immer wieder auftaucht. So will es die Sage, dass die Goten aus Skandinavien stammen, aus dem »Schoß der Völker«, der »Mutter der Nationen«, wie Jordanes schreibt – nur dass sie nicht daher kommen. Man weiß, dass sie im Gebiet zwischen Oder und Weichsel siedelten; dort blieben sie ungefähr fünf Generationen, gut 150 Jahre lang. Als es ihnen zu eng wurde, wanderten sie weiter zum Schwarzen Meer. Sie besiegten die Stämme, die sich ihnen entgegenstellten, wie die nomadischen Sarmaten.

Die Vorfahren der ukrainischen Goten waren die von römischen oder griechischen Autoren – z. B. Plinius dem Älteren, Tacitus und Ptolemäus – bis um 150 n. Chr. erwähnten Gutonen. Die Archäologen setzen ihr Siedlungsgebiet westlich und östlich der Weichselmündung mit einer autochthonen Kultur gleich, die nach dem masurischen Ort Wielbark/Willenberg benannt wird. Diese Kultur verlagerte sich in der zweiten Hälfte des 2. bis weit ins 3. nachchristliche Jahrhundert allmählich nach Südosten, wo sie durch die Černjachov-Kultur, benannt nach einem Ort bei Kiew, fortgesetzt wurde. Im Zuge der gotischen Westwanderung erweiterte sich auch diese Kultur um eine rumänisch-siebenbürgische Variante, die Sîntana-de-Mureş-Kultur. In allen drei Kulturen zeigt sich als deutliches Erkennungszeichen die Waffenlosigkeit der Männergräber. Während die Angehörigen der anderen Völker bis zu den Zähnen bewaffnet begraben wurden, trugen die gotischen Männer im Jenseits keine Waffen.

Entgegen Jordanes hat sich die gotische Südostausbreitung nicht in einem geschlossenen, gewaltigen Wanderzug vollzogen, sondern als eine allmähliche Verschiebung des politischen Mittelpunkts des Volkes. Anfänglich zogen nur kleine Gruppen, Clan für Clan, Generation für Generation Richtung Schwarzes Meer. »Wer sich den Goten auf der Wanderung anschloss«, so Herwig Wolfram, »musste weder Gote noch Freier sein. Er musste ein guter Kämpfer sein und ein bestimmtes Maß an Disziplin beachten.« An der Küste des Schwarzen Meeres stießen die Goten auf Kolonien mit altem griechischen und römischen Flair, die zum Bosporus-Reich gehörten. Es gab reiche Städte mit einem ausgeprägten Sinn für Handel und Kunsthandwerk. Die Goten wurden also in den fruchtbaren Gebieten der heutigen Ukraine sesshaft, besetzten die Halbinsel Krim und den Nordrand des Schwarzen Meeres. Im Jahr 238 griffen sie zum ersten Mal an der Spitze eines aus vielen Völkern bestehenden Heerhaufens die römischen Provinzen an der unteren Donau an. Sie setzten ihre Angriffe zu Wasser und zu Land bis 271 fort. 250 fielen sie in den Provinzen Dakien (Rumänien) und Mösien (Nordbulgarien) bereits unter königlicher Führung ein, andere Germanen wie die Vandalen und Bastarnen leisteten ihnen auf ihren Heereszügen Gesellschaft. Hiermit hatten die Goten der römischen Welt ihre »Visitenkarte« gegeben. Tacitus hatte unter Dutzenden germanischer Stämme zwar von Gutonen gesprochen, nur hatte sie in Rom niemand so recht beachtet.

Und nun waren diese unbekannten Barbaren plötzlich und unbemerkt am Nordostrand des Römischen Reichs aufgetaucht! Wer weiß, ob die Römer darüber im Bild waren, was sich im Nordosten zusammengebraut hatte! Man nimmt die Völker erst wahr, wenn sie expandieren. Die Goten begannen gewaltige

Invasionen nach Süden, die der römische Kaiser Decius vergeblich aufzuhalten versuchte. 251 lockten sie unter ihrem einfallsreichen König Kniva das römische Heer bei Abrittus in eine Sumpfgegend und rieben es auf – Kaiser Decius starb noch auf dem Schlachtfeld. Daraufhin zogen die Goten durch Mösien und Thrakien nach Griechenland: Korinth, Athen, Olympia, Argos, Sparta fielen den Fußkriegern, das kleinasiatische Festland, Kreta und Zypern den zur See Kämpfenden in die Hände. Ihr Beutegut und ihre Verluste müssen gigantisch gewesen sein. Dabei muss berücksichtigt werden, dass der Einsatz einer Schiffsflotte eine recht ungewohnte Kriegstechnik für sie war – gemeinsam mit ihren sarmatischen Verbündeten stießen sie vom Meer aus blitzschnell auf die Städte vor. Insgesamt zogen die Goten zwischen 238 und 271 mehrfach durch den Balkan und Kleinasien, bis sie 268/69 zweimal von den Kaisern Claudius II. Gothicus und 271/2 von Aurelian nicht nur südlich der Donau, sondern auch in ihrem Herkunftsgebiet schwer geschlagen wurden. Die Gotenstürme des 3. Jahrhunderts hatten damit ihr Ende gefunden.

Im Jahr 332 kam es zum ersten ernsthaften Vertrag, *foedus,* zwischen den Römern und den Goten, der jährliche Geldzahlungen im Tausch gegen militärische Leistungen vorsah sowie einen Handelsverkehr an der Donau erlaubte, den die barbarische Mangelwirtschaft der Goten dringend benötigte. Sie hatten die mit den Römern verbündeten Sarmaten in Dakien, im heutigen Siebenbürgen, das bereits Aurelian geräumt hatte, angegriffen und waren von den Truppen Konstantins des Großen im Rücken angegriffen und besiegt worden. Der siegreiche Kaiser gewann den Frieden, indem er die Goten zu Vertragspartnern, *foederati,* des Römerreichs machte. Die Goten waren nun einigermaßen verlässliche Nachbarn und Verbündete des römischen Staates. Aus Feinden wurden für gewisse Zeit Freunde.

Eine andere wichtige Entwicklung vollzog sich unterdessen im Land der Goten. Sie waren die ersten Germanen außerhalb

»Der Bischof der Gothen Ulphilas erfindet für sie eine Buchstabenschrift«. Radierung von Bernhard Rode (1725–97). Wulfila, Missionar der Westgoten und Begründer der arianisch-germanischen Lehre, erklärt das Evangelium.

des Römischen Reichs, die mit dem Christentum in Berührung kamen. Von ihren Beutezügen über die Balkanhalbinsel und durch Kleinasien, die intensiv christianisiert waren, hatten die Goten christliches Gedankengut mitgebracht – unter anderem in Form von Gefangenen. Wulfila (Wölfchen) wurde 311 als Sohn einer Familie geboren, die zumindest teilweise aus Kleinasien stammte. Er war maßgeblich verantwortlich für die Ausbreitung des christlichen Glaubens unter den Goten, die bisher nur kleine christliche Gemeinden hatten. Wulfila beherrschte aber nicht bloß seine gotische Volkssprache, sondern auch Latein und Griechisch, die Sprachen der gebildeten römischen Oberschicht, und mit dreißig Jahren wurde er in Antiochia zum Bischof geweiht.

Wulfila war allerdings, wie auch viele Kaiser und Mitglieder der römischen Führungsschicht im Osten des Reichs, von der Lehre des alexandrinischen Priesters Arius (260–336) beeinflusst, die noch jahrhundertelang für Sprengstoff zwischen Römern und Germanen sowie unter den Germanen selbst sorgen sollte. Wulfila verstand Arius auf seine Weise. Der Gote verneinte die Wesensgleichheit Christi mit Gott Vater und bekannte stattdessen nur seine Gottähnlichkeit: Gott Vater, der ewige Gott, habe Christus in der Zeit gezeugt und geschaffen. Der Gottessohn sei zwar Gott, aber nicht ewig und nicht dem Wesen nach gleich Gott Vater, wie der katholische Glaube lehrt. Vierzig Jahre lang verbreitete Wulfila diese Lehre unter den Westgoten, die sie an die Ostgoten weitergaben. Der Arianismus wurde bei vielen Germanen sehr populär, besonders auch bei den Vandalen, Burgunden und Langobarden; selbst der Franke Chlodwig dürfte sich eine Zeitlang diesem Glauben verschrieben haben, bevor er zum Katholizismus übertrat und damit seinen Frieden mit der katholisch-römischen Mehrheit der Bevölkerung machte.

Die große, historische Leistung Wulfilas besteht in der Übersetzung der Bibel aus dem Griechischen ins Gotische. Hierfür musste er eigens ein gotisches Alphabet erfinden, das er weitgehend aus dem griechischen und dem lateinischen Alphabet sowie aus den germanischen Runen zusammensetzte. Die berühmteste Handschrift dieser Übersetzung, der *Codex Argenteus* (»Silbernes Buch«), ist mit silbernen und goldenen Buchstaben auf purpurgefärbtem Pergament geschrieben und wird heute in der Universitätsbibliothek von Uppsala aufbewahrt. Die Wulfila-Bibel ist von epochaler Bedeutung: Zum einen stellt sie das früheste und wichtigste germanische Sprachdenkmal dar, zum anderen verlieh sie dem Arianismus und der politischen Identität der Germanen eine existenzielle Grundlage.

Schon mehrmals war von West- und Ostgoten die Rede. Diese Unterscheidung geht inhaltlich bis an das Ende des 3. Jahrhunderts zurück, als sich eine westliche Gruppe unter aristokratischer Führung im heutigen Rumänien bildete und eine östliche Gruppe östlich des Dnjestr in der heutigen Ukraine unter Königen lebte. Letztere benannte sich selbst nach dem Aufgang der Sonne als Ostrogoten, während die westliche Gruppe sich als Vesier, die Guten, verstand. Erst zu Beginn des 6. Jahrhunderts deutete man diese Unterscheidung volkstümlich als West- und Ostgoten, und so ist es bis heute geblieben. Mit den Himmelsrichtungen, wie man annehmen könnte, haben die Namen also ursprünglich nichts zu tun. Gleichwohl waren die Ostgoten im Norden der Schwarzmeerküste beheimatet, während die Westgoten den Westen bewohnten.

Die Reiche der Ost- und Westgoten waren nun rund hundert Jahre alt. Die Ostgoten wurden laut Ammianus Marcellinus von König Ermanarich regiert, der laut Jordanes dem Königsgeschlecht der Amaler entstammte. Der Sage noch gehörte ihm ein riesiges Reich von der Ostsee bis zur Wolga, ja zum Kaukasus; er soll 103 Jahre alt geworden sein. Bei den Westgoten herrschte vermutlich schon das Geschlecht der Balthen und ihr Oberhaupt war Athanarich, ihr nichtköniglicher Monarch auf Zeit. Da er Römer und Christen hasste, hatte er schon in seiner Jugend geschworen, niemals römischen Boden zu betreten. Als er nun aber doch im Jahr 369 einen Friedensvertrag mit Kaiser Valens schließen musste, trafen sich die beiden auf einem vertäuten Schiff mitten auf der Donau, der Grenze zwischen dem gotischen und römischen Reich, im Niemandsland zwischen der Weltmacht und dem kleinen Reich der Goten. Sie versicherten einander zähneknirschend: *amicitia*, Freundschaft. Frieden halten war besser, als gegeneinander kostspielige und hoffnungslose Kriege zu führen. Es war ein Punktsieg für den Goten: Kaiser Valens musste sich in die Mitte des Flusses bequemen, um einen Goten zu treffen. Und Athanarich hatte seine Grundsätze nicht verletzt, römisches Terrain wurde nicht betreten.

Die dritten Helden am Vorabend der Völkerwanderung waren die Alanen, ein halbnomadisches Volk, das heute in den nordkaukasischen Osseten fortlebt. Die Alanen zogen dem römischen Historiker Ammianus Marcellinus zufolge auf der Suche nach Weideland hin und her und konnten ihre Freude am wilden Leben nur selten zügeln: »Sie sind stolz darauf, jeden beliebigen Mann zu töten, und als ruhmreiche Trophäen reißen sie den Erschlagenen die Köpfe ab, ziehen ihnen dann die Haut ab und hängen sie ihren Kriegsrossen als Prunkgeschirr um.«

Westgoten, Ostgoten und Alanen wurden aber aus heiterem Himmel von einem Feind überrascht. Fremde Reiterscharen tauchten am Horizont auf. Die Alanen und die Ostgoten sollten die ersten Opfer werden und einer Schockwelle gleich nach Westen gespült werden. Diese Fremden, die noch kurze Zeit zuvor im Altaigebirge saßen, sollten Europa auf den Kopf stellen und selbst bei den hartgesottenen Barbaren blankes Entsetzen hervorrufen. Sie waren die fürchterlichsten Krieger, die es je gab. Die Hunnen griffen an.

DER KAMPF UM ROM

Aus der »Hölle« Asiens – Die Hunnen greifen an

Die Hunnen wurden eine Supermacht. Am Ende der rund achtzig Jahre, die sie Europa dominierten, soll ihr Heer viele Hunderttausend Mann stark gewesen sein – eine Angabe, die selbstverständlich nicht stimmt. Da aber die Hunnen auf ihren kleinen struppigen Pferden extrem mobil waren und überall auftauchten, schloss man, dass sie in ungeheuer großer Zahl ins Reich eingedrungen sein mussten. Waren sie aber blutrünstige, unzivilisierte Wilde oder die mit ihren Reflexbögen und Panzerreitern besser bewaffneten Krieger? Wohl Letzteres. Kurz nachdem sie aus den Steppen kommend über Sarmaten und Germanen hereingebrochen waren, verfassten römische Autoren in einer Mischung aus Ekel und Entsetzen auch schon die ersten Texte über sie. Der römische Geschichtsschreiber Ammianus Marcellinus schrieb einige Jahre vor 400 über die »asiatischen Unmenschen«:

»Alle besitzen sie gedrungene und starke Glieder und einen muskulösen Nacken und sind so entsetzlich entstellt und gekrümmt, dass man sie für zweibeinige Bestien oder für Figuren aus Blöcken halten könnte. (...) Bei ihrer reizlosen Menschengestalt sind sie durch ihre Lebensweise so abgehärtet, dass sie keines Feuers und keiner gewürzten Speise bedürfen, sondern von den Wurzeln wilder Kräuter und dem halbrohen Fleisch von jedwedem Getier leben, dass sie zwischen ihre Schenkel und den Pferderücken legen und etwas erwärmen. (...) Ruhelos schweifen sie durch Berge und Wälder und sind von klein auf gewöhnt, Kälte, Hunger und Durst zu ertragen. (...) Bei Kämpfen fordern sie den Gegner zuweilen heraus und beginnen das Gefecht mit ihm in geschlossenen Abteilungen, wobei ihre Stimmen furchtbar ertönen. Da sie für schnelle Bewegungen leicht bewaffnet sind und unerwartet auftauchen, können sie sich absichtlich plötzlich auseinander ziehen und ihre Reihen lockern wie in einer ungeordneten Aufstellung. Ein furchtbares Blutbad anrichtend, galoppieren sie hin und her, und wegen ihrer gewaltigen Schnelligkeit sieht man sie kaum, wenn sie in eine Befestigung eindringen oder ein feindliches Lager plündern. Man möchte sie aus dem Grund die furchtbarsten von allen Kriegern nennen, weil sie im Fernkampf mit Pfeilen kämpfen, die mit spitzen Knochen anstelle von Pfeilspitzen mit wunderbarer Kunstfertigkeit zusammen gefügt sind, (...) im Nahkampf aber mit der Waffe ohne Rücksicht auf sich selbst fechten. Während sie den gefährlichen Schwerthieben ausweichen, fangen sie ihre Feinde mit geflochtenen Lassos, umschnüren die Glieder der Widerstrebenden und machen es ihnen unmöglich, zu reiten oder zu gehen.«

Ammianus Marcellinus war Offizier und alles andere als ein Freund der Barbaren, die Hunnen hasste er ganz besonders. Doch mit seinem scharfen Urteil stand er nicht allein, genau genommen sollte die westliche Welt nie ihren Schock über die Fremdartigkeit der asiatischen Eindringlinge verwinden. Ähnlich schonungslos äußerte sich auch Jordanes im Jahr 551 über die Hunnen:

»Sie waren ein unansehnliches, hässliches und kleines, kaum menschenähnliches Geschlecht, an keiner Sprache erkennbar außer an einem etwas, das den Schein einer menschlichen Sprache durchblicken ließ. (...) Auch die, welchen sie im Krieg vielleicht nicht überlegen waren, erfüllten sie mit Entsetzen durch das Schreckliche ihres Anblicks und jagten sie durch ihr furchtbares Aussehen in die Flucht; sie hatten nämlich ein schreckliches, schwärzliches Aussehen und, wenn man so sagen darf, gewissermaßen einen abscheulichen Klumpen und kein Gesicht, eher Punkte als Augen. Ihre Verwegenheit verrät schon ihr grimmiger Anblick, da sie sogar gleich am Tag der Geburt ihren Kindern ihre Grausamkeit zeigten. Denn den männlichen durchschneiden sie mit Eisen die Wangen, um sie, noch ehe sie Milch genießen, Wunden ertragen zu lehren. Daher bleiben sie bartlos bis in ihr Alter und erreichen das Mannesalter ohne Bartschmuck, weil das von Schnitten durchfurchte Gesicht die rechtzeitige Verschönerung des Bartwuchses durch die Narben verhindert. Sie sind unansehnlich, aber flink und ausgezeichnete Reiter. Sie sind breitschultrig und geübt für Bogen und Pfeile; ihr Nacken ist stark und immer empor gerichtet vor Stolz. In der Gestalt von Menschen leben sie in tierischer Wildheit.«

Selbst ausgesprochene Haudegen wie die Goten nahmen vor den Hunnen Reißaus, die als »Geißel Gottes« bezeichnet wurden und die bis heute als Sinnbild roher Gewalt und ungebändigter Sitten gelten. Das Nomadenvolk der Hunnen drang durch die Kaspische Senke vor und stieß wohl kurz vor 375 auf die Alanen, danach überfielen sie das Reich der Ostgoten in Südrussland und in der Ukraine. Sie waren schnell, wendig und unberechenbar, Meister von Pfeil und Bogen und im Kampf ungeheuer diszipliniert. Die langen Wege, die die Hunnen durch die großen eurasischen Steppen zurückzulegen gewohnt waren, hatten wilde Reiter aus ihnen gemacht. Zu ihrer ungewöhnlichen Kampftechnik gesellte sich ihre vermeintliche zahlenmäßige Überlegenheit und, nicht zu unterschätzen, ihr anscheinend Furcht erregendes Aussehen. Als sie Richtung Westen zogen und den Barbaren, die ihrerseits Druck auf die römischen Grenzen gemacht hatten, in den Rücken fielen, waren sie ihnen militärisch und mental überlegen – obwohl das große und durchaus wohlhabende Ostgotenreich gewiss kein zu unterschätzender Gegner war. »Die Hunnen überschütteten die Ostgoten mit einer wahren Wolke von Pfeilen und richteten ein ungeheures Blutbad an«, schrieb der griechische Geschichtsschreiber Zosimos (gest. 418). Als König Ermanerich sah, dass sein Reich den Hunnen unterlegen war, soll er sich gemäß der Überlieferung selbst getötet haben, worauf sich die meisten Ostgoten den Hunnen unterwarfen. Obwohl Ermanerich der erste Ostgotenkönig ist, der den römischen Chronisten näher bekannt war, sind die genauen Umstände seines Todes ungewiss. Sie nannten ihn den »kriegerischsten und durch viele und mannigfaltige Taten gefürchteten König der Ostgoten«. Der Überlieferung nach soll er sich ein riesiges Reich vom Kaspischen Meer bis zum Baltikum errichtet und zahlreiche osteuropäische Stämme unterworfen haben. Die Angaben über das von ihm erreichte Alter gehen auseinander, manche Quellen behaupten sogar, er sei hundertzehn Jahre alt geworden. In der Sage hat der mächtige König und Heerführer Ermanerich als Gegner Theoderichs des Großen überlebt.

Tatsache ist, dass mit der Invasion der Hunnen gewaltige, chaotische Flüchtlingsströme entstanden. Gleich einem Dominosteineffekt wurde nun ein Volk nach dem anderen in Bewegung gesetzt. »Die Hunnen warfen sich auf die Alanen, die Alanen auf die Goten und die Goten auf die Taifalen und Sarmaten«, schrieb Bischof Ambrosius von Mailand (374–397). Die Hunnen und mit ihnen die Alanen schoben die besiegten Ostgoten vor sich her nach Westen, wo die Westgoten beheimatet waren. Zu der erwarteten Großschlacht zwischen Westgoten und Hunnen kam es jedoch nicht, da diese die westgotischen Stellungen am Dnjestr umgingen. Als jede Verteidigungsmaßnahme fehlschlug, kam es zu einem Umsturz in der westgotischen Führungsschicht. Der arianische Gote Fritigern, vertraglich mit Kaiser Valens verbunden, fand die Zustimmung der überwiegenden Mehrheit des Volkes und sollte die Westgoten 376 ins Römerreich führen. Die Hunnen drangen in das Gebiet des heutigen Rumänien und schließlich bis zur ungarischen Tiefebene vor, wo sich das politische Zentrum eines hunnischen Großreichs zwischen Donau und Theiß etablierte. Von hier aus unterwarfen sie die germanischen Stämme zwischen Ostsee, oberer Donau, Rhein und Dnjepr und führten darüber hinaus wilde Raubzüge über den Kaukasus nach Persien, Kleinasien und auf dem Balkan durch. Den Goten waren nur zwei Möglichkeiten geblieben: entweder sie flohen gen Süden und baten um Aufnahme ins Römische Reich oder sie unterwarfen sich den Hunnen. Während die Ostgoten klein beigaben, befreiten sich die Westgoten aus der hunnischen Umklammerung und wanderten 376 nach Süden, womit ihr langer Marsch begann. Die beiden gotischen Reiche im Westen und Norden des Schwarzen Meeres hatten also nur ein knappes Jahrhundert Bestand gehabt.

Viele Tausende von Flüchtlingen standen nun an der Donaugrenze, verfolgt von den beutegierigen Hunnen. Krieger mit ihren Familien und all ihrer Habe baten verzweifelt darum, den Fluss überqueren zu dürfen, um im nördlichen Balkan zu siedeln. Der oströmische Kaiser Valens gewährte ihnen den Übertritt, wahrscheinlich bevor ihm klar wurde, wie ungeheuer groß die Menschenmenge war, die auf die römischen Provinzen zuwälzte. Auf ihren zusammengezimmerten Flößen überquerten sie die Donau und ergaben sich den Römern. Ihre Waffen durften sie behalten – denn zunächst waren sie durchaus willkommene Soldaten, die helfen sollten, die Donaugrenze gegen die unheimlichen Hunnen zu verteidigen. Doch jetzt zogen sich die Verhandlungen mit den Römern in die Länge, und die Lebensbedingungen der verhärmten Neuankömmlinge wurden kaum besser. Sie hatten unter Hungersnöten und der Schikane römischer Beamte zu leiden, Familien wurden durch die Fluchtumstände getrennt, es herrschte heilloses Durcheinander. In diesen zwei Jahren muss der Hass der Goten auf die Römer ins Unermessliche gestiegen sein. Dann durchbrachen die wütenden Westgoten die ihnen zugedachten Grenzen und zogen plündernd durch die römischen Balkanprovinzen. Ammianus Marcellinus verglich den Einbruch der Westgoten mit einem »Aschenregen des Ätna«, auch Ostgoten, Alanen und abweichlerische Hunnen waren dabei. Schließlich stellte sich ihnen das oströmische kaiserliche Heer unter Kaiser Valens in den Weg, allerdings ohne die Hilfe weströmischer Truppen abzuwarten. Wieder einmal unterschätzte das römische Militär ein Barbarenheer, das durch die Vertreibung durch die Hunnen zu einer riesigen Massenerhebung geworden war, die nichts mehr zu verlieren hatte.

Am 9. August 378 kam es zur berühmten Schlacht bei Adrianopel in der heutigen Türkei. Früh am Morgen marschierten die römischen Legionen in voller Rüstung 18 Kilometer auf die Wagenburg der Goten zu, die sie aber erst in der Mittagsglut erreichten. Nicht nur, dass es entsetzlich heiß war, die Goten hatten überdies das Gras in Brand gesetzt, um den Legionen noch mehr zuzusetzen. Valens hatte darauf verzichtet, Wasser und Lebensmittel mitzunehmen. Sein Heer war nicht im besten Zustand. Der Angriff von gotischen Fußsoldaten und die bisher nie gesehenen Blitzattacken der ostgotisch-alanisch-hunnischen Reiterei auf die erschöpften Römer erfolgte aus drei Richtungen und brach deren Schlachtreihen vollends auseinander. Ein Drittel des 40 000 Soldaten umfassenden römischen Heeres flüchtete, der Rest, der sich nicht mehr formieren konnte, wurde niedergemetzelt. Auch Kaiser Valens fand den Tod, mit ihm viele Herrführer und Kommandeure. Obwohl sich das Römische Reich von der Niederlage militärisch recht schnell erholte, ist die Schlacht von Adrianopel von großer Bedeutung, da sich die Goten von diesem Zeitpunkt an auf römischem Boden befanden und sich dort niederlassen konnten. Viele Historiker sind der Auffassung, dass mit dem Sieg des gotischen Flüchtlingsheers über die Legionen des Valens die stabile Phase des spätrömischen Reichs zu Ende ging.

Mit dem Ableben der Kaiser Valentinian I. (375) und Valens (378) ging dem Römischen Reich eine erfolgreiche, stabilitätssichernde Doppelspitze verloren. Die beiden Brüder hatten das West- und Ostreich harmonisch regiert, und beide waren darüber hinaus gute Heerführer gewesen. Mit Kaiser Theodosius I. (379–395) begann eine Politik, die die Zukunft des Römischen Reichs nachhaltig beeinflussen sollte – eine Politik der schleppenden Verhandlungen und Bündnisverträge. Wahrscheinlich hatte der neue Kaiser keine andere Wahl: Die Goten wären nicht zu besiegen gewesen. Trotz ihrer Gegnerschaft von Adrianopel kam es 382 zu dem folgenschweren Föderatenvertrag zwischen Kaiser Theodosius und den Westgoten, denen Thrakien und Mösien zwischen Donau und Balkangebirge steuerfrei überlassen wurde. Damit wurde ihnen eine weitgehende Autonomie gewährt, offiziell blieb das Gebiet römisches Territorium. Goten und Römer lebten hier in der Provinz nebeneinander, das Recht auf Heirat mit Einheimischen allerdings wurde den Barbaren nicht gewährt. Für ihr Siedlungsrecht waren sie Rom gegenüber zur Waffenhilfe verpflichtet, womit sich Rom die Stabilisierung seines Reichsgebiets vor den Hunnen versprach – diese Strategie hatte sich ja schon oft bewährt. Die Goten dienten in militärischen Einheiten unter ihren eigenen Truppenführern, die aber zunächst nicht in höchste Kommandoposten vorrücken durften. Sie hatten eigene Gesetze und eine eigene politische Spitze.

Dieser Vertrag *(foedus)* war ein Markstein in der germanisch-römischen Geschichte. Die Westgoten waren die ersten Barbaren, die im Römischen Reich als ungeteilte ethnisch-politische Einheit sesshaft werden durften. Es war gleichsam ein Staat im Staat entstanden, gar nicht weit von der östlichen Reichshauptstadt Konstantinopel entfernt. Nur wenige Jahre hielt diese fragile Ordnung, die 395 endgültig zerbrach.

Im Vergleich zu den Westgoten hatten die Ostgoten nach der verheerenden Niederlage, die ihnen die Hunnen beigebracht hatten, für mehr als zwei Generationen keine erkennbare Geschichte nachzuweisen, bis etwa 450 gerieten sie sozusagen in Vergessenheit. Man weiß, dass die Mehrheit den Hunnen ergeben blieb und dass sie an der Seite Attilas die Entscheidungsschlacht auf den Katalaunischen Feldern 451 verloren. Danach besiedelten sie als Föderaten den überwiegenden Teil Pannoniens, von wo sie allerdings dem Oströmischen Reich zur Last fielen. Zu Beginn der siebziger Jahre verlegten sie ihr Königreich auf den Balkan, wo sie im künftigen Theoderich dem Großen einen hochbegabten und glücklichen Herrscher gewannen, der sie schließlich 488 nach Italien führte.

Ein kleiner Teil der Goten war allerdings nicht mit den Hunnen nach Westen gezogen. Einige hatten auf der Krim Schutz gesucht und dort das Gebiet Dori besiedelt – wie der byzantinische Historiker Prokop von Caesarea im 6. Jahrhundert berichtet. In der Tat fanden Archäologen das mysteriöse Land Dori im Bergland der Südkrim, die offen gelegten Gräberfelder offenbarten den typisch gotischen Schmuck wie Adlerfibeln und Gürtelschnallen mit Raubtierköpfen. Der Adler ist das vorherrschende Motiv der Goten, er findet sich auf Schnallen, Sätteln, Spangen. Der bereits im frühen 19. Jahrhundert gefundene Ort Suuk-su zählt 200 Gräber aus dem 6. und 7. Jahrhun-

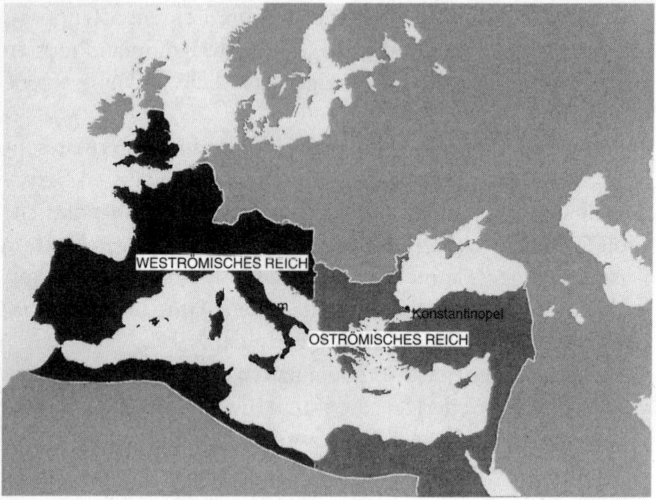

Die Teilung des Römischen Reichs in West- und Ostrom im Jahr 395.

dert. »Das Land Dori selbst liegt im Bergland, der Boden da ist weder steinig noch dürr, sondern bringt einen reichen Ertrag an Früchten«, schreibt Prokopios. Rund 60 000 Goten werden hier im 6. Jahrhundert gelebt haben, die in den Tälern Ackerbau betrieben und auf den Hochplateaus ihre Städte anlegten. So genannte Gotenburgen wurden hoch in den Felsen errichtet – in den Stein gehauene »Häuser«, die eine einmalige Kulisse abgeben. Im Süden der Krim hatten die Krimgoten als Erste aus ihrem Volk eine Heimat gefunden. In der Abgeschiedenheit der Bergwelt hat die alte gotische Sprache am längsten überlebt, möglicherweise bis ins 17. Jahrhundert hinein.

Was war aber in Südosteuropa unmittelbar nach der hunnischen Invasion geschehen? Kaiser Theodosius, der durch die Ansiedlung der Westgoten in Thrakien den Frieden gesichert hatte, starb am 17. Januar 395 in Mailand. In seinem Testament hatte er die Teilung des Römischen Reichs unter seine beiden

Söhnen Arkadius (Oströmisches Reich) und Honorius (Weströmisches Reich) verfügt.

Damit war ein mehr als hundertjähriger Prozess der Untergliederung des Römerreichs in eine West- und eine Osthälfte zum Abschluss gekommen. Ostrom sollte sich als der stärkere Partner entwickeln, während Westrom langsam an Bedeutung verlor. Die meisten gewaltigen Wanderzüge, Schlachten und germanischen Reichsgründungen begannen zwar im Osten, konnten aber in den Westen umgeleitet werden. Und da waren sie alle versammelt: Franken, Westgoten, Ostgoten, Vandalen, Sueben, Langobarden, Angeln, Sachsen und – für Ost wie West gefährlich – die Hunnen.

Die »Geißel Gottes« – Attila und sein Reich

»Sie sind abstoßend hässlich und widerwärtig wie zweibeinige wilde Tiere«, hatte der römische Historiker Ammianus Marcellinus geschrieben. Die Hunnen genossen einen besonders schlechten Ruf. Das schlimmste Attribut ist das der »Geißel Gottes«, mit dem die Christen die Hunnen aufgrund ihres dämonischen Aussehens sowie ihrer Herkunft aus den unheimlichen Weiten Russlands versehen haben. Umso bedenklicher erscheint es, wenn die Engländer noch heute die Deutschen »the Huns« nennen – wobei es Kaiser Wilhelm II. selbst war, der 1901 deutsche Marinesoldaten nach China zur Niederschlagung des Boxeraufstands entsandte mit den Worten, sie sollten sich »wie vor 1000 Jahren die Hunnen unter ihrem König Attila benehmen«. Das Hunnenetikett für deutschen Militarismus haben wir uns also fatalerweise selbst angesteckt!

Attila ist eine der geheimnisvollsten Figuren der Geschichte. Es gab nur einen Chronisten, der ihm je nachweisbar begegnete. Der Grieche Priscus kam im Jahr 449 in Begleitung eines oströmischen Gesandten an Attilas Hof und schrieb seine Beobachtungen in seiner achtbändigen *Byzantinischen Geschichte* nieder, die in Fragmenten erhalten ist. Seine durchaus freundlichen Schilderungen des Besuchs haben jedoch das abendländische Zerrbild des Attila nicht mildern können. Die Schreckensprofile, die von Ammianus Marcellinus oder Jordanes erstellt wurden, haben noch nach über 1500 Jahren nichts von ihrer Wirkungskraft verloren. Nicht zu unterschätzen ist in diesem Zusammenhang die ethnische Fremdheit, die von Hunnen wie Attila ausging, von ihrem Körperbau und ihrer unbekannten Gesichtsform. Jordanes hat die asiatische Herkunft Attilas so plastisch beschrieben, dass er bis heute unser Bild von den Hunnen prägt: »Kurze Gestalt, breite Brust und großer Kopf, schmale Augen, geringes, grau geflecktes Barthaar, flache Nase, dunkle Farbe, kurz alle Zeichen seiner Herkunft.«

Woher kamen die Hunnen? Warum fielen sie urplötzlich in Osteuropa ein? Wie konnte diese Supermacht plötzlich und endgültig zusammenbrechen? Was wurde aus ihnen? Wie war es möglich, dass das hunnische Großreich die Geschichtsschreibung und das kollektive Bewusstsein der Europäer so entscheidend beeinflussen konnte, obwohl sich die Hunnen nur etwa achtzig Jahre in Europa aufhielten? Die Westgoten, zum Vergleich, waren fünfhundert Jahre unterwegs. Was wollten die Hunnen eigentlich? Dazu gibt es eine faszinierende These: Da zur Zeit Attilas zwei Weltreiche existierten, das persische und das römische, wollte Attila mit der Eroberung dieser beiden die Welt beherrschen.

Über die Herkunft der Hunnen ist wenig bekannt. Möglicherweise stammt ihr Name vom nomadischen Reitervolk der »Xiung-Nu«, wie sie in chinesischen Schriften heißen. Die Chinesen sollen sich der ständigen Einfälle der Hunnen in den Norden ihres Landes dadurch erwehrt haben, dass sie im 3. Jahrhundert v. Chr. die große Chinesische Mauer bauten. Warum sie sich später nach Westen wandten, ist unbekannt. Als sie um 375 den Don überschritten, waren sie für alle Nachbarländer ein völlig fremdes Volk. Zunächst unterwarfen sie die indogermanischen Alanen, die wie die Hunnen glänzende Reiter und hervorragende Waffenschmiede und in jedem Heer als Lanzenreiter willkommen waren, so zogen sie beispielsweise 429 mit den Vandalen nach Afrika.

Die Hunnen dürften, vermutlich aus Nordchina oder der Mongolei kommend, südlich des Uralgebirges an der Nordspitze des Kaspischen Meeres entlanggezogen sein, bis sie Südrussland erreichten. Die genaue Herkunft der Hunnen ist, wie bei allen Völkern, aber genauso ungewiss wie die Gründe ihrer Wanderung nach Europa – auch in ihrem Fall wird Klimaverschlechterung oder materieller Mangel als Ursache angenommen. Die Hunnen betrieben Viehzucht, lebten von der Jagd und der Kriegsbeute, die sie von ihren wilden Zügen mitbrachten. Ihre Gewohnheit, auf Pferden zu essen und zu schlafen, sowie ihre Lebensweise war für Chronisten wie Ammianus Marcellinus in höchstem Maße befremdlich. Er behauptete, dass sie keine festen Siedlungsgebiete hätten und wenn sie nicht an einen neuen Ort weiterziehen konnten, in großen Kreisen herumwanderten, bis es wieder weiterginge.

Den westlichen Einwohnern waren zudem die deformierten Schädel der Hunnen aufgefallen. Die so genannten Hunnenschädel waren auf künstliche Deformationen zurückzuführen, die bereits den Säuglingen zugefügt wurden, wenn die Knochen noch weich waren. Durch entsprechende Bandagen wurden die Köpfe nach oben verlängert, sodass sie wie kleine Türme aussahen. Mädchen wie Knaben wurden dieser Prozedur unterworfen, um einem alten, seit dem 5. Jahrhundert v. Chr. nachgewiesenen eurasischen, nun von den Hunnen wiederbelebten Schönheitsideal zu genügen. Sogar einige Germanen übernahmen diese Mode, wenn sie eine Sonderstellung zum Ausdruck bringen wollten.

Eine weitere physische Manipulation, die die Kampftauglichkeit der Männer von Kindesbeinen an verbessern sollte, meint mit einem gewissen Entsetzen der gallische Bischof Sidonius

Apollinaris (433–479) erkannt zu haben. Damit ihre Gesichter unter das Helmvisier passten, wurden die Gesichter der Jungen künstlich abgeflacht: »Solange die Nasenlöcher noch weich sind, werden sie durch ein rundherum gehendes Band abgestumpft, um die beiden Durchgänge daran zu hindern, zwischen den beiden Jochbeinen herauszuwachsen, um auf diese Weise für die Helme Platz zu machen; denn diese Kinder sind für Schlachten geboren, und die Mutterliebe verunstaltet sie, weil die Wangengegend sich streckt und dehnt, wenn die Nase dazwischen nicht stört.« Mit dieser Geschichte versuchte man sich die in Westeuropa fremde Form asiatischer Gesichtszüge zu erklären.

Die militärische Überlegenheit der Hunnen bedingte nicht zuletzt ihre »Wunderwaffe«, der Reflex- oder Kompositbogen, weil er aus mehreren Schichten von Holz und Horn zusammengesetzt wurde. Wegen seiner Verwendung zu Pferd war er asymmetrisch geformt. Die Verstärkungen an den Mittelteilen und den beiden Enden, die durch Horn oder Knochen erzielt wurden, machte aus den Bögen eine Waffe, die auch über mehr als 100 Meter ihr Ziel genau treffen konnte.

Ihre Fähigkeit, Pfeil und Bogen vom Pferd aus zu beherrschen, hatten die Hunnen den eingeschüchterten Goten voraus, wahre Pfeilregen prasselten während der blitzschnell geführten Schlacht auf die Gegner ein. Ein Zeitgenosse schrieb: »Sie sind mit ihrem gekrümmten Bogen und Pfeilen bewaffnet, ihre Hand trifft mit erschreckender Genauigkeit ins Ziel, in ihrer bösen Kriegswut verfehlen sie das Ziel niemals, ihre Schüsse bringen den Tod.« Ihre Angriffsstrategie bestand aus einer Abfolge von Überfall, Pfeilsalven, Rückzug und erneuter Attacke auf den zunehmend irritierten und zermürbten Gegner. Für den Nahkampf führten sie ein langes zweischneidiges und ein kurzes einschneidiges Schwert mit sich. Offensichtlich funktionierte die flexible Art der Kriegsführung auch in kleineren Verbänden vorzüglich, weswegen die Dienste der Hunnen in der ersten Hälfte des 5. Jahrhunderts auch von Römern, Goten und Vandalen in Anspruch genommen wurden.

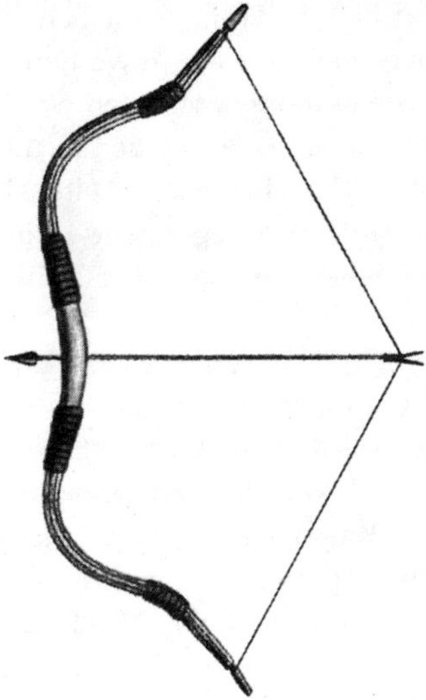

Modell eines hunnischen Bogens, der aufgrund verstärkender Hölzer eine extrem hohe Durchschlagkraft und Reichweite besaß.

Der Reflexbogen war allerdings nur in Trockengebieten unbegrenzt verwendbar; im nassen Westeuropa ging er nicht selten buchstäblich aus dem Leim. Wo aber der Reflexbogen zum Einsatz kam, richtete er wegen seiner Durchschlagskraft und Feuergeschwindigkeit beim Gegner ungeheure Verluste an. Die den Hunnen folgenden Völker wurden auch entsprechend ihrer »nationalen« Bewaffnung eingesetzt. So dienten Alanen und Ostgoten als gepanzerte Lanzenreiter. Keines der hunnischen Völker kannte jedoch den Steigbügel, den die Awaren um 600 nach Europa brachten und der sich dort erst im 8. Jahrhundert durchzusetzen begann. Wie anderen Reitervölkern vor und nach ihnen war den Hunnen die Taktik der »verstellten Flucht« vertraut, womit sie den Gegner vorzeitig zu einer, meist regellos ausartenden Verfolgung veranlassten, um ihn dann umso leichter geordnet angreifen und vernichten zu können. Es ist aber bezeichnend, dass die Hunnen die Schlacht auf den Katalaunischen Feldern verloren, die in Westeuropa stattfand und hauptsächlich gegen Goten geschlagen werden musste. Auch waren die Hunnen im Westen fremden Krankheiten ausgeliefert, die sich rasch zu Seuchen entwickelten. Im Jahr 452 endete daher der so erfolgreich begonnene Feldzug gegen Oberitalien in einem Rückzug, der einer schweren Niederlage gleichkam.

Es benötigte einige Zeit, etwa eine Generation, in der sich die hunnische Macht nördlich der Donau konsolidierte, dabei aber Beziehungen zur römischen Reichsregierung aufnahm, um gemeinsam gegen Abweichler und Angreifer vorzugehen. Als der weströmische Kaiser Honorius 423 starb – er hatte achtundzwanzig Jahre geherrscht –, mischten sich die Hunnen in die weströmische Innenpolitik ein. Der Heerführer Aetius hatte sie gerufen, um Kaiser Johannes (423–425) gegen Galla Placidia, die Schwester des verstorbenen Kaisers Honorius, und oströmische Interessen zu verteidigen. Der Plan ging jedoch nicht auf. Bevor Aetius und die rund 10 000 herbeigerufenen Hunnen eingreifen konnten, hatte Galla Placidia Kaiser Johannes bereits töten lassen und ihren sechsjährigen Sohn Valentinian III. auf den Thron gesetzt – sie selbst regierte in seinem Namen.

Aetius kam um 490 als Sohn eines hohen römischen Offiziers zur Welt und stammte aus Illyrien. Seine Jugend verbrachte er zwischen 405 und 408 als Geisel am Hofe Alarichs I., zwischen 408 und 423 in derselben Eigenschaft bei den Hunnen. Um die Einhaltung eines Vertrags zu garantieren, wurden Angehörige vornehmer römischer Familien zu den barbarischen Vertragspartnern als Geiseln, als diplomatisches Unterpfand, gesandt – hier zwischen der römischen Reichsregierung und den Westgoten bzw. den Hunnen. Ein solcher Garant war auch Aetius, der während seines Aufenthalts bei den Hunnen ihre Sprache und Sitten kennen lernte, persönliche Freunde gewann und eine besondere Stellung errang. Nach dem Tod von Kaiser Honorius, der dem Vertrag mit den Hunnen und damit auch sei-

1. Der *Codex argenteus* (»Silbernes Buch«). Eine Abschrift von Teilen der gotischen Bibelübersetzung des Wulfila, entstand im frühen 6. Jahrhundert. Er zählt zu den kostbarsten und ältesten Büchern der Welt. Silber-, zum Teil auch Goldschrift auf rotem Pergament. 187 Seiten von ehemals 336 sind erhalten, aufbewahrt in der Universitätsbibliothek zu Uppsala.

2. Westgotische Adlerfibel um 500. Bronze, vergoldet, Almandin (dunkle Schmucksteine) und farblose Glaseinlagen. Gräberfund bei Cutry (frz. Département Meurthe-et-Moselle). Die Almandineinlagen sind einer der häufigsten Zierstile der Kunst der Völkerwanderungszeit.

3. Der Mann von Tollund, die bekannteste Moorleiche Nordwesteuropas, wurde 1950 im Moor Bjeldskovdal in Jütland gefunden. Er war zwischen dreißig und vierzig Jahren alt und starb im 3. oder 2. Jahrhundert v. Chr. Er trug eine Mütze aus Schafsfell, die mit zwei dünnen Lederbänden unter dem Kinn verschnürt wurde. Ein 1,25 Meter langes Seil weist auf Erhängen hin – entweder wurde er für ein Verbrechen hingerichtet oder der Fruchtbarkeitsgöttin Nerthus geopfert.

4. Das Mädchen von Windeby wurde 1952 bei Eckernförde entdeckt, stammt aus dem 1. Jahrhundert n. Chr. und war höchstens sechzehn Jahre alt. Das abgeschnittene Haupthaar und die Binde vor ihren Augen könnten bedeuten, dass sie wegen Ehebruchs kahlgeschoren, gequält und schließlich getötet worden ist. Über die Todesursache wird bis heute diskutiert.

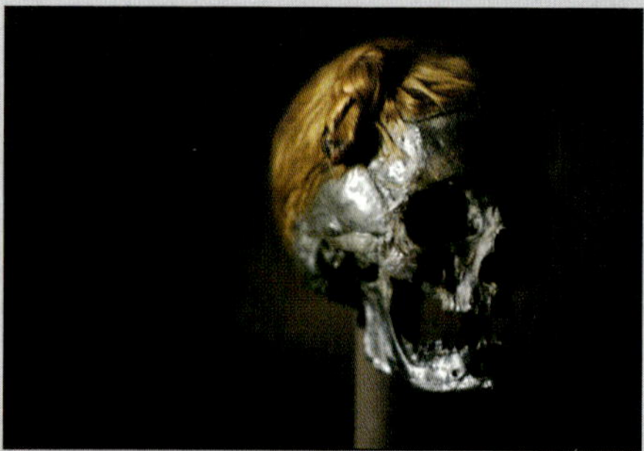

5. Moorleichenschädel mit Suebenknoten. Der an der Seite geflochtene Schopf war eine typische germanische Haartracht, die von den Sueben ausging und von anderen Völkern übernommen wurde.

6. Spangenhelm mit Wangenklappen, erstes Drittel des 6. Jahrhunderts. Eisen, Bronze, vergoldet, Silber. Der Fund entstammt dem Fürstengrab »Der Herr von Planig« (Bad Kreuznach).

7. Der Gundestrup-Kessel (2. oder 1. Jahrhundert v. Chr.) wurde 1891 von einem Bauern im dänischen Moor bei Alborg/Jütland gefunden. Wahrscheinlich hatten Kimbern aus dem Donauraum ihn mit in ihre neue Heimat gebracht. Es handelt sich um ein keltisches oder gar südosteuropäisches Produkt – so zeigen die auf zwölf Innen- und Außenplatten getriebenen und geritzten Bilder sowohl keltische Götter und Krieger als auch thrakische Motive aus dem Osten des Römischen Reichs. Gleichwohl wird der Kessel als ein bedeutendes dänisches Kulturgut verehrt.

8. Die Varusschlacht im Teutoburger Wald. (Filmszene)

9. »Die Hermannsschlacht«. Kolorierter Druck nach dem Gemälde von Friedrich Gunkel (1819–1876).

10. Das Hermannsdenkmal bei Detmold.

11. Die römische Eisenmaske, das Prunkstück der Grabungen in Kalkriese (frühes 1. Jahrhundert). Sie stammt aus der Schlacht im Teutoburger Wald.

12. Militaria in Kalkriese: die Brustplatte eines römischen Schienenpanzers, ein Medaillon, ein Siegelring, eine Pilum- und eine Lanzenspitze, ein Helmbuschhalter, der Teil einer Schwertscheiden-Verzierung, ein Schildbuckel.

13. Hinter der römischen Limesgrenze befand sich Germanien, das außerhalb des Reichsgebiets blieb.

14. Vorderansicht der restaurierten Saalburg bei Bad Homburg.

15. Momentaufnahme eines Römerfestes in der Saalburg.

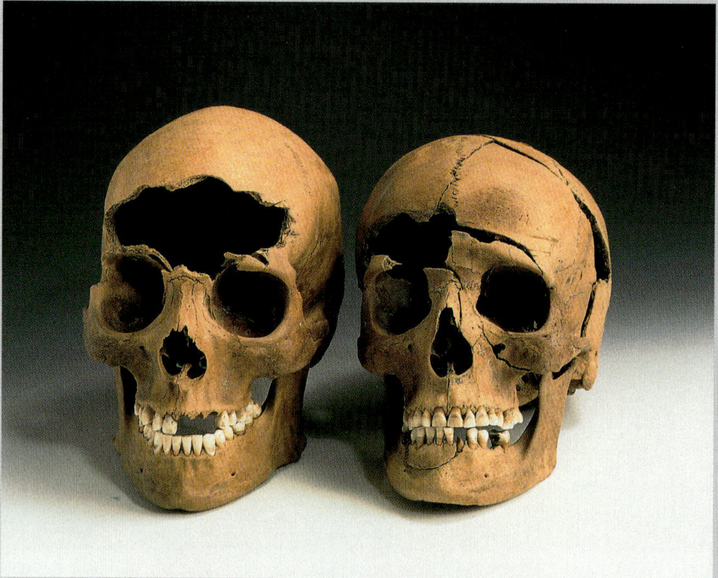

16. Schädel erschlagener Römer (links ein Mann, rechts eine Frau) mit Spuren nachfolgender Skalpierung, gefunden im Brunnen eines Gutshofs bei Regensburg, 3. Jahrhundert.

17. Die Kaiserthermen in Trier.

18. Die Palastaula (so genannte Basilika) des spätantiken Kaiserpalastes in Trier.

19. Teilrekonstruiertes Aquädukt, das bis ins 3. Jahrhundert frisches Wasser nach Köln leitete (Mechernich/Eifel).

20. Der Drususstein in Mainz. Ruine des Denkmals für den römischen Feldherrn Drusus, der 9 v. Chr. bei einem Germanenfeldzug den Tod fand.

21. Gotenburgen auf der Krim, wie sie sehr selten fotografiert werden. In den Hochplateaus der Krim hatten vor allem im 6. Jahrhundert viele Goten eine neue Heimat gefunden – ihre bizarren »Häuser« errichteten sie hoch oben in den Felsen.

22. Goldenes Diadem aus einem Frauengrab von der Krim, 1. Hälfte des 5. Jahrhunderts.

23. Westgoten setzen im Jahr 376 über die Donau, auf der Flucht vor den Hunnen. (Filmszene)

24. »Die Hunnen im Kampf mit den Alanen«. Holzstich (um 1873) nach einer Zeichnung von Johann Nepomuk Geiger (1805–1880).

25. Rekonstruktion eines Hunnenschädels. Im Naturhistorischen Museum Budapest werden Gesichter nach anthropologischen Gesichtspunkten und nach Verfahren der Gerichtsmedizin nachgebildet.

27. »Der Gotenzug« (1881) von Arnold Böcklin (1827–1901).

26. »Attila«. Kupferstich (um 1820) von Ludwig Buchhorn (1770–1856) nach älteren Vorbildern. Dieses Phantasiebildnis des Hunnenkönigs ist eines von vielen, das ihn mit Teufelshörnern zeigt.

28. Während der Belagerung Roms huldigt der christlich-arianische Westgotenkönig Alarich dem Pantheon. (Filmszene)

29. Zug der Vandalen nach Karthago. (Filmszene)

30. »Plünderung Roms durch die Vandalen«. Holzstich (um 1865) von Heinrich Leutemann (1824–1904). Die Eroberung der Ewigen Stadt unter ihrem König Geiserich 455 ist der Hauptgrund für den schlechten Ruf der Vandalen.

31. Reste einer Kirche (Thrasamund-Basilika) aus der Zeit der Vandalen in Nordafrika, um 521.

32. »Die Gotenschlacht am Vesuv«, von Alexander Zick. Der Sieg der Römer unter Narses über die Ostgoten im Jahr 552 besiegelte das Ende des gotischen Königreichs in Italien.

33. Goldenes Votivkreuz aus dem westgotischen Königsschatz von Guarrazar.

34. Grabungen in Reccopolis, der ehemaligen Königsstadt der Westgoten in der Nähe von Toledo, Spanien.

35. Der Hadrianswall, die ehemalige Nordgrenze der römischen Provinz Britannien. Seine Überreste sind in teilweise kilometerlangen Abschnitten noch erhalten.

36. Eiserner Maskenhelm mit Bronzeauflagen, aus dem 1939 entdeckten, reich ausgestatteten Schiffsgrab Sutton Hoo in Suffolk, England. Der Fund ist einer der berühmtesten aus der Zeit der Völkerwanderung.

37. Schwertgriffe und -scheiden aus dem Königsgrab Childerichs (ca. 457–482), das 1653 in Tournai gefunden wurde und bis heute als archäologische Sensation gilt. Der größte Teil des Schatzes fiel 1831 einem Diebstahl zum Opfer, ist aber in Zeichnungen von 1655 belegt.

38. Die Ruine der Klosterkirche von Whitby/Nordengland (gegründet 657). Auf der Synode von Whitby (664) entschieden sich die Angelsachsen für die römisch-katholische Kirche.

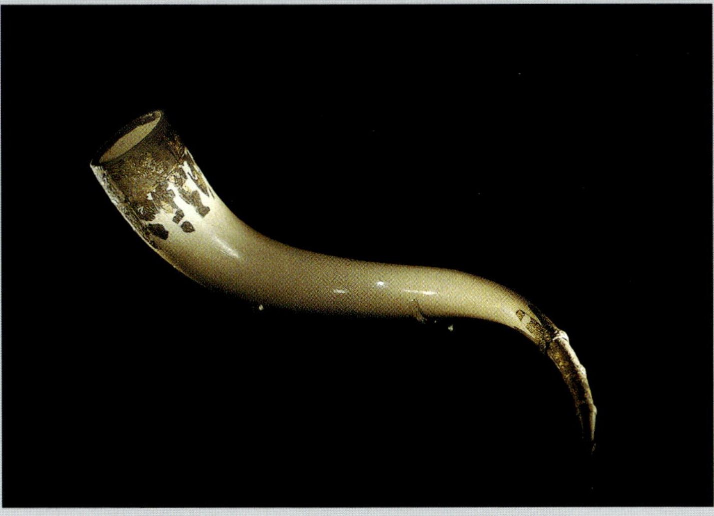

39. Imposantes Trinkhorn aus dem Grab von Sutton Hoo.

40. »Die Taufe Chlodwigs«. Altartafel (um 1500) des Meisters von Saint-Gilles. Mit der Bekehrung des Merowingerkönigs zum Katholizismus im Jahre 497 begann die fränkische Vormachtsstellung in Europa.

ner Geiselhaft ein Ende setzte, griff er im Jahre 423 im Alter von rund dreiunddreißig Jahren mit 10 000 hunnischen Kriegern in die römische Politik ein. Obwohl zunächst auf der falschen Seite, machte Aetius als Heerführer eine schnelle Karriere. Er arrangierte sich mit Galla Placidia, bekämpfte mit Hilfe der Hunnen aufständische Völker in Gallien und hatte ab 433 bis zu seinem gewaltsamen Tod im Jahre 454 die faktische Macht im weströmischen Reich inne.

Mit den Aktionen des Heerführers Aetius, genannt »der letzte Römer«, geriet der hunnische Riese wieder richtig in Bewegung. Als Gegenleistung für die militärische Unterstützung des Aetius im Weströmischen Reich erhielten die Hunnen unter ihrem Herrscher Rua 433 einen nicht mehr ganz bestimmbaren Teil Pannoniens, und zwar de facto, nicht in Form einer formellen Abtretung. Damit hatte das hunnische Reich seine größte Ausdehnung erreicht. Zwei Jahre später starb Rua, seine beiden Neffen Bleda und Attila teilten sich die hunnische Herrschaft. Bis 444/45 schien alles gut zu verlaufen, dann ließ Attila den mitregierenden Bruder Bleda ermorden und wurde Alleinherrscher. Ausschlaggebend für die Beseitigung Bledas war wohl der Umstand, dass alle seine Siege in Misserfolge umschlugen. Er hatte offenkundig sein Charisma eingebüßt. Nun gehörte aber die europäische Bühne Attila, und für die Hunnen begann eine neue Zeit. 447 fiel Attila über Europa her, verwüstete das gesamte Gebiet zwischen dem Schwarzen Meer und dem Mittelmeer und stieß bis zu den Thermopylen vor. Der besiegte byzantinische Kaiser Theodosius II. musste daraufhin einen Teil seines Gebietes südlich der Donau entmilitarisieren und sich zu umfangreichen jährlichen Tributzahlungen verpflichten. Es war den Hunnen allerdings nicht gelungen, Konstantinopel einzunehmen. Dazu fehlten ihnen die militärischen Mittel.

Zu Beginn waren die hunnischen Verbände locker strukturiert gewesen. Sie operierten häufig getrennt voneinander, womit den einzelnen Heerführern große Bedeutung zukam. Schon unter König Rua allerdings sollte sich die Politik zugunsten einer stärkeren Konzentration der Kräfte und eines zentralen Königtums ändern. Unter Zugewinn weiterer Barbarenvölker in Mittel- und Osteuropa entstand eine Konföderation, die die Befugnisse der einzelnen Führer einschränkte. Attila versuchte, aus den nomadischen Hunnen ein sesshaftes Volk zu machen und sie zu einigen. Dazu war es erforderlich, die traditionellen Stammesstrukturen umzugestalten und die einzelnen Verbände seinem Kommando zu unterstellen. Die alten Fürsten sollten durch Beauftragte ersetzt werden, die an den militärischen und politischen Schaltstellen der Gesellschaft eingesetzt wurden. Als Heerführer, Gesandte, Statthalter oder hohe Beamte waren sie für Attilas Machtpolitik unentbehrlich. So wenig über die hunnischen Goten bekannt ist, steht doch fest, dass sie unter eigenen Fürsten blieben und sich ihre Angleichung an Attilas Modell in Grenzen hielt.

Diese neuen Strukturen und der territoriale Machterhalt waren aber teuer. Schon König Rua hatte von Ostrom einen beachtlichen Tribut gefordert, um seine Anhänger und Heere bezahlen zu können, und Attilas neue Würdenträger beanspruchten für ihre Treue die gleiche Entlohnung. Die Römer zahlten den Hunnen noch mehr, als sie den Westgoten hatten überlassen müssen. Für das Jahr 447 wurden allein 6000 Pfund Gold versprochen, das Attila von den Römern erhalten sollte. Die vereinbarten Summen erreichten aber nicht alle die Donau und Theiß. Noch heute verfügen Museen vor allem in Ungarn und der Slowakei über Hunderte von prächtig erhaltenen Goldmünzen aus der Zeit. Manche davon waren schon vor den Hunnen nach Pannonien gekommen, die meisten aber stammen aus der Hunnenzeit. Obwohl seine Krieger weiterhin durch Europa zogen, besonders die Balkanprovinzen in Atem hielten und Konstantinopel bedrohlich nahe rückten, wurde Attila mit dem Gold von Byzanz versorgt, um Schlimmeres zu verhindern.

Hinzu kamen weitere Zugeständnisse seitens des Ost- und Weströmischen Reichs. So mussten die Römer den Hunnen ihre Märkte öffnen, damit diese ihren erbeuteten Reichtum auch in Waren umsetzen konnten. Des Weiteren durften sie keine Bündnisse mit Barbaren eingehen, mit denen sich die Hunnen im Krieg befanden. Attila unterhielt also mit Rom eine besonders herzliche Form von Freundschaft: Rom zahlte – und dafür versprach Attila, Rom nicht anzugreifen. Zu diesem Zeitpunkt konnte der schlaue Attila den Römern vorschreiben, was er wollte, er befand sich auf dem Gipfel seiner Macht. Er hatte ein festes Siedlungsgebiet, und seine Verbündeten – die Ostgoten, Alanen und Gepiden – folgten ihm kompromisslos.

Die Aufzeichnungen des bereits erwähnten Griechen Priscus, des Sekretärs einer byzantinischen Gesandtschaft, geben glücklicherweise Aufschluss über Attilas Residenz, das Leben am Hof und seine Regierungsweise. Priscus behandelt den sonst stets als Horrorfigur beschriebenen Attila mit wohltuender Zurückhaltung. Wahrscheinlich lag der Palast des Hunnenkönigs zwischen Donau und Theiß, wo genau, ist nicht bekannt. Aber dank Priscus wissen wir, wie er aussah: »Das Attila-Haus stand in der Mitte eines großen Dorfes, höher gelegen als andere Häuser, die Holzwände waren getäfelt. Es war mit einem Zaun mit Holztürmen umfriedet, nicht zum Schutz, sondern zur Zierde. Innerhalb der Umfriedung standen zahlreiche Gebäude; die einen aus geschnitzten und vertäfelten, die anderen aus geglätteten, in Abständen nebeneinander gestellten Balken, welche hölzerne Bögen krönten. Diese Bögen erhoben sich zu ansehnlicher Höhe. Dort wohnte Attilas Frau. Die Barbaren, die dort als Türhüter amtierten, ließen mich ein. Ich traf sie auf einem weichen Lager ruhend; der Boden war mit wollenen Teppichen bedeckt, über die man schreiten musste. Zahlreiche Dienerinnen umstanden sie im Kreise, und andere hockten rings auf dem Boden und schmückten Leinwandstreifen mit bunter Stickerei, die dann zur Zierde auf die Kleider der Barbaren aufgenäht waren.«

Die Unterhändler, die in schwieriger Mission unterwegs waren, um einen Feldzug Attilas zu verhindern, der auf der Auslieferung hunnischer Überläufer bestand, wurden zum Gastmahl gebeten:

»Wir standen an der Schwelle des Saales Attila gegenüber. Die Mundschenken reichten uns nach Landessitte einen Kelch; wir mussten, ehe wir uns setzten, zur Begrüßung daraus trinken. Dann nahmen wir die uns angewiesenen Plätze ein. Die Stühle standen den beiden Seitenwänden entlang; in der Mitte saß Attila auf einem Ruhebett. Dahinter führten einige Stufen zu einem anderen Ruhelager empor, das man mit Leintüchern und bunten Decken geschmückt hatte, ähnlich den Hochzeitsbetten, wie man sie bei Griechen und Römern den Neuvermählten bereitet. Als die höchsten Ehrenplätze galten die Sitze in der Reihe zur Rechten Attilas; für die Zweithöchsten im Range war die Reihe zu seiner Linken bestimmt. Dort saßen auch wir neben Berig, einem vornehmen Hunnen; er aber saß näher an Attilas Thron. Rechts neben dem Lager des Königs stand der Sitz des Onegesius; ihm gegenüber saßen zwei Söhne Attilas. Der älteste Sohn saß auf dem Sofa des Königs; allein nicht dicht neben ihm, sondern am äußersten Ende; er hielt aus Ehrfurcht vor seinem Vater den Blick gesenkt.

Als alle die ihnen gebührenden Plätze eingenommen hatten, trat ein Mundschenk zu Attila und reichte ihm einen gefüllten Becher; Attila nahm ihn entgegen und trank seinem Sitznachbarn zu. Der so Geehrte erhob sich und durfte sich erst wieder setzen, sobald er den Wein gekostet oder auch den Becher ausgetrunken und dem Mundschenk zurückgegeben hatte. Nachdem er sich gesetzt hatte, tranken die anderen dem König auf gleiche Weise zu. Sie erhoben ihre Becher, wünschten dem König Heil, tranken daraus und erzeigten ihm so die gebührende Ehre. Jeder Gast hatte seinen eigenen Mundschenk, der zu ihm hintrat, sobald sich Attilas Mundschenk zurückgezogen hatte. Nachdem alle so der Reihe nach begrüßt worden waren, trank Attila auch uns zu, jedem einzelnen entsprechend der Sitzordnung. Nach diesen Begrüßungen zogen sich die Mundschenken zurück. Dann wurden Tische neben dem Attilas aufgestellt, immer ein Tisch für drei, vier oder auch mehr Gäste, und jeder konnte nach Belieben zugreifen, ohne die Sitzordnung zu stören. Zuerst erschien ein Diener Attilas mit einer Schüssel voller Fleisch. Nach ihm kamen andere mit Brot und Zukost.

Den Barbaren und uns wurden auf Silbertellern erlesene Speisen vorgesetzt. Attila jedoch erhielt nur einen Holzteller mit Fleisch. Er zeigte sich auch sonst überaus mäßig; seine Gäste erhielten nämlich goldene und silberne Becher vorgesetzt, er aber trank aus einem hölzernen. Schlicht war auch sein Gewand, das nur durch fleckenlose Reinheit hervorstach. Weder sein Schwert, das er am Gürtel trug, noch die Bänder an den Sandalen, die er nach Barbarensitte anhatte, noch auch das Geschirr seines Rosses waren wie bei den übrigen Hunnen mit Gold, Edelsteinen oder anderem Zierrat geschmückt. Nachdem die Speisen des ersten Ganges verzehrt waren, standen wir alle auf und setzten uns erst wieder, als jeder in der früheren Reihenfolge einen vollen Becher auf Attilas Wohl geleert hatte. Nach dieser abermaligen Ehrung des Königs nahmen wir erneut Platz; nun wurde auf allen Tischen eine zweite Schüssel mit Speisen aufgetragen. Auch von diesen aßen wir alle; sodann standen wir wieder wie vorhin auf, tranken Attila zu und setzten uns.

Bei Einbruch der Dunkelheit wurden Fackeln entzündet. Zwei Barbaren traten vor Attila und trugen Lieder vor, darin sie seine Siege und seine Tapferkeit besangen. (...) Nach diesen beiden trat ein schwachsinniger hunnischer Narr auf, der allerlei ungereimtes Zeug stammelte und damit allgemeine Heiterkeit erregte. (...) Attila saß mit unbeweglicher Miene da und ließ sich weder in Wort noch Tat irgendwelche Heiterkeit anmerken, außer dass er seinen jüngsten Sohn Ernak, der hereingekommen war und neben ihm stand, freundlich ansah und ihm die Wangen streichelte. Als sich nun das Gastmahl bis in die späte Nacht hineinzog, hielten wir es für ratsam, nicht mehr zu trinken, und brachen früher auf.«

Die Beschreibung des Priscus ermöglicht einen genaue Einblick in die Sitten am Hofe Attilas, so dass sein Palast und dessen Interieur gleichsam vor dem Auge des Lesers erstehen. Auch über Attila erfahren wir etwas: Er ist ein guter, freundlicher, gar charismatischer Gastgeber, der – wie Priscus an anderer Stelle durchblicken lässt – allerdings sehr temperamentvoll werden kann und leicht in Zorn gerät. Die ostentative Bescheidenheit im Auftreten und der Verzicht auf prunkvollen Körperschmuck heben seine Souveränität umso mehr hervor und zeigen seine soziale, politische und strategische Intelligenz. Der Name »Attila« ist gotisch, heißt »Väterchen« und beinhaltet Respekt, Zuneigung sowie Angst – man denke nur an analoge Beispiele aus der Geschichte, z. B. an die Beiwörter »Väterchen Zar« oder »Väterchen Stalin«.

Wie mag Attilas politische Vision ausgesehen haben? Bestimmt wollte er moderne Lebensweisen vorantreiben und der nomadischen Vergangenheit seines Volkes allmählich ein Ende setzen. Wäre dann ein eigenständiges, hunnisches Vielvölkerreich nach römischem Vorbild denkbar gewesen? Träumte er gar davon, wie manche befürchteten, nach der Unterwerfung des Römischen und Persischen Reichs Alleinherrscher der Welt zu sein? Angesichts der kurzen Zeitspanne der hunnischen Machtherrschaft gibt es keine Antworten auf diese Fragen. So sehr Attilas Zukunftshoffnung hier am Nordrand der antiken Welt vielleicht in einer hunnischen Hegemonialstellung gelegen haben mag, einhergehend mit einer Modernisierung dieses Volkes – die Schaffung eines großen Imperiums und dessen Ausbau hätten viel Zeit und auch neues Land erfordert. Integrierbar in den Westen war die hunnische Welt wohl nie, eher glich sie einem mit Urgewalt hereingebrochenem Intermezzo, das den Europäern Angst und Schrecken einjagte. Die Gewalt und die Grausamkeit der Hunnen hatten eine lange Geschichte, die in ihren Lebensbedingungen als Reitervolk in den asiatischen Steppen begründet war – so schnell hätten sie ihre Gewohnheiten nicht abstreifen können. Ein weiterer Grund für die Fremdartigkeit der Hunnen lag in ihrem Schamanismus, der für ein nomadisches Jagdvolk typischen Religion, bei der die Grenzen zwischen den Menschen und der Natur verwischt waren und den Tieren magische Kräfte zugewiesen wurden – eine Religion der Seher, der Vorzeichenschau, der Rauschzustände und mystischen Heilkünste. Verständlicherweise musste den Römern diese kreatürliche Spiritualität suspekt vorkommen, sie munkelten auch, die Hunnen gingen allerlei furchtbaren Sitten wie Zauberei und Kindsmord nach. Unbekannt ist, wie es Attila mit dem Christentum hielt. Es wäre jedoch denkbar, dass er als Hunnenherrscher – wie der viel spätere Awaren-Khan – kultische Funktionen ausübte, die es ihm und den Angehörigen seiner Sippe verboten, Christen zu werden. Andererseits gab es römisch-katholische und gotisch-arianische

Christen an seinem Hof, in seiner Gefolgschaft und als Fürsten unterworfener Völker, wie der Goten und Gepiden.

Attila und die Hunnen stehen bis heute für die größte Bedrohung Europas. Im schlimmsten Fall galten sie als zerstörerische Barbaren und blindwütige Räuber, die nichts als Unterjochung, Mord und Totschlag, die Ausrottung ganzer Völker, im Sinn hatten. Das brachte Attila von christlicher Seite die ewige Verdammnis der »Geißel Gottes« ein – eine Bezeichnung, die erstmals bei Isidor von Sevilla nachgewiesen ist: Attila als Tyrann und Antichrist, als apokalyptischer Weltherrscher, der fortan dämonisiert und seit dem 15. Jahrhundert mit Attributen des Teufels dargestellt wurde, mit Hundekopf, Hörnern und Bocksgesicht. Obwohl Attilas Alleinherrschaft nur acht oder neun Jahre währte, ist er der Nachwelt über 1500 Jahre lang unauslöschlich in Erinnerung geblieben. Einer gotischen Sage nach sollen die Hunnen die Nachkommen von Geistern der Steppe und gotischen Hexen sein, etwa nach dem Motto »dämonisch, aber doch verwandt«, eine für die Goten typische ambivalente Haltung.

Roma capta – Die Westgoten stürmen die Ewige Stadt

Im Zuge des Föderatenvertrags mit Kaiser Theodosius 382 hatten die Westgoten ein autonomes Gebiet auf römischem Territorium erhalten und so etwas wie einen Staat im Staat gegründet. Sie blieben allerdings ein unruhiges Volk, das sich vielleicht besseren und vor allem vor den Hunnen sicheren Siedlungsraum sowie mehr Ruhm und Ehre vorgestellt hatte, denn ihrer Führungsschicht blieben die höheren Kommandostellen im römischen Heer verschlossen. Das Leben an der Grenze war wegen der hunnischen Nähe höchst gefährlich. Schon im nächsten Winter könnte die Donau wieder einmal zufrieren und den Feinden den Weg ins Gotenland öffnen.

So kehrten mösische Goten nach einem Feldzug gegen den Usurpator Maximus, bei dem sie Kaiser Theodosius unterstützt hatten, nicht alle in ihr Gebiet zurück und zogen plündernd durch die Provinz Makedonien. »Die Barbaren haben ihr Gebiet verlassen«, schrieb der Bischof von Konstantinopel 392, »und haben viele Male das Land brandschatzend und die Städte überfallend, ausgedehnte Flächen unserer eigenen Gebiete überrannt. Statt nach Hause zurückzukehren, verhöhnen sie uns wie betrunkene Zecher.« Damals wurde der westgotische Balte Alarich wohl auf den Thron erhoben. Im Feldzug von Kaiser Theodosius gegen den westlichen Usurpator Eugenius wurden 394 auch die Goten unter Alarich aufgeboten; aber ihr König wurde einem gotischen Abweichler niederer Herkunft unterstellt. Solange der Krieg gegen den weströmischen Kaiser dauerte, wurde die Schmach ertragen. Im Spätsommer 394 besiegte der katholische oströmische Kaiser Arkadius am Frigidus, an der heute slowenischen Vipava, den heidnischen Gegenkaiser, wobei die Goten zu Tausenden in die Schlacht geworfen wurden. Der Groll stieg. Als Theodosius im Januar 395 starb, war der Vertrag mit dem Reich automatisch außer Kraft gesetzt. Die Westgoten unter ihrem neuen König Alarich lehnten sich auf, und es begann ein sechsjähriger Krieg auf dem Balkan, von Bulgarien bis zur Peloponnes.

Alarichs Gegenspieler war der für das Weströmische Reich zuständige Heermeister Stilicho, Sohn eines Vandalen und einer Römerin. Er war der starke Mann jener Zeit, vermählt mit der Nichte des Theodosius; er herrschte an Stelle des sechzehnjährigen Westkaisers Honorius, des zweiten Sohnes des Theodosius. Trotz großer Niederlagen duldete das Oströmische Reich aber weder Stilicho noch Alarich auf seinem Boden. Der institutionellen Ordnung des Römerreichs war der Sohn des Vandalen, der demographisch-ökonomischen Stärke des Ostens war der Gote auf Dauer nicht gewachsen. Die weitere Auseinandersetzung fand darum im Westen, nicht zuletzt auf italischem Boden statt. Zunächst konnte Stilicho den Westgotenkönig im

Jahre 402 sowohl bei Pollentia als auch bei Verona schlagen, aber nicht endgültig besiegen. Die Waffen genügten nicht, es bedurfte auch des Einsatzes der Diplomatie. In den nächsten Jahren folgte eine höchst verwirrende Anwendung beider Mittel, und dennoch konnte nur ein Patt erreicht werden. Schließlich geriet Stilicho selbst in Verdacht, mit dem barbarischen Feind heimlich gemeinsame Sache zu machen. Der Hass der Römer auf die Germanen hatte zu diesem Zeitpunkt einen Höhepunkt erreicht, und sonderlich beliebt war der Halbbarbar Stilicho nie gewesen. Diese Hofintrige bedeutete sein Ende, Stilicho wurde im August 408 enthauptet. Darauf setzte eine Menschenjagd auf die Barbaren ein, die sich zu Tausenden Alarich anschlossen. Was nun geschah, ist eines der spektakulärsten Ereignisse der gesamten Völkerwanderungszeit: Die Barbaren griffen Rom an und eroberten die Ewige Stadt. Die Welt war erschüttert.

Alarich war ohne Umwege am Po entlang auf Rom zumarschiert. Als römische Gesandte ihn beeindrucken wollten und auf die große Bevölkerung der Stadt hinwiesen, soll der König der Barbaren ihnen entgegnet haben: »Je dichter das Gras, desto leichter das Mähen.« Es kam jedoch noch nicht zum Äußersten. Rom kaufte sich mit Zahlung von 5000 Pfund Gold und 30 000 Pfund Silber los. Aber achtzehn Monate später stand Alarich wieder vor den Toren der Stadt. Es war ihm nicht gelungen, um Kaiser Honorius zu schnellem Handeln zu zwingen, den Kaisertitel kurzfristig dem Präfekten der Stadt, Priscus Attalus, zu geben. Dieser war aber nicht bereit, die reiche Provinz Afrika, die sich gegen Rom erhoben hatte, mit gotischer Hilfe zu erobern. Schließlich verlor Alarich die Geduld, nun wollte er Rom erobern. Bei ihrer letzten Belagerung, als sie die Stadt von der Getreideversorgung und der Obst- und Gemüsezufuhr abgeschnitten hatten, waren in der Stadt Krankheiten und Seuchen ausgebrochen. Es war grauenvoll gewesen, und nun standen die Barbaren wieder vor der Stadt. Man mutmaßte, dass einer der Belagerten vergaß, das Tor zu schließen, weil der Hunger unerträglich wurde oder weil sie ein Ende mit Schrecken einem Schrecken ohne Ende vorzogen. Vermutlich ging die »Einladung« an Alarich, in die Stadt einzuziehen, auf einen Sabotageakt zurück, vielleicht war der Verräter sogar eine Frau. Am 24. August 410 brachen die Westgoten durch das Salarische Tor in die Stadt der Cäsaren ein.

Drei Tage lang wurde Rom geplündert. Die Hauptstadt der Zivilisation und des Luxus war den Barbaren hilflos ausgeliefert. Was auch nur irgendwie von Wert und Nutzen war, wurde gepackt und mitgenommen. Wer sich gegen die Goten stellte oder auch nur nicht rasch genug seine Wertgegenstände ablieferte, wurde erschlagen. Nur die Klöster und Kirchen wurden verschont, wie der Arianer Alarich versprochen hatte. Nach drei Tagen rückten die Goten endlich wieder ab, sie hatten – im Sinne Alarichs – in Rom so gründlich gemäht, dass kein Halm mehr neben dem anderen stand.

Erstmals nach achthundert Jahren, als der Keltensturm über die Metropole hinweggefegt war, war wieder ein fremder Herrscher in der Stadt gewesen – und wieder waren es die Furcht erregenden Barbaren aus dem Norden. Das alte Trauma, das nach den Kelten die Kimbern und Teutonen hervorgerufen hatten, dessen sich Cäsar bei der Unterwerfung Galliens so geschickt bedient hatte, war wieder aufgebrochen. Die barbarischen Völker würden die Achillesferse des Römischen Reichs bleiben. Als der Kirchenvater Hieronymus von dem unglaublichen Ereignis hörte, bekannte er: »Die Stimme stockt mir, und vor Schluchzen kann ich nicht weiterdiktieren: Die Stadt Rom ist eingenommen, die zuvor die ganze Welt besiegt hatte.« Augustinus verfasste aufgrund der Invasion seine Schrift *De civitate dei* (»Über den Gottesstaat«), in der er die Schuld der Christen an den jüngsten Katastrophen zurückwies und erneut die Abkehr von den alten Göttern rechtfertigte. Schließlich sei es besser, dass gotische Barbaren in Rom Christus anbeteten, als dass in der Ewigen Stadt Nichtchristen die heidnischen Dämonen verehrten.

So erschüttert die Zeitgenossen auch waren, Alarichs Eroberung hatte zwar die Volksseele in tiefste Verzweiflung gestürzt, gravierende Konsequenzen hatte das Ganze aber nicht. Rom lag längst im politischen Windschatten Ravennas: der Kaiser und die Regierung waren in der neuen Metropole, die Oberbefehlshaber mit anderen Brennpunkten des Reichs beschäftigt. Alarich hatte mit einer spektakulären Aktion aufgewartet, die seinem Heer reiche Beute einbrachte und ihm selbst ewigen historischen Ruhm, eine neue Heimat blieb allerdings in weiter Ferne. Gleichwohl sehen viele Historiker in dem Überfall Roms den letztgültigen Startschuss für das, was sie als »persistant hammering« der Germanen bezeichnen: als ein permanentes, zermürbendes Trommelfeuer, als dauernden Belagerungszustand des Römischen Reichs. Insofern war das Jahr 410 entscheidend für die Agonie dieses Weltreichs.

Alarichs Heer wandte sich von Rom aus weiter nach Süden, sie hatten Nordafrika ins Visier genommen – die Kornkammer Roms und eine der reichsten Provinzen des Römischen Reichs. Ihr Zug – die Alten, Kinder und Frauen eingerechnet – zählte vermutlich zwischen 80 000 und 100 000 Menschen. Aber die Straße von Messina stellte ein unüberwindliches Hindernis dar. Bevor die Goten Sizilien erreichten, starb Alarich in Kampanien. Die Goten kehrten um und marschierten wieder nach Norden.

Alarichs Tod und die Geschichte seines ungewöhnlichen Begräbnisses sind in die sagenhafte Volkstradition eingegangen. Seine Krieger sollen ihn im leeren Flussbett des Busento, den sie kurzfristig umleiteten, in der Nähe von Cosenza begraben haben. In dem trockenen Grund wurde sein Leichnam mit Pferd, Waffen und Schmuck bestattet, das danach zurückgeleitete Wasser schloss sich über dem Grab. Alle, die an der Beisetzung mitgewirkt hatten, mussten in den Fluten sterben.

Die Geschichte des Begräbnisses ist wohl eher als Dichtung denn als Wahrheit zu werten, denn in der Trockenzeit bildet der Fluss bestenfalls ein Rinnsal. Außerdem ist sie nichts anderes als eine Dublette von der Bestattung Attilas; denn beide Überlieferungen stammen von Jordanes. Trotzdem untersuchen die

»Alarichs Bestattung«. Holzstich von 1855 nach einer Zeichnung von Eduard Bendemann (1811–1899).

Archäologen bis heute das Flussbett – und machen auch immer wieder Funde. Ihre letzte Entdeckung war eine Ziegelmauer aus der Renaissance. Das Grab wurde wahrscheinlich von den Einheimischen schon ausgeraubt, als die Goten keinen Tagesmarsch davon entfernt waren. Aber das ist eben der Stoff, aus dem Sagen sind.

Alarich wurde knapp vierzig Jahre alt. Er gilt als ein wagemutiger, wenn auch nicht überragender Feldherr. Zwanzig Jahre lang hatte er unverzagt nach einer wirtschaftlich und militärisch sicheren Heimat für sein Volk gesucht und dabei Dutzende von Schlachten geschlagen, nur wenige gewonnen und Tausende von Kilometern zurückgelegt. Hätte er Nordafrika erreicht, hätte die Geschichte der Westgoten wohl eine andere Wende genommen. Die Erinnerung an seine Taten wird der Nachwelt in August Graf von Platens idealisierender Ballade *Das Grab im*

Busento wachgehalten, die Anfang des 19. Jahrhunderts geschrieben wurde und in den Bildungskanon der deutschen Romantik einging.

Nach Alarichs Tod wurde sein Schwager Athaulf König der Westgoten. Er heiratete in zweiter Ehe die in Rom geraubte Galla Placidia, die Schwester von Kaiser Honorius – übrigens jene Galla Placidia, die, wie bereits erwähnt, später Kaiser Johannes hinrichten ließ, um ihren sechsjährigen Sohn aus ihrer Verbindung mit einem römischen Offizier auf den Thron zu erheben. Die Westgoten blieben noch ein Jahr in Italien, 412 zogen sie Richtung Gallien und eroberten die Städte Narbonne, Bordeaux und Toulouse. Ihr Zickzackkurs setzte sich fort, als sei dies ihre Bestimmung. 415 wurde Athaulf bei einem Streit in Barcelona ermordet. Unter ihrem neuen König Vallia kämpften sie zwei Jahre im Auftrag Roms gegen die Vandalen und Alanen in Spanien, bis sie schließlich nach Südwestfrankreich zurückgerufen wurden. Vallia lieferte die Witwe Galla Placidia an Ravenna aus und durfte im Jahre 418 in Aquitanien sein Königreich von Toulouse errichten. Nach vierzig Jahren Wanderschaft – seit dem Tag, als sie die Donau auf der Flucht vor den Hunnen überquerten – kamen die Westgoten endlich zur Ruhe. Das Tolosanische Reich sollte fast hundert Jahre Bestand haben.

Es war das erste germanische Reich auf römischem Boden, und überdies herrschte ein gotischer König auch über die Römer. In dem Land lebten zwei Völker, Goten und Römer, und es herrschten zwei Gesetze, zwei Sprachen, zwei Religionen. Mischehen blieben weiterhin verboten. Da ihre Ansiedlung die herrschenden Besitzverhältnisse kaum veränderte, ist die dabei angewandte Vorgehensweise so gut wie kein Thema der Überlieferung geworden. Grund genug, dass sich die Gelehrten bis heute darüber streiten. Wahrscheinlich erhielten die Goten nicht zwei Drittel des Grundbesitzes, sondern zwei Drittel des davon aufgebrachten Steueraufkommens. Aber gleichzeitig wurden die weiträumigen Latifundien des Kaisers – Schätzungen zufolge bis 25 Prozent des gallischen Grunds und Bodens – sehr wohl von den Goten, d. h. von ihren Königen übernommen. Trotzdem schied das Tolosanische Reich nicht aus dem Römerreich aus. Die Westgoten hinterließen in Südfrankreich kaum archäologische Spuren, das Gleiche gilt von den Orts - und Gewässernamen. Sie waren ungleich stärker romanisiert als jene Stammesteile, die bald nach Spanien abzogen und dort an bestimmten Orten archäologisch fassbar sind. Der wichtigste militärische Beitrag der Westgoten bestand in ihrer Teilnahme an der Schlacht auf den Katalaunischen Feldern 451, als sie auf Seiten der Römer den entscheidenden Sieg gegen die in Gallien einmarschierten Hunnen errangen.

Die Pioniertat der Westgoten war die Festschreibung des westgotischen Rechtes in dem nach König Eurich (466–481) genannten *Codex Euricianus,* der das Zusammenleben von Goten und Römern regelte. An diesem auf Latein verfassten Gesetzbuch auf römischer Grundlage hatte möglicherweise auch Eurichs Sohn Alarich II. Anteil. Dieser nur in Fragmenten erhaltene Kodex befasst sich vor allem mit erb- und vermögensrechtlichen Bestimmungen für Kauf- und Kreditverträge und Testamente, aber auch mit der Regelung des germanisch bestimmten Gefolgschaftswesens. Das Gesetzbuch unterscheidet nur zwischen Römern und Goten, während die Letztgenannten in der Tat aus mindestens zehn verschiedenen Völkern bestanden. Dabei wurden die Römer nach religiösen Gesichtspunkten in katholische Provinzbewohner, Griechen, Syrer und Juden eingeteilt. Zum ersten Mal traten nun germanische Könige als Gesetzgeber auf. Obwohl das Tolosanische Reich anderen Reichsgründungen wie dem ostgotischen Reich Theoderichs des Großen in Italien an historischer Popularität weit unterlegen ist, spielte es doch auf vielen Gebieten des politisch-rechtlichen Lebens eine Vorbildrolle.

König Eurich führte das Reich auf den Gipfel seiner Macht und eroberte in mehreren Kriegszügen schließlich das gesamte Gebiet zwischen dem Atlantischen Ozean, der Loire und den

Alpen bis hin zu beträchtlichen Teilen Spaniens. Aber auch mit dieser Machtentfaltung sollte es bald ein Ende haben. Das Königreich der Westgoten geriet immer mehr in den Schatten der neuen Herren Europas: Die Franken hatten zu ihrem unwiderstehlichen Siegeszug angesetzt, Chlodwig begann sein Reich zu gestalten. Eurichs Sohn Alarich II. versuchte, im Sommer 507 bei Vouillé in der Nähe von Poitiers den Franken zu widerstehen, musste sich aber dem Heer Chlodwigs geschlagen geben. Alarich starb, und mit ihm ging das Tolosanische Reich unter. Die Westgoten wurden über die Pyrenäen nach Spanien abgedrängt, behielten aber die städtereiche französische Mittelmeerküste westlich der Rhône.

Neunzig Jahre hatte das Tolosanische Reich Bestand gehabt; bedauerlicherweise fand es in den Quellen im Vergleich zu den Reichen der Ostgoten in Italien, der Franken in Frankreich, der Angeln und Sachsen in England und dem westgotischen Nachfolgereich in Spanien kaum Beachtung. Die Existenz der Westgoten war bis zu ihrer Niederlage gegen Chlodwig mehrmals gefährdet gewesen, nun waren sie an der letzten Etappe ihrer Volksgeschichte angelangt. Seit dem Ende des 5. Jahrhunderts waren zahlreiche Westgoten in Spanien eingewandert. Ihnen folgten weitere, höchst aktive Gruppen, denen es schließlich nach zwei Generationen ungewisser Geschichte gelang, im Herzen Spaniens ein neues Reich zu gründen, mit Toledo als Hauptstadt. Aus den skandinavischen Nebeln waren sie vermeintlich ursprünglich gekommen, dann waren sie über Polen ans Schwarze Meer gewandert, schließlich vor den Hunnen über die Donau nach Thrakien geflohen, dann nach Italien und Gallien gezogen, um ihre Wanderung durch Europa in Spanien zu beenden. Viele der einst von der Weichselmündung aufgebrochenen Goten blieben mit ihren Familien unterwegs zurück, viele andere wiederum wurden zu Goten. Dieser Wanderzug war also kein homogener Volksstamm, sondern ein historisches Ereignis: Es wanderte sozusagen eher der Gotenname als ein Stamm.

Rauch über Gallien – Der Zusammenbruch der Rheingrenze

Drehen wir das Rad der Zeit noch einmal zurück. Wie erging es den Rheingebieten und Gallien nach dem Beginn der Völkerwanderung? Im Herbst 406 stießen die von den Hunnen und Westgoten aus Schlesien und der Slowakei verdrängten Vandalen nach Westen. Erst konnten die römischen Grenztruppen und die mit ihnen verbündeten Franken die Rheinlinie halten, angeblich töteten sie 20 000 Vandalen unter ihrem Führer Godegisel. Die Alanen konnten die komplette Vernichtung des vandalischen Zugs verhindern. Wenige Monate später brach die Grenze aber doch zusammen. In der Silvesternacht 406 setzten Vandalen, Sueben und Alanen bei Mainz über den zugefrorenen Rhein und zerstörten die gesamte römische Grenze zwischen Bingen und Seltz. In der Beschreibung der Ereignisse durch einen Bischof tritt der apokalyptische Furor der Völkerwanderung ungeschminkt zu Tage: »Müde erwartet alles das greisenhafte Ende der Welt, und schon läuft ab die Zeit am letzten Tage. Siehe, wie rasch der Tod die ganze Welt bezwungen und welch starke Völker die Wucht des Krieges zu Boden geworfen hat! Da lagen welche als Futter der Hunde, die brennenden Häuser wurden für viele zum Scheiterhaufen, der sie des Lebens beraubte. In Dörfern und Häusern, auf dem Land, an den Straßen und in allen Gauen, auf allen Wegen hier und dort herrschte Tod, Schmerz, Vernichtung, Niederlage, Brand und Trauer. Ganz Gallien rauchte als einziger Scheiterhaufen.«

Vandalen, Alanen und Sueben war die Invasion Galliens leichter gefallen, weil Stilicho die römischen Truppen zur Verteidigung Roms gegen den Westgoten Alarich zurückbeordern musste. Und als hätte Westrom nicht schon genug mit der akuten Germanengefahr zu kämpfen, sollten sie sich weiter selbst schwächen, indem Stilicho einer Verschwörung zum Opfer fiel und hingerichtet wurde. Die Barbaren in Gallien konnten indes ungehindert entlang der Römerstraßen vorstoßen; Mainz, Worms, Speyer, Strassburg, Reims, Amiens, Arras, Tournai, Lyon und Narbonne wurden geplündert. Zwei Jahre lang verheerten die Eindringlinge Gallien, dann gerieten einige von ihnen im nördlichen Gallien mit den Franken aneinander. Nach einer Irrfahrt gelangten die Marodeure schließlich im Jahr 409 über die Pyrenäen nach Spanien. Zum einen waren sie auf Dauer den Römern und Franken in Gallien nicht gewachsen, und zum anderen lockte sie das reiche Spanien.

Die Franken hatten sich Anfang des 4. Jahrhunderts noch nicht zu einer zentralen Macht zusammengefunden. Einige ihrer Könige sind zwar mit Namen bekannt, aber sie schrieben nicht Geschichte. Die Tüchtigsten unter den Franken fanden den Heeresdienst bei den Römern attraktiver als in ihrem Stammesverband. Zu Anfang waren besonders Alemannen in der römischen Militärverwaltung aufgestiegen, ihnen folgten aber bald in großer Zahl die fränkischen Truppenführer. Einer der höchsten unter ihnen war der Franke Arbogast, der für die Kaiser Theodosius und Valentinian II. Gallien gegen den Usurpator Maximus zurückeroberte. Arbogast – und nicht Kaiser Valentinian, der dem Reich vorstand – beherrschte damals de facto große Teile des Kaiser Valentian zugehörigen Westreichs: Gallien, Britannien und Spanien. Als Valentinian starb – es ist nicht auszuschließen, dass er sogar von Arbogast ermordet wurde – rächte ihn der oströmische Kaiser Theodosius mit einem Sieg über die Franken und »ihren« Kaiser am 5. September 394 im heutigen Slowenien. Übrigens bestand das »oströmische« Heer von Theodosius zum großen Teil aus Hunnen und Germanen – ein weiteres Beispiel für die damals üblichen, verwirrenden Freund/Feind-Konstellationen. Ein Kampf zwischen Römern und Germanen war es beileibe nicht mehr.

Ein Frankenkönig Chlojo (um 425–455) hatte vom Reich das Gebiet um Tournai zugesprochen bekommen, das zu einem Machtzentrum wurde, zuerst unter Chlojo, dann unter Childerich, der seinen Einfluss in Westgallien bis zur Somme hin ausweitete. Auf Childerich folgte 482 sein Sohn Chlodwig, der aus den vielen Königreichen im Norden Galliens nach zahlreichen Schlachten schließlich ein vereintes fränkisches Königreich schmiedete.

Atemberaubend ist der Vergleich zwischen den Franken und den Goten hinsichtlich ihres jeweiligen Aufwands-/Ertragsverhältnisses: Während das germanische Volk aus dem Osten eine scheinbar endlose Wanderung von Skandinavien über das Schwarze Meer nach Spanien auf sich nahm, um auf altem Reichsboden heimisch zu werden, waren die Franken aus dem Westen nur über den Rhein gegangen – um dann in aller Ruhe Gallien zu erobern und nicht mehr herzugeben. Hingegen hatte sich der lange Weg, den die Goten gegangen waren, nicht ausgezahlt. Eines der prägnantesten Bilder, das die Forschung zu bieten hat, ist das der Franken als Kriegsgewinnler der Völkerwanderung. Während Scharen von Völkern verzweifelt durch Europa zogen und all ihre Reichsgründungen letztlich untergingen, eroberten sich die Franken zielbewusst und zäh Gallien. Dem Schweizer Historiker Jean-Pierre Bodmer zufolge waren die Franken zutiefst mittelmäßig, hatten keine besondere Kultur, keine großen Visionen, keine ergreifenden Wanderungen vorzuweisen – dafür einen nüchternen Pragmatismus. Einen ähnlich geringen Aufwand wie die Franken leisteten sich nur die Angeln und Sachsen, die das heutige England begründeten. Wen wundert es da noch, dass gerade diese beiden Reiche – Deutschland und Frankreich nach den Franken, England nach den Angeln und Sachsen – bis heute überdauert haben!

Im Jahre 451 befanden sich die Westgoten in Südfrankreich, die Franken nördlich der Loire, die Alemannen in Südwestdeutschland und die Burgunden an der Rhône. Zwei gegnerische Koalitionen schälten sich heraus: zum einen die Hunnen mit den Germanen und Sarmaten und zum anderen die Römer mit ihren Föderaten, denn noch war Westrom nicht ganz von der Bildfläche verschwunden. 451 kam es zur entscheidenden Konfrontation zwischen diesen beiden Großmächten, obwohl die daran beteiligten Parteien die Schlacht auf den Katalaunischen Feldern zu einem wahrhaft multikulturellen Gipfeltreffen machten: Römer, Westgoten, Franken, Burgunden und Sachsen auf der einen Seite; Hunnen, Ostgoten, Alanen, Gepiden, Rugier und Thüringer auf der anderen. Die Hunnen hatten diese Schlacht gewollt. Auch wenn nicht all ihre Beweggründe bekannt sind, ist davon auszugehen, dass Attila das Heil seiner Völker in einem intensiven Beutezug nach Gallien gesehen hatte. Doch würden die Hunnen wieder in der Lage sein, wie vor achtzig Jahren über die etablierten Mächte hinwegzufegen? Die Antwort auf diese Frage gab der 20. August 451, an dem Attila seine Krieger, dem Historiker Jordanes zufolge, auf die Schlacht einstimmte: »Nun bietet euren Verstand, Hunnen, nun eure Waffen auf! Wer verwundet wird, vergelte mit dem Tod eines Feindes, wer noch heil, sättige sich in ihrem Blut! Ich täusche mich nicht über den Erfolg. Das ist das Feld, das uns so viele Siege verheißen hat. Ich selbst werde zuerst mein Geschoss in die Feinde schleudern. Wenn einer Ruhe ertragen kann, während Attila kämpft, ist er tot.«

Attilas Ende
Die Schlacht auf den Katalaunischen Feldern

Vielleicht hätte sich Attila mit etwas weniger Wut in die Schlacht auf den Katalaunischen Feldern gestürzt, wenn eine Frauengeschichte – es ging um Iusta Grata Honoria, die Tochter von Kaiser Theodosius I. und Galla Placidia, der Schwester von Kaiser Honorius – ihn nicht zusätzlich erzürnt hätte. Als Alarich 410 Rom eingenommen hatte, musste Galla Placidia mit dem gotischen Heer als Geisel nach Süditalien, Südfrankreich und Spanien ziehen. In Narbonne heiratete sie 414 mit Zustimmung ihres Bruders Honorius den römerfreundlichen Gotenkönig Athaulf. Als dieser ein Jahr später ermordet wurde, kehrte sie nach Ravenna zurück, wo sie auf Geheiß ihres Bruders den römischen Feldherrn und Mitregenten Constantius III. heiratete. Ihm gebar sie die Kinder Honoria und Valentinian (den zukünftigen Kaiser Valentinian III.). Nach dem Tod des Constantius verhalf Galla Placidia ihrem Sohn, sobald er regierungsfähig geworden war, zum Thron, indem sie den Usurpator Johannes töten ließ. Angesichts dieser höchst ereignisreichen Biographie der Mutter verwundert es nicht, dass auch Tochter Honoria ein bewegtes Leben führte!

Die für ihr ausgelassenes Liebesleben bekannte Honoria hatte sich durch eine heikle Affäre am Kaiserhof in eine vertrackte Situation hineinmanövriert. Um einer Vernunftehe zu entgehen, hatte sie um 444 durch einen Eunuchen dem Hunnenkönig Attila heimlich ein Heiratsangebot übermitteln lassen – und den passenden Ring gleich mitgeliefert. Attila zögerte nicht lange und bat ihren Bruder Valentinian III. um Honorias Hand – und das halbe Kaiserreich dazu. Obwohl manche am Hof von Ravenna sich aus Gründen der Staatsräson mit einem Barbaren wie Attila hätten abfinden können, lehnte Kaiser Valentinian das Ansinnen Attilas ab: Dem Hunnenkönig wurde beschieden, Honoria habe keinen Anteil am Kaiserreich, da dieses nur Männern zustehe.

Attila ging leer aus und wurde vom Pech verfolgt. Als der oströmische Kaiser Theodosius II. 450 starb, der bisher einen nachgiebigen Kurs Attila gegenüber gesteuert hatte, folgte ihm der kompromisslose, kriegstüchtige Markian nach. Markian brach nicht nur die schmählichen Verhandlungen ab, sondern stellte auch die jährlichen Tributzahlungen an den Hunnenherrscher ein. Nun lag Krieg zwischen Ostrom und Attila in der Luft.

Attila wandte sich allerdings nach Westen und fing mit den Vorbereitungen zu einer Invasion Galliens an. Wenn er sein Reich vergrößern wollte, konnte er dies nur auf weströmischem Boden tun. In Gallien war vielleicht im wahrsten Sinne des Wortes noch Staat zu machen. Ostrom hätte hingegen von den Hunnen und ihren Verbündeten nicht besiegt werden können. Hinzu kamen kräftige Ermunterungen des Vandalenkönigs Geiserich aus Nordafrika, dem die französischen Westgoten und spanischen Sueben vor der Haustür nicht geheuer waren und der dem Hunnenkönig immer wieder reiche Geschenke an die Theiß geschickt hatte.

Der Zug in den Westen begann. Er würde auf den Katalaunischen Feldern enden, wo sich der Hunnenkönig Attila und der römische Feldherr Aetius eine Völkerschlacht liefern würden. Fünfzehn Jahre zuvor hatten die Hunnen gemeinsam mit dem römischen Oberbefehlshaber Aetius bei Mainz und Worms ein schreckliches Blutbad bei den Burgunden verursacht – eine Vernichtungsschlacht, die zum Kern des *Nibelungenlieds* wurde. Interessant ist, dass dieser ruchlose Völkermordversuch im Nachhinein Attila zugeschrieben wurde, obwohl die Schlacht vor seiner Regentschaft lag. Zu Beginn des Jahres 451 zogen also erneut hunnische Heerscharen gemeinsam mit germanischen Stämmen donauaufwärts nach Westen. Es war ein gigantisches Aufgebot, nur dass sie Aetius auf der Seite Westroms diesmal zum Gegner hatten. Attilas Herrschaft erstreckte sich mittlerweile vom Kaspischen Meer bis nach Gallien. Mit ihm zogen Ostgoten, Heruler und Skiren, die ihm seit langem untergeben waren, Gepiden und Rugier aus dem Karpatenraum, Markomannen von der mittleren Donau und schließlich thüringische, mainburgundische und rheinfränkische Gruppen. Attilas Heer bestand aus den verschiedensten Völkerschaften, wie es bei mächtigen Heerkönigen der Frühzeit üblich war. Schon die Masse dieses anrückenden Heeres wird Gallien in Angst und Schrecken versetzt haben. Dennoch ist die überlieferte Zahl von einer halben Million Krieger völlig unglaubwürdig, denn ein derart riesiges Heer hätte weder geführt noch ernährt werden können.

Die hunnischen Scharen überquerten den Rhein bei Koblenz und rückten über Trier nach Metz vor, das am 7. April 451 überrannt und geplündert wurde. Vor den Toren von Reims zog ihnen der Bischof psalmodierend entgegen und bat um Schonung der Stadt – ihm wurde kurzerhand der Kopf abgeschlagen. Die damals kleine Stadt Paris entkam der Verwüstung, da eine tapfere Frau die Bewohner um sich scharte und für das Leben aller betete: die heilige Genoveva, bis zum heutigen Tag die Schutzpatronin von Paris. Der Heereszug wälzte sich weiter nach Orléans, das Attila allerdings aufgeben musste, als die Hunnen von den nahenden Westgoten unter Druck gesetzt wurden. Schließlich wurde Attila von Aetius auf den Katalaunischen Feldern zur Schlacht gestellt. Eine solche Entscheidungsschlacht war die einzige Chance für den Hunnenkönig, ein Übergewicht in Gallien zu erzielen und seine Ziele gegen Westrom durchzusetzen. Wahrscheinlich hoffte er, die Koexistenz gallo-römischer und germanischer Völker in Gallien sei zerbrechlich und könne seinem Druck nicht standhalten. In dieses vermeintlich ethnisch-politische Vakuum hoffte er vorzustoßen.

Die Streitkräfte unter dem Oberbefehl von Aetius gaben ein ähnlich heterogenes Bild wie die des Gegners ab. Er hatte alle Völker um sich geschart, deren er in Gallien habhaft werden konnte. Die eher kleine Schar römischer Truppen war während ihres eiligen Anmarschs von germanischen Truppen verstärkt worden: Hinzugestoßen waren Franken, Sachsen, Sarmaten, Bretonen, einige Alanenstämme, die als einstige Untertanen der Hunnen am meisten zu fürchten hatten, und als wichtigste die Westgoten, um deren Gunst Aetius sehr bemüht war. Mit ihnen konnte er die Schlacht gewinnen, das mächtige Volk lebte seit 418 in Südfrankreich und hatte hier sein Tolosanisches Reich errichtet. Jordanes zufolge formulierte ihr König Theodorid seine Entscheidung zum Kampfesbeitritt an die römische Gesandten folgendermaßen: »Ihr habt euren Wunsch, Römer; ihr habt Attila auch uns zum Feind gemacht. Wir werden Aetius folgen, wohin er uns ruft, und wenn Attila auch hochmütig ist wegen seiner Siege über viele Völker, so verstehen die Goten auch mit Hochmütigen zu kämpfen. Keinen Krieg möchte ich zu gefährlich nennen, außer wo die Sache keine gute ist; keine Gefahr kann uns schrecken, wenn ihr Bestehen rühmlich ist.«

König Theodorid und seine Söhne Thorismund und Theoderich zogen also zum Kampfe in die sommerliche Champagne. Darüber hinaus wurde das weströmische Bündnis von den in Gallien angesiedelten Burgunden unterstützt, die mit den Hunnen und wohl auch mit den am Rhein zurückgebliebenen Stammesgenossen noch eine Rechnung offen hatten. Das hatten übrigens auch die Westgoten, die 376 von den Hunnen aus ihrer Heimat am Schwarzen Meer vertrieben und zu einer langen Wanderschaft gezwungen worden waren. Auf den Katalaunischen Feldern kämpften also nicht Römer gegen Hunnen, sondern Ostgoten gegen Westgoten, Franken vom Niederrhein gegen Franken vom Mittelrhein, Hunnen gegen Alanen und so fort. Die Stammesverwandtschaft hinderte die Germanen nicht daran, sich gegenseitig bis aufs Blut zu bekämpfen. Gefolgschaftliche Treue war stärker als die Treue zum Stamm, zum Blut – um in der Sprache der Quellen zu bleiben. Darum waren sie mit erstaunlicher Kompromisslosigkeit in der Lage, binnen kürzester Zeit die Lager zu wechseln und erbittert gegen einen Gegner zu kämpfen, mit dem sie gerade noch befreundet gewesen waren. Der Ostgote Theoderich der Große sprach – Jordanes zufolge – später angesichts dieser Konstellation von einem erzwungenen Brudermord. Aber er hatte auch einen anderen Grund: ein Amaler, also ein Angehöriger seines Geschlechts, soll den Speer geworfen haben, der den westgotischen Balthenkönig Theoderid tödlich traf. Wollte Theoderich König beider Gotenvölker sein, musste er diese Tat bedauern.

Der Historiker Jordanes hat als Einziger die Schlacht beschrieben und sich nach alter Tradition mehr auf die Heldenprofile als auf den exakten Verlauf des Kampfgeschehens konzentriert. Die Katalaunischen Felder, in der Nähe von Troyes an der Marne gelegen, setzten dem Mythos der Unbesiegbarkeit der Hunnen nach achtzig Jahren ein Ende. Ihre unbändige Angriffslust und Schnelligkeit, ihr kompromissloses Kämpfertum und ihre wendige Reiterei hatten entweder ihren barbarischen Schrecken oder ihre spezifische Wirkungskraft verloren.

Die Kämpfe begannen um drei Uhr nachmittags und zogen sich bis in die Nacht hinein. Attila nahm den Platz in der Mitte seines Heeres ein, an den Seiten formierten sich seine Verbündeten. Das Gelände war weiträumig und unübersichtlich, so dass sich die zwei feindlichen Blöcke schließlich in viele Einzelgefechte aufsplitterten. Der mit großem Elan in den Kampf gezogene Theoderid fiel. Dennoch gelang es Attila nicht, die Übermacht zu gewinnen. Er gab die Schlacht verloren und zog sich in ein befestigtes Lager zurück, in dem hölzerne Sättel aufgetürmt waren – mit diesem Haufen wollte er sich selbst in Brand stecken für den Fall, dass er in die Hände des Gegners zu fallen drohte. Jordanes hat die entscheidenden Augenblicke anschaulich festgehalten:

»Es kam zum Handgemenge; ein schrecklicher Kampf, ein gewaltiger, vielförmiger, mit Hartnäckigkeit geführt, von dessengleichen nirgends im Altertum berichtet wird, wo derartige Taten erzählt werden, so dass der, der dieses Wunders Anblick genoss, nichts Großartigeres in seinem Leben hätte sehen können. Denn, wenn man den Erzählungen der älteren Leute glauben darf – das Bächlein, das in niederen Ufern an der erwähnten Ebene vorbeifließt, schwoll von dem reichlichen Blut der Wunden der Getöteten an und wuchs nicht wie sonst durch Regengüsse, sondern wurde infolge der ungewohnten Flüssigkeit durch des Blutes Zufluss ein reißender Gießbach. Und die, welche dort eine Verwundung den brennenden Durst zu stillen nötigte, schlürften das Nass mit Blut vermischt. So tranken sie, durch ein klägliches Schicksal umstrickt, das Blut, das sie aus ihrer Wunde vergossen. Da wurde auch der König Theodorid, während er ermutigend sein Heer durcheilte, vom Pferde gerissen; und von den Füßen der Seinigen zertreten endete er in frühem Alter. Andere dagegen behaupteten, er sei vom Geschoss des Andagis auf der Seite der Ostgoten, die damals Attilas Fahnen folgten, gefallen.«

Zweifellos haben die starken Verbände der Westgoten das Zünglein an der Waage gespielt und die Schlacht zugunsten Westroms entschieden. Auf einen vollständigen Sieg über die Hunnen

Die Schlacht auf den Katalaunischen Feldern. »Thorismund wird nach der Schlacht zum König der Westgoten erhoben«. Holzstich um 1890 nach einer Zeichnung von Alexander Zick (1845–1907).

sowie auf eine Verfolgung Attilas, der über den Rhein zurückgeflohen war, verzichtete Aetius. Es war ihm wohl wichtiger, die Lage in Gallien zu beruhigen und Thorismund, den Sohn des gefallenen Theodorid, zu einer raschen Rückkehr nach Toulouse zu überreden, bevor dort ein anderer sich des Thrones bemächtigte. Zudem hatte dies den Vorteil, die selbstbewussten Westgoten gar nicht erst auf den Gedanken kommen zu lassen, die Situation auszunutzen und sich noch mehr in Gallien auszubreiten.

Die Katalaunischen Felder waren der Schauplatz des letzten Sieges des römischen Heeres, die blutige Schlacht bedeutete das Ende der Hunnenherrschaft. Sie hatte gezeigt, dass nicht mehr die Römer, sondern die Barbaren die beherrschende Macht des Westens waren. Diese Schlacht stärkte das nationale Selbstbewusstsein der Westgoten, Franken und Burgunden; ihm war Westrom nicht mehr gewachsen. Fünfundzwanzig Jahre später ging das seit geraumer Zeit dahinsiechende Weströmische Reich endgültig unter.

Attilas Traum von einer dauerhaften hunnischen Hegemonie in Europa war dahin. Rom hatte die aus seiner Sicht schmerzhaften Subventionszahlungen an die Hunnen bereits vorher eingestellt. Den Nimbus der Unbesiegbarkeit, das Image als Beherrscher der Völker, hatte Attila bei seinen Bundesgenossen eingebüßt. Dennoch setzte er 452 noch einmal zu einem Feldzug nach Italien an und verwüstete die Städte Aquileja, Mailand und Padua. Hungersnöte, Seuchen und Nachschubprobleme zwangen ihn jedoch zum Rückzug. Aufgrund eines persönlichen Appells von Papst Leo I. wurde Rom angeblich überraschenderweise verschont. Da die Begegnung bereits auf Attilas Rückzug stattfand, also von einem hunnischen Angriff auf Rom in diesem Jahr nicht mehr die Rede war, muss der Papst den Hunnenkönig persönlich stark beeindruckt haben, mehr aber die späteren Erfinder und Gestalter der so erfolgreichen Leo-Legende. Die weltberühmte Szene hat Raffael in der Stanza d'Eliodoro des Vatikans festgehalten.

Einige Bewohner des Nordostens Italiens versuchten sich zu schützen, indem sie sich in die Lagunen der nördlichen Adria zurückzogen. Daraus entstand, der Legende zufolge, das heutige Venedig: Die Flüchtenden sollen am Zielort zueinander *veni etiam* gesagt haben, was so viel bedeutet wie »auch ich bin gekommen«. In Wirklichkeit aber spiegelt sich sowohl in Venedig als auch in Venetien der Name der alten Veneter wider, die im 2. Jahrhundert v. Chr. römisch wurden.

Von Westrom mussten die in die Defensive gedrängten Hunnen ein Friedensangebot annehmen, von Ostrom ging jetzt sogar eine akute Bedrohung für ihr Reich aus. Also versuchte Attila unter den Germanen neue Freunde zu gewinnen und heiratete vermutlich aus diesem Grund 453 eine junge germanische Fürstentochter namens Ildico, was oft mit germanisch Hildchen übersetzt wurde. Zu diesem Zeitpunkt hatte Attila schon zahlreiche Kinder gezeugt und hatte einen großen, eindrucksvollen Harem.

Und da ereignete sich das Unfassbare: Attila, der Beherrscher der Völker, der grimmigste aller Kämpfer, erstickte in der Hochzeitsnacht an einem Blutsturz! Ein wahrlich »schändliches Ende« in den Augen der Chronisten: Er verschied friedlich im Ehebett und nicht ruhmvoll auf dem Schlachtfeld. Jordanes berichtet in seiner Gotensaga, die Hunnen hätten den Schmerz über den Verlust ihres Königs bei einer wilden Feier auf dem Grabhügel ertränkt. Sie hüllten den Leichnam in seidene Tücher und legten ihn in drei ineinander verschachtelte Särge, die aus Gold, Silber und Eisen bestanden. Ihm wurden erbeutete Waffen, Pferdegeschirr mit Edelsteinen und seine Ehrenzeichen mitgegeben. Das Grab und die Grabbeigaben sind aber bis zum heutigen Tag nicht gefunden worden. Alle seine Bestatter wurden getötet, so wie es auch nach Alarichs Beisetzung geschehen war. Die Totenklage der Krieger, die um den Leichnam herumritten, ist mit folgenden Versen überliefert:

Attilas Tod

Der Hunnen vornehmster König Attila,
seines Vaters Mundzuc Sproß,
der tapfersten Völker Herr,
der mit vor ihm unerhörter Macht allein
die skythischen und germanischen Königtümer besaß,
des römischen Erdkreises beide Kaiserreiche
durch Raub der Städte schreckte
und besänftigte durch Bitten, dass der Rest nicht zur Beute werde,
Jahrgelder nahm;
Und als er all dies bei zunehmendem Glück
vollbracht hatte,
nicht durch Feindeshand, nicht durch Trug der Seinen,
sondern unversehrten Stammes,
unter Freunden fröhlich,
schmerzlos dahinging:
Wer möchte dies einen Tod nennen,
wenn keiner Rache nehmen kann?

Ein gutes Jahr später kam es noch einmal zu einer Schlacht zwischen den Hunnen und den Germanen, westlich der mittleren Donau am Fluss Nedao. Die Hunnen wurden besiegt, unter Attilas Erben verfiel das Reich. Das wilde Reitervolk, das fast drei Generationen lang Europa in seinen Grundfesten erschüttert hatte, trat genauso schnell und gespenstisch von der Bühne des Weltgeschehens ab, wie es sie betreten hatte. Diejenigen, die an der Donau blieben, vermischten sich mit ihren alten Verbündeten oder Nachbarn, den Goten und Bulgaren, oder traten dem römischen Heer bei. Der Rest wandte sich nach Asien und nahm in den eurasischen Steppen die nomadische Lebensweise wieder auf. Damit waren die Hunnen aus der Geschichte verschwunden. Für den Westen aber kamen die Hunnen immer wieder, als Awaren, ja sogar noch als Ungarn und Mongolen.

Damit mag es zusammenhängen, dass Attilas Name bis in unsere Zeit hineingewirkt hat. Obwohl Attila nur rund acht Jahre regierte und der Nachwelt nichts Konstruktives zurückließ, hat er doch kurz vor dem Untergang Westroms die Agonie der Antike und damit die Weltgeschichte maßgeblich beeinflusst – wobei die Römer ohnehin befürchtet hatten, Attila strebe nach der Eroberung des Perserreichs die Weltherrschaft an. Bestimmt ist in der Dämonisierung Attilas auch Rassismus im Spiel. Attila als eine Geißel Gottes – damit geriet der Sieg der römisch-germanischen Welt über den Hunnenkönig zu einer Erlösungstat, zu einer Befreiung von dem Bösen, die in ihrer überhöhten Mystifizierung in keinem Verhältnis zu der realen Gestalt Attilas steht. Inwiefern besonders die äußerst brutal geführte Vernichtungsschlacht der Hunnen gegen die Burgunden im Jahre 436 dieses teuflische Bild des Antichristen mit verursacht hat, ist das Werk von Sage und Legende. Damals führte der römische Feldherr Aetius an die 10 000 hunnischen Söldner gegen die Burgunden, und von Attila war weit und breit nichts zu sehen. Seine Aufnahme in die germanische Heldensage als Atli und schließlich Etzel schuf eine Gestalt, deren Umfang vom grausamen Schlächter bis zum geheimnisvollen König aus dem Osten reicht. Während das schreckliche Bild in der skandinavischen Überlieferung vorherrscht, hat das um 1200 in Österreich entstandene *Nibelungenlied* zwar Etzel als allmächtigen Heerkönig dargestellt, ihm zugleich aber auch Züge eines Königs Artus wie vor allem des ersten und heiligen Ungarnkönigs Stephan verliehen. Dass Attila als einzigem Nichtgermanen Einlass in die germanische Sagenwelt gewährt wurde, kommt zudem einer gewissen Adelung gleich. Ohne Attila wäre die Weltgeschichte gewiss ärmer.

Die Herren von Karthago
Vandalen erobern Afrika

Auch die Vandalen genießen einen besonders schlechten Ruf. Ihr Name steht in allen Sprachen des Abendlandes für Zerstörungswut (Vandalismus). Nicht einmal die Hunnen haben es im volkstümlichen Bewusstsein so weit gebracht wie die Vandalen.

Die Vandalen waren gewiss nicht brutaler als die anderen Barbaren. Sie schlugen aber einen besonderen Weg ein und wanderten bis nach Afrika. Ihnen gelang das, woran die Westgoten gescheitert waren. Einige brutale Beutezüge, die sie von Afrika aus auf dem Weg nach Rom unternahmen, sorgten dafür, dass sie als Zerstörungswütige abgestempelt wurden. Der Begriff Vandalismus wurde von Grégoire, dem Bischof von Blois, im Jahre 1794 geprägt. Er bezog sich auf die von den Vandalen begangene Zerstörung von Kunstwerken während ihrer Eroberung der Ewigen Stadt im Jahre 455. Weiterhin wird es ihnen zum Schaden gereicht haben, dass sie bis zum Schluss überzeugte Arianer waren, weswegen sie von der katholischen Geschichtsschreibung natürlich verteufelt wurden. Die Vandalen wurden im Nachhinein für die Zerstörungstaten verantwortlich gemacht, die sämtliche Barbarenvölker im Verlauf von rund fünf Jahrhunderten verübt hatten. Im Gegensatz zu den Goten, deren Geschichte in Jordanes' Sage ausgesprochen heldenhaft anmutet, liegen uns keine schriftlichen Zeugnisse vor, die die Vandalen in ähnlich günstigem Licht darstellen.

Vermutlich stammten die Vandalen aus Jütland und waren Nachbarn der Kimbern und Teutonen; so heißt Nordjütland noch heute Vendsyssel, was man als Wohnsitz der Vandalen deutet. Um 100 müssen sie südwestlich der Gutonen an der Oder beheimatet gewesen sein und einen früher keltisch dominierten Völkerverband germanisiert haben. Im Zusammenhang mit den Vandalen sprechen die Archäologen von der Przeworsk-Kultur. Sie teilten sich in zwei Stämme, in die Silingen – die Schlesien den Namen gaben – und die Hasdingen, die Langhaarigen, die im 3. Jahrhundert an der oberen Theiß und im heutigen Siebenbürgen nachzuweisen sind. Sie hatten im Westen die suebischen Quaden und im Südosten die Westgoten als Nachbarn. Nach der Flucht der Westgoten vor den Hunnen müssen sich hunnische Untertanen, alanische Gruppen, den Hasdingen angeschlossen haben. Als der hunnische Druck auf Hasdingen, Alanen und suebische Quaden unerträglich anstieg, waren auch sie bereit, die Heimat zu verlassen. Ihnen schlossen sich die Silingen und wohl auch suebische Markomannen an. Quaden und Markomannen gaben mit dem Verlassen der Heimat an Moldau und March ihre Sondernamen auf und waren seither nur noch unter dem Namen Sueben, sei es südlich der Donau oder in Westeuropa, anzutreffen. Die Völkerlawine überquerte im Jahre 406 den Rhein zwischen Mainz und Worms und zog mordend und plündernd durch Gallien.

Im Herbst 409 drang der aus Vandalen, Alanen und Sueben bestehende Stammesverband in Spanien ein. Spanien gehörte damals seit mehr als fünf Jahrhunderten zum Römischen Reich und hatte eine lange Periode relativer Ruhe erlebt. Von diesem Augenblick an sollte sich dies grundlegend ändern. So schrieb Salvian von Marseille: »In den gleichen Flammen, in denen die

Gallier gebrannt hatten, begannen nun die Spanier zu brennen.« Die Spanier waren zum Widerstand nicht gerüstet. Die Sueben etablierten sich schließlich im westlichen Galizien, wo sie bis zum Ende des 6. Jahrhunderts ein eigenes Reich besaßen. Die Vandalen und Alanen blieben im Herzen der Halbinsel, wo ihr angenehmes Leben und ihre ständige Gier nach Beute durch die Westgoten in römischen Diensten nachhaltig gestört wurden. Ihre schwere Niederlage hatte eine bezeichnende, wenn auch weder von den Römern noch von den Goten erwünschte Konsequenz: Es fielen sowohl der König der Silingen als auch der König der Alanen, worauf die beiden Völker auf ein eigenes Königtum, auf die Selbständigkeit, verzichteten und sich den Hasdingen anschlossen. Seither spricht man zu Recht von den Vandalen als einer Einheit, obwohl sich noch die afrikanischen Herrscher »Könige der Vandalen und Alanen« nannten. 422 wanderte der neue Großstamm nach Südspanien, wo er fruchtbares, kaum verteidigtes Land vorfand – und wo noch heute der Name Andalusiens an die Zeit ihres Aufenthalts erinnert (arab. *Al-Andalus,* Vandalenland). Sie eroberten Sevilla und die Küstenstädte, darunter den strategisch günstig gelegenen Hafen und Flottenstützpunkt Cartagena. Mit einem sicheren Gespür für die sich bietenden Möglichkeiten passten sich die Vandalen schnell an die neuen geographischen Bedingungen an: Tollkühne Reiter, die sie vorher waren, wurden sie binnen kurzer Zeit zu den verwegensten Seefahrern bzw. gefürchtetsten Piraten der Gegend. Allerdings bestand die vandalische Flotte hauptsächlich aus requirierten römischen Transportschiffen, die Landungstruppen am Bestimmungsort auszuschiffen hatten. Gegen die römische Kriegsflotte hätten die vandalischen Schiffe, die wie fast alle Handelsschiffe der Zeit klein waren, keine Chance gehabt. Aber die großen Kriegsschiffe kamen nicht zum Einsatz, weil man ihnen stets geschickt auswich. Allmählich richteten die Vandalen ihren Blick auf den gegenüberliegenden Kontinent: Afrika mit seinen reichen Ressourcen und legendären Schätzen war genau das Richtige für die kühnen Barbaren.

Aber wer führte eigentlich die Vandalen? Im Jahr 429, als sie das Mittelmeer Richtung Nordafrika überquerten, herrschte über sie seit etwa sieben Jahren einer der mächtigsten und fähigsten Könige, den die Germanen jemals kannten: König Geiserich. Er war skrupellos, von unbezwingbarer Autorität, ein glänzender Feldherr und ein ebenso geschickter Stratege und Diplomat. Der Historiker Jordanes beschrieb ihn folgendermaßen: »Von mittlerer Statur, infolge eines Sturzes vom Rosse hinkend, tiefen Geistes, schweigsam, Verächter des Wohllebens, rasend im Zorn, habgierig, weitblickend, wenn es darum geht, die Völker aufzuwiegeln, und von größter Verschlagenheit, den Samen des Streites zu säen und Hass zu erzeugen.«

Im Mai 429, im Alter von vierzig Jahren, schickte sich Geiserich an, sein Volk nach Afrika zu führen. Von einer solchen Überfahrt hatten vor rund fünfzehn Jahren schon die Westgoten geträumt: zuerst Alarich, bevor nach der Eroberung Roms ein schwerer Sturm seine Schiffe zerstörte, und dann Vallia, der ebenfalls ohnmächtig vor der Straße von Gibraltar stand. Die Vandalen hingegen hatten sich auf die schwierige Operation lange und intensiv vorbereitet, die Überfahrt geprobt, den zur Verfügung stehenden Schiffsraum genau vermessen und als Piraten eine große Erfahrung in komplizierten Seemanövern gesammelt. Es war eine große logistische Leistung. Männer, Frauen, Kinder und Sklaven versammelten sich bei Tarifa, dem einzigen Ort an der Straße von Gibraltar, dessen Ufer nicht steil waren. In 80 Tausendschaften überquerten sie auf kleinen Schiffen die Meerenge und gingen in Tanger an Land. Sie stießen auf keinen nennenswerten Widerstand, weil es keine professionelle römische Armee gab, die sie hätte bekämpfen können. Zudem standen die Römer in Afrika am Rande eines Bürgerkriegs, so dass sie jeden Widerstand zu Lande unterließen.

Die Vandalen traten nun zu ihrem langen Marsch Richtung Osten an. Es galt, die 2000 Kilometer bis nach Karthago mit 80 000 Menschen heil zu überstehen – gegen die Hitze und weitere Prüfungen einer solchen Wanderung.

Da das Land reich genug war, brauchten sie sich nicht um Nachschub von Lebensmitteln zu kümmern. Die Vandalen konnten sich bei ihrem Marsch auf die Eroberung von Städten und Ländereien sowie die Plünderung von Kirchen und Landhäusern konzentrieren. Besonders die Kirchen hatten unter den Verwüstungen der überzeugten Arianer zu leiden. Im Juni 430 standen sie vor Hippo Regius, der Bischofsstadt des heiligen Augustinus, der die Belagerung nicht überlebte. 435 wurde hier das erste *foedus* zwischen König Geiserich und Ravenna geschlossen, wonach den Vandalen drei der vielen kleinen afrikanischen Provinzen zur Ansiedlung zugesprochen und sie somit römische Föderaten wurden. Die Römer hatten gehofft, Geiserich auf diese Weise zufrieden zu stellen. Ein verhängnisvoller Irrtum. Im Jahr 439 überfiel Geiserich überraschend die reiche Provinz Afrika und eroberte die Hauptstadt, das altehrwürdige Karthago. Die Stadt wurde geplündert, viele reiche Römer gefangengenommen und der gesamte Kirchenbesitz konfisziert und arianisiert.

Nun waren die Vandalen am Ziel ihrer Träume angekommen. Sie besaßen einen Stützpunkt, der ihnen glänzende Voraussetzungen zu weiteren Beutezügen bot und eine dauerhafte Bedrohung für Rom darstellte. Als die neuen Herren von Karthago waren sie ein ernst zu nehmender Kontrahent Roms geworden, den man immer im Auge behalten musste. Im Jahre 442 wurden die neuen Machtverhältnisse in einem Vertrag zwischen Geiserich und Valentinian III. festgehalten, das römische Afrika wurde aufgeteilt: Die Vandalen erhielten mit dem Großteil Numidiens und den beiden reichen Provinzen *Africa proconsularis* und *Byzacena* den Löwenanteil.

In diesen Gebieten befand sich die Kornkammer Afrikas, die einen beträchtlichen Getreideüberschuss erzielte und damit den Reichtum der Provinzen hervorbrachte. Die perfekte Lage am Meer und die Exportfähigkeit waren weitere Vorteile des von den Vandalen eroberten Landes. Hauptstadt war Karthago, das damals noch weit über 100 000 Einwohner zählte und das

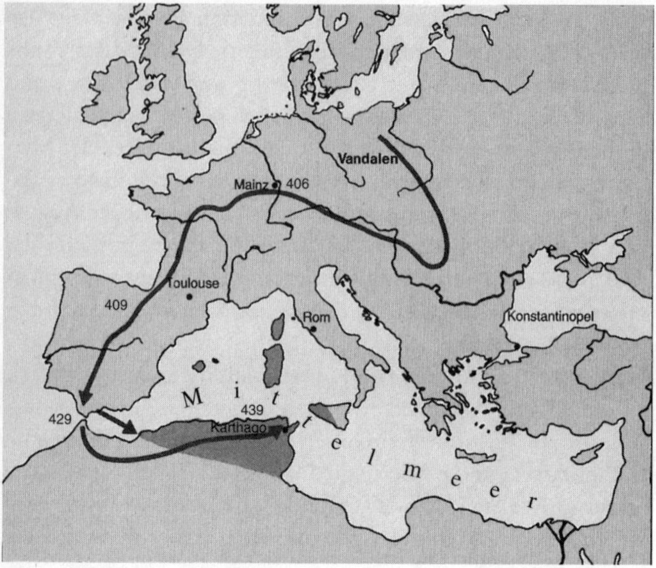

Der Zug der Vandalen aus Osteuropa nach Nordafrika.

viele Zeitgenossen sogar für schöner hielten als Konstantinopel. Sie hatten den Garten Eden gefunden.

Im Verlauf von sechsunddreißig Jahren hatten die Vandalen ein eigenes Reich geschaffen: Silvester 406 waren sie über den zugefrorenen Rhein marschiert, hatten sich durch Gallien und Spanien durchgekämpft, waren mit kleinen Schiffen nach Afrika übergesetzt und hatten hier nach einem langen Marsch schließlich Karthago besetzt. Welch eine bemerkenswerte Leistung!

Obwohl sie den Wohlstand durchaus schätzen lernten und der römischen Lebensart nicht abgeneigt waren, blieben sie weiterhin die gefürchteten Räuber des Mittelmeers. Die meisten ließen sich in der Gegend um Karthago, andere in der fruchtbaren Ebene um Cherchel und Tipasa oder in dem weiträumigen Gebiet um Constantine nieder. Die Vandalen übernahmen die römische Verwaltung, konfiszierten einen Teil des römischen

Besitzes, überließen jedoch weiterhin vielen dort ansässigen Römern ihre Landgüter und Felder und lernten, Orangen, Wein und Oliven anzubauen.

In Geschichtsbüchern werden oft als Grund für den späteren Untergang der Vandalen der plötzliche Reichtum und die Nachahmung römischer Lebensart angegeben. Sie stützen sich auf die Beschreibung, die der Geschichtsschreiber Prokopios von Caesarea in Palästina in seinem Werk *Bella* (»Vandalenkriege«) lieferte: »Als die Vandalen Afrika eingenommen hatten, besuchten sie täglich die Bäder, erfreuten sich an den Genüssen einer reichen Tafel, aßen das Beste und Süßeste, das Erde und Meer hervor brachten. Und sie trugen überall Gold und kleideten sich in seidene Gewänder, verbrachten ihre Zeit bei Theateraufführungen und Tierhetzen und anderen angenehmen Beschäftigungen, vor allem aber mit der Jagd. Und sie hatten Tänzer und Mimen und Musiker, denen sie zuhörten. Die meisten von ihnen wohnten in herrlichen Parks, die wohl versehen mit Wasser und Bäumen waren. Sie hatten eine große Anzahl von Banketten und erfreuten sich an aller Art von sexuellen Vergnügungen.«

In der Tat ist Prokopios von Ideologen gerne missverstanden worden. Denn er wollte mit seiner Schilderung nur die romanisierten Vandalen den wilden Berbern gegenüberstellen, die von den Vandalenkönigen für ihre Heereszüge aufgeboten wurden. Solange Vandalen und Berber Verbündete waren, blieb das Vandalenreich unbesiegbar. Erst der Abfall der Berber läutete sein Ende ein.

Die Vandalen blieben eine große Gefahr im Mittelmeerraum. Ihre Hauptwaffe waren ihre Schiffe, mit denen sie weit ausgreifende Unternehmungen im Mittelmeer durchführten. 440 fiel ein Vandalenheer in Sizilien ein und bedrohte Italien, wieder wurde Geiserich mit einem Vertrag zu neuen Bedingungen gekauft. Spätestens 450, so haben die den Vandalen insgesamt recht feindselig eingestellten Chronisten überliefert, zogen sie wieder los und plünderten die Städte Capua und Neapel. 455 erschien Geiserichs große Flotte an der Tibermündung vor

Rom. Viele Römer erinnerten sich noch an die letzte Belagerung durch Barbaren, als der Westgote Alarich 410 ihre Stadt verwüstet hatte. Wieder brach Panik aus, die römische Aristokratie verließ fluchtartig die Stadt. Am 2. Juni 455 waren die Vandalen in Rom. Der Bitte des Papstes Leo I., Rom »ohne Feuer und Schwert« zu erobern, entsprach zwar Geiserich, aber die Vandalen schleppten zwei Wochen lang alles, was nicht niet- und nagelfest war und Wert hatte, auf ihre Schiffe. Sie plünderten den Kaiserpalast und den Jupitertempel mit seinen vergoldeten Bronzeziegeln und nahmen die Kaiserin und ihre beiden Töchter mit – die eine namens Eudocia sollte Geiserichs Sohn Hunerich heiraten – sowie einige Senatoren, Handwerker und weitere römische Fachkräfte. Solcherart reich beladen, segelten sie nach Karthago zurück. Sie hatten aber nicht nur hochprofessionell geplündert, sondern auch, ohne es zu wissen, etwas für die Ewigkeit hinterlassen: den Begriff des Vandalismus.

Karthago blieb – trotz mehrerer Aufstände des Adels mit der Unterstützung einheimischer Berberstämme – unter der Herrschaft der Vandalen. Im Jahr 474 einigten sich Geiserich und der oströmische Kaiser Leo auf ein »ewiges Bündnis«, zwei Jahre später wurde ein Abkommen mit Westrom getroffen. Geiserich starb am 24. Januar 477 im Alter von beinahe neunzig Jahren und überlebte damit das Weströmische Reich um ein paar Monate. Das Königreich der Vandalen hingegen stand zu diesem Zeitpunkt in der Blüte seiner Macht und schien einer großen Zukunft entgegenzusehen. Auch der byzantinischen Kriegsflotte war es nicht gelungen, die Vandalen zu besiegen. Sie ging vor Karthago ankernd in Flammen auf. Außerdem hatten sie unterzeichnete Verträge vorliegen, die ihr afrikanisches Reich ratifizierten. Fast fünfzig Jahre hatte der große Heerkönig Geiserich das Schicksal seines Volkes gelenkt, seine aggressive Politik war sogar von den Feinden belohnt worden. Auf dem Sterbebett verfügte er das so genannte Senioratsrecht, das besagte, dass in den folgenden Generationen jeweils der älteste Angehörige seiner direkten Nachkommenschaft die Nachfolge antreten solle. Damit kamen nicht selten alte eigensinnige Herren zum Zug. Dennoch sollte das Vandalenreich seinen Gründer um siebenundfünfzig Jahre überleben.

Nach Geiserichs Tod bestieg sein ältester Sohn Hunerich den Thron. Er erwies sich als besonders grausamer Herrscher, der die Kirche unterdrückte, indem er die kaiserlichen Häretikergesetze gegen die Katholiken anwandte: Tausende wurden in die Wüste oder nach Übersee verbannt, Bischöfe gefoltert und getötet, Kirchen geschlossen oder zerstört. Während Geiserich nur gegen diejenigen vorgegangen war, die sich gegen das vandalische Regime oder den arianischen Glauben aufgelehnt hatten, verfolgte sein Sohn unterschiedslos alle Katholiken. Hunerichs Nachfolger Thrasamund (496–523) konnte den von seinem Bruder angerichteten Schaden nicht mehr ganz wieder gutmachen. Trotz seiner Umsicht wurde die allgemeine Lage für die Vandalen immer instabiler. Die Ostgoten in Italien sagten sich von ihnen los, Ostrom tat alles, um Afrika zurückzugewinnen, und auch die afrikanischen Mauren ließen sich nicht mehr so leicht mit der Aussicht auf Beute beruhigen. Der letzte vandalische König Gelimer (530–534) beging einen großen Fehler, als er gegen Geiserichs Hausgesetz und damit auch gegen das »ewige Bündnis« verstieß und Kaiser Justinian I. herausforderte. Die Reaktion ließ nicht lange auf sich warten. Im Sommer 533 segelten unter der Führung Belisars 10 000 Fußsoldaten und 5000 Reiter aus Byzanz gegen das Vandalenreich. Im Dezember 533 kam es, etwa 30 Kilometer von Karthago entfernt, zur entscheidenden Schlacht. Ohne nennenswerte Gegenwehr – Gelimer floh plötzlich mit einer kleinen Gruppe von Getreuen nach Hippo Regius und überließ seine Soldaten ihrem Schicksal – stürzte das Vandalenreich binnen kurzem zusammen. Wie konnte es zu diesem relativ leichten Sieg der Römer über die starken und reichen Vandalen kommen? Man könnte annehmen, dass sie dem genussvollen mediterranen Lebensstil verfallen waren und ihre Widerstandskraft eingebüßt hatten. Diese Erklärung ist allerdings deutschnationaler Ideologie zu verdanken, die den Süden und seine Verlockungen seit jeher ablehnte, und damit zu verwerfen. Belisar war wahrscheinlich ein besserer Feldherr als Gelimer, und die Vandalen hatten sich jahrelang zu sehr auf ihre Seemacht verlassen, ohne ihre Städte und Plätze zu schützen. Von Hunger geplagt, ergab sich Gelimer ein Jahr nach seiner Flucht und wurde als Gefangener mit dem königlichen Schatz nach Byzanz verbracht. Dort soll er um drei Dinge gebeten haben: ein Stück Brot, um seinen Hunger zu stillen, einen Schwamm, um seine Tränen zu trocknen, und eine Leier, um sein Elend zu besingen. Die übrig gebliebenen vandalischen Krieger wurden Soldaten des Kaisers von Byzanz. Das afrikanische Reich der Vandalen war für immer untergegangen. Die Vandalen hinterließen in Afrika keine Spuren.

Alemannen, Burgunden und Nibelungen

Die Alemannen waren aus verschiedenen vorwiegend suebischen Gruppen hervorgegangen und rasch als dynamischer, aggressiver Verband kriegerischer Völker aufgetreten. Sie fielen eher durch die Beweglichkeit und Unabhängigkeit ihrer einzelnen Gruppen auf als durch den erkennbaren gemeinsamen Willen einer konzentrierten Landnahme oder gar geschaffenen Reichsgründung.

Der römische Schriftsteller Asinius Quadratus nannte sie jene »zusammengespülten und vermengten Menschen«. Die Alemannen wurden erst nach dem Fall des Limes 259/260 bekannt, als sie die Nachbarn der Römer am Oberrhein wurden, nördlich der Donau und östlich des Oberrheins. Erste Erwähnung finden sie in einer Lobrede auf Kaiser Maximian, die 289 in Trier gehalten wurde. Im Frühmittelalter erfolgte die Gleichsetzung von Alemannen und Sueben, deren ursprüngliche Bedeutung ebenfalls bis heute Rätsel aufgibt, zumal es ohne Zweifel ein mittelalterliches Herzogtum Schwaben gab. Es ist aber eine moderne, nur scheinbar die Vergangenheit berücksichtigende Unterscheidung, wenn ab dem 19. Jahrhundert für die badischen Schwaben der Name »Alemannen« modern wurde. Mundartlich umfasst Alemannisch heute die westlichen und südlichen Gebiete vom Elsass über Baden und die Schweiz bis Vorarlberg und das westliche Tirol. Politisch und kulturell ist das Alemannische in fünf Ländern vertreten: Deutschland, Frankreich, Schweiz, Österreich und Liechtenstein.

Kurz vor Beginn der eigentlichen Völkerwanderung waren die Alemannen von den Römern unter Kaiser Valentinian und danach unter dessen Sohn Gratian in Gallien nachhaltig besiegt und in den südwestdeutschen Raum zurückgedrängt worden. Dann liefen ihnen die »Wormser« Burgunden am Rhein den Rang ab. Nachdem diese aber ins heutige Savoyen abgezogen waren, begann Mitte des 5. Jahrhunderts die große Zeit der *Alemannia*. Zu dieser Zeit begann wohl auch die Integration der inzwischen geschwächten Sueben von der mittleren Donau in den Verband der Alemannen. Ein Alemannenkönig nahm Passau ein und bedrohte Ufernorikum, das heutige Donauösterreich. Ein anderer verhandelte mit dem Bischof von Troyes wegen der Freilassung von Gefangenen. Eine zeitgenössische kartographische Momentaufnahme nennt zahlreiche, heute tief in Frankreich liegende Städte als Teil der Alemannia. Bei Köln wurde ein Frankenkönig von Alemannen besiegt. Dann kam es um 497 und in den folgenden Jahren zu einem Ereignis, das – erst im Nachhinein und etwas überspitzt gesprochen – darüber entschied, dass Frankreich heute nicht Allemagne und Deutschland nicht Frankreich heißt. Es kam zur »Entscheidungsschlacht« zwischen Franken und Alemannen um die Herrschaft in Gallien. Die alemannisch-fränkischen Gegensätze entluden sich in einer Reihe von Schlachten, die man üblicherweise die »Schlacht von Zülpich« nennt. Wahrscheinlich ist jedoch die verbreitete Auffassung, hier sei fränkisch-gallische Geschichte endgültig entschieden worden, übertrieben. Die historischen Quellen messen der »Schlacht von Zülpich« deshalb eine so große Bedeutung zu, weil sie mit der Bekehrung des fränkischen Merowingerkönigs Chlodwig zum katholischen Glauben verknüpft wird. Mitten in der Schlacht schwor der von den Alemannen bedrängte Chlodwig, sich zum Katholizismus zu bekehren, wenn ihm der Sieg zufalle. Die Alemannen wurden vom fränkischen König geschlagen und gerieten unter fränkische Herrschaft, wurden vermutlich als ethnische Identität nur deshalb gerettet, weil der Ostgotenkönig Theoderich für sie bei seinem Schwager intervenierte. Nach der letzten Schlacht setzte er sich in einem Schreiben an Chlodwig dafür ein, »die erschöpften Reste der alemannischen Völker« zu verschonen, und nahm sie unter seinen Schutz.

Im Jahr 537 spätestens wurde die *Alemannia* fränkische Provinz. Es entwickelte sich eine von den fränkischen Königen kontrollierte Adelsschicht, deren zunehmender Einfluss aber durch den Karolinger Karl Martell im Jahr 746 im »Blutgericht zu Cannstatt« endgültig gebrochen wurde.

Dass den Alemannen in Darstellungen über die Zeit der Völkerwanderung wenig Platz eingeräumt wird, hängt wohl damit zusammen, dass ihnen keine Reichsgründung gelungen war, obwohl sie ein gefürchtetes Volk von Kriegern waren. Das hat seinen Grund im Fehlen eines starken Königtums, wie es die Goten, Franken, Vandalen oder Burgunden aufzuweisen hatten. Die Organisation der Alemannen zielte auf die Existenz kleiner politischer Einheiten und Territorien, deren jeweilige Führungsschicht ihre Namen nicht weitervererben konnte. Die Vielzahl der amtierenden Heerkönige mit vielen nebeneinander handelnden Heeren wurde bereits in der entscheidenden Niederlage der Alemannen gegen die Römer im Jahr 357 bei Straßburg deutlich: das Heer, das sich Kaiser Julian entgegenstellte, bestand aus sieben Königen und zahlreichen Unterführern mit eigener Kriegergefolgschaft. Bis ins 5. Jahrhundert hinein lassen sich bei den Alemannen mehrere zeitgleich amtierende Herrscher nachweisen, eine starke Zentralmacht entstand nicht.

Während die Franken zunehmend in den römischen Provinzen Galliens sesshaft wurden und ihre Könige hohe Positionen im römischen Militär einnahmen, wurden die Alemannen nach 364 aus dem römischen Heer verdrängt. Mit Beginn der Völkerwanderung spielten sie im römischen Offizierskorps keine Rolle mehr.

Unter den archäologischen Stätten der Alemannen ist der Runde Berg bei Bad Urach im Landkreis Reutlingen hervorzuheben, dessen kegelförmige Kuppe sich 250 Meter über die Talsohle erhebt. Auf dem hoch gelegenen Plateau befand sich vermutlich die Residenz eines alemannischen Fürsten oder Kleinkönigs: oben seine Kriegergefolgschaft in einzelnen Holzgebäuden und hangabwärts weitere Häuser mit Handwerkern und Fachkräften, die dem Herrn dienstpflichtig waren. Der Runde Berg beherbergte den Sitz einer privilegierten Elite und ist daher nicht vergleichbar mit den Siedlungsformen der sonstigen alemannischen Bevölkerung, die in Dörfern und Hofgruppen lebte. Diese Höhenburgen, die spätantiken befestigten Städten nachempfunden waren, fungierten als politisches und wirtschaftliches Zentrum. Von hier aus wurden die jeweiligen Teilstämme regiert, die in der alemannischen Volkskultur noch lange Bestand hatten. Die kleine, berühmte Anlage bei Bad Urach ist nahezu vollständig erschlossen worden. Neben Fibeln und Gürtelbeschlägen, hergestellt aus eingeschmolzenem römischen Bronzeschrott, wurden viele Waffen und Ausrüstungsgegenstände gefunden. Die alemannische Besiedlung in Südwestdeutschland ist seit 1970 recht gut erforscht worden.

Wenden wir nun den Blick auf die Burgunden, die wie die Alemannen aktiv in die Geschichte der Völkerwanderung eingriffen und deren Romanisierung etwa bewirkte, dass es eine »Suisse romande« gibt, siedelten sie doch in der Schweiz südwestlich der Alemannen. Zum ersten Mal wurden die *burgundiones* in der Naturgeschichte von Plinius dem Älteren im 1. Jahrhundert erwähnt, der sie gemeinsam mit den Goten nennt und für eine Untergruppe der Vandalen hält. Darum gelten sie als ostgermanisches Volk. In Gallien nahm man sie jedoch als Germanen wahr – eine Zuordnung, die gegen eine ostgermanische Herkunft sprechen würde. Da sie aber aus Germanien nach Gallien kamen, könnte dieser Umstand für die Bezeichnung verantwortlich sein. Wahrscheinlich haben die Germanen wie die Goten einen ähnlich unbestimmbaren nordischen Hintergrund. Jedenfalls dürften sie für die Ostsee-Insel Bornholm namengebend gewesen sein. Im Mittelalter hieß Bornholm noch Burgundarholm. Im 2. Jahrhundert grenzte ihr Reich nach den Angaben von Ptolemäus im Westen an die Semnonen und im Osten an die Weichsel. Im späten 3. Jahrhundert beteiligten sich burgundische Krieger an den Überfällen auf die römischen Provinzen der unteren Donau. Einige von ihnen siedelten sich in der Folge im Main-Neckar-Gebiet an und machten sich dort die Alemannen zum Gegner, die Mehrheit allerdings blieb in Ostgermanien. Im 4. Jahrhundert erstarkte die Position der Burgunden im Rhein-Neckar-Gebiet.

Unter König Gundahar gründeten sie 413 ein Reich am Mittelrhein, dessen Schwerpunkt die Städte Worms, Straßburg und Speyer waren. Das Reich wurde von Kaiser Honorius anerkannt. 413 verbündeten sie sich mit dem gallischen Usurpator Jovinus und griffen Gallien an, wonach sie einen Teil Galliens zugesprochen bekamen. 435 versuchte Gundahar erneut, sich mit seinem Volk in die gallische Provinz Belgica auszubreiten, wurde aber vom Heerführer Aetius gestoppt. Ein Jahr später engagierte Aetius eine hunnische Streitmacht, um den expansionsfreudigen Burgunden einen Denkzettel zu verpassen. Der Schachzug geriet zur Katastrophe: 20 000 Burgunden wurden von den Hunnen angegriffen, umzingelt und ausgelöscht. Dieses grausame Schlachten ging in die Geschichte und in die Sage ein und ist darum als ein großes Ereignis der Völkerwanderungszeit zu betrachten. Die Erinnerung an die Katastrophe ist im *Nibelungenlied* verewigt. Die Schlacht bildet den historischen Kern des Epos, das sich allerdings aus verschiedenen Heldengeschichten zusammensetzt, die nicht ausschließlich aus dem

Rheinland stammen. In Geschichte wie Sage ist das Königreich der Burgunden in Worms angesiedelt. Gegenspieler Gunthers (Gundahars) ist Etzel (Attila), und die Schlacht findet im ungarischen Schloss des Hunnenkönigs statt.

443 wurden die zahlenmäßig immer noch recht starken Burgunden – schätzungsweise zwischen 10 000 und 25 000 Menschen – von Aetius als römische Föderaten, in Savoyen untergebracht, im Gebiet südlich des Genfer Sees bis nordwärts nach Lausanne. Im Gegenzug mussten sie die Alpenpässe bewachen. Die Burgunden stellten sich als treue Verbündete Westroms heraus. In ihrer wechselhaften Stammesgeschichte waren sie schon früh zu der Überzeugung gelangt, mit den Römern verwandt zu sein. 451 standen sie in der Völkerschlacht auf den Katalaunischen Feldern auf römischer Seite gemeinsam mit Westgoten und Franken – unter Führung desselben Aetius, der sechzehn Jahre zuvor der Drahtzieher des hunnischen Gemetzels an ihrem Volk gewesen war. Auch hier wird wieder einmal deutlich, wie schwankend die Koalitionen in den Zeiten der Völkerwanderung waren. 456 kämpften sie im Auftrag Roms mit den Westgoten gegen die Sueben in Spanien. Später besetzten sie einen großen Teil Zentralgalliens, so dass ihnen nun ein stattliches Gebiet gehörte. Eckpunkte waren die Provence im Süden, der Genfer See im Osten und die Saône im Westen und Norden. In Lyon und Genf residierten König und Unterkönig. Die Burgunden übernahmen die romanische Sprache der Einheimischen. Unter ihren Königen Chilperich I. und Gundobad waren sie im letzten Viertel des 5. Jahrhunderts auf dem Höhepunkt ihrer Macht und nach den Franken und Westgoten das mächtigste Volk des heutigen Frankreich. König Gundobad (474–516) versuchte, sein Reich mit prominenter Heiratspolitik zu konsolidieren. Sein Sohn Sigismund heiratete eine Tochter des Ostgotenkönigs Theoderich, seine katholische Nichte Chlothilde den Frankenkönig Chlodwig. Die unaufhaltsame Ausdehnung der Franken machte allerdings auch vor den Burgunden nicht Halt. Im Jahr 532 schließlich war es so

weit: Die Burgunden mussten sich in einer Schlacht bei Autun den Franken geschlagen geben.

Dennoch hat man nicht den Eindruck, dass das Ende des Burgundenreichs einer Tragödie gleich kam. Sie waren gute Föderaten Westroms gewesen, hatten sich schnell in die romanische Kultur eingefügt und verdankten die Blüte ihres relativ kurzfristigen Königreichs dem guten Kontakt zu den wohlhabenden gallo-römischen Grundbesitzern. Um Herrscher eines großen Reichs zu sein, hatten sie weder das ausreichende demographische Potenzial noch die nötige Konsequenz in ihrer Bündnispolitik. Insgesamt waren die Burgunden sehr assimilationsfreudig, und ihnen gelang nach einiger Zeit die Akkulturation in einer neuen Heimat. Noch um die Mitte des 5. Jahrhunderts klagte ein römischer Dichter darüber, dass seine sechsfüßigen Verse (Hexameter) zu Bruch gingen, wenn sieben Fuß lange Burgunden, die sich mit ranziger Butter die Haare schmierten, den Tanzboden stampften. Zwei Generationen später spricht wiederum ein römischer Autor vom König der Burgunden und seinem Gefolge, als sei er ein hoher römischer Beamter mit seinem Stab. Kein Wunder, dass sich die Burgunden auch als verlässliche Freunde der neuen Herren erwiesen, denn sie halfen beim weiteren Aufstieg des Frankenreichs bis hin zur Krönung von Karl dem Großen maßgeblich mit. Ein weiterer Hinweis auf den als nicht sehr drastisch empfundenen Niedergang ihres Königreichs mag sein, dass sich Frankreich bis heute gerne seines burgundischen Erbes erinnert. Und Österreich seit Maximilian I. auch.

Aus archäologischer Sicht ist aus der Zeit der so assimilationsfreudigen Burgunden des 5. Jahrhunderts nicht viel erhalten. In Südwestdeutschland existieren zwar einige Gräber mit burgundisch-östlichen Ausstattungen wie die in Lampertheim, sie könnten aber auch von den Alemannen stammen. Ähnliches betrifft östlich anmutende Gräber in Groß-Gerau und Gerlachsheim. Auch in Frankreich haben sie keine prägnanten Spuren hinterlassen, vermutlich weil sie sich der gallo-römischen Bevölkerung sehr anpassten und deren Lebensformen übernahmen. Insgesamt dürften sie nur wenige Prozent der Gesamtbevölkerung ausgemacht haben. Aus der Gegend des Genfer Sees liegen einzelne Funde vor wie künstlich deformierte Schädel, östliche Metallspiegel und frühe Fibeln, die wahrscheinlich aus der Zeit ihrer ersten Besiedlung Savoyens stammen. Den Burgunden ist es auf andere Weise gelungen, in der abendländischen Kultur einen prominenten Platz einzunehmen: zum einen im Namen der reizvollen französischen Landschaft, dem Burgund, und zum andern in einer der berühmtesten Heldendichtungen unserer Kultur, im *Nibelungenlied*.

Als das *Nibelungenlied* um 1200 von einem unbekannten Dichter in Österreich an der Donau aufgeschrieben wurde, lag die Herrschaft des Königs der Burgunden schon etwa siebenhundert Jahre zurück. Das Königsgeschlecht der Gibikungen, das den Nibelungen seinen Namen gab, war sogar schon seit achthundert Jahren untergegangen. Und dennoch muss der Stoff, der sich aus mehreren miteinander verwobenen Geschichten speist, die Menschen derart fasziniert haben, dass nun ein Epos in Gestalt mittelalterlich-höfischer Dichtung entstand. Die Geschichten über wandernde und kämpfende Germanen waren von fahrenden Sängern über Jahrhunderte hinweg in Liedern überliefert worden. Neben dem *Nibelungenlied* entstanden zumindest drei weitere Sagen, denen die Geschehnisse der Völkerwanderung zugrunde liegen: das *Waltharilied,* die *Dietrichsage* und das *Hildebrandslied.* Obwohl Sagen im Gegensatz zu Märchen auf historischen Begebenheiten beruhen, sind ihre Helden und deren Taten stark von der Phantasie beflügelt und werden in neue dichterische Konstellationen verwoben. So treten in der *Dietrichsage* drei große Figuren zeitgleich auf, die aber zu verschiedenen Zeiten lebten: der Ostgotenkönig Ermanerich (gestorben 375), der Hunnenkönig Etzel (Attila, gestorben 453) und Dietrich von Bern (Theoderich der Große, gestorben 526). Im *Nibelungenlied* ermordet der König Gunther treu ergebene Hagen den starken Siegfried, obwohl letzterer eine reine Erfindung ist und nie gelebt hat. Siegfrieds Kampf gegen den Lindwurm, das Bad im Drachenblut und seine Tarnkappe sind selbstverständlich auch reine Fiktion. Interessant ist die Figur des Hunnenkönigs Attila, der zwar aufgrund des Gemetzels an den Burgunden im Jahr 436 verteufelt wurde, der aber im Nibelungenlied eher positive Züge trägt. Er verkörpert das Bild des in sich ruhenden Herrschers, der ohne eigene Schuld von der rachebesessenen Kriemhild mit in den Untergang gerissen wird.

Von Anfang bis Ende bestimmen Hass, Betrug und Mord das Geschehen. Gunther erzwingt die Ehe mit Brunhild mit List und Tücke, Siegfried hilft ihm dabei; Kriemhild kann der Versuchung, Brunhild zu demütigen, nicht widerstehen. Nach der Ermordung Siegfrieds lässt Kriemhild im blutigen Finale auf der Etzelburg ihren Bruder Gunter erschlagen, tötet Hagen eigenhändig und findet dann selbst den Tod. Die Handlung zielt gnadenlos auf Tod und Vernichtung, positive Gegenwelten sind nirgends zu erkennen. Insofern passt das *Nibelungenlied* eigentlich recht gut in die Zeit, aus der seine Helden und Geschichten kommen – in die wildbewegte, blutige Epoche der Völkerwanderung. Im berühmten vierteiligen Opernzyklus *Der Ring des Nibelungen* (1853) hat Richard Wagner den Inhalt des Heldenepos eindringlich ins Bild gesetzt, und Friedrich Hebbel hat in seiner Trilogie *Die Nibelungen* (1861) den dramatischen Stoff noch einmal auf die Bühne gebacht. Neben der künstlerisch-literarischen Rezeption war das Nibelungenthema auch ideologisch wirksam. Homers *Ilias* hatte die kulturelle Identität der Griechen begründet, warum sollte das *Nibelungenlied* das Gleiche nicht auch für Deutschland schaffen? Das »Nibelungische« als Synonym für deutschen Nationalcharakter – das erhofften sich vor allem die Romantiker. Wir wollen aber hier die »alten herrlichen Geschichten«, wie der unbekannte Autor des *Nibelungenlieds* schreibt, als das belassen, was sie sind: als einen monumentalen Stoff, der die Menschen noch heute in seinen Bann zieht.

Thüringer und Bajuwaren

Weniger aktiv als die Franken, Alemannen oder Burgunden waren die Thüringer und die Bajuwaren (Bayern). Beide waren in den Jahrhunderten der großen Umwälzungen gar nicht oder kaum gewandert, auch in frühen schriftlichen Quellen sind sie kaum vertreten.

Über den Namen und die Herkunft der Thüringer weiß man nicht viel. Möglicherweise besteht ein gewisser Zusammenhang zwischen den Thüringern des späten 4. und des 5. Jahrhunderts und den kaiserzeitlichen Hermunduren. Auch haben wohl Angeln und Warnen an der thüringischen Stammesbildung mitgewirkt. Mehr ist nicht bekannt. Mit dem Vorrücken der Hunnen nach Mitteleuropa gerieten die Thüringer unter den Einfluss der Invasoren und mussten ihnen 451 auf die Katalaunischen Felder folgen. Ihre Abhängigkeit zeigt sich auch in archäologischen Funden – so wurden typische reiternomadische Waffen in thüringischen Gräbern gefunden, vor allem die dreiflüglige Pfeilspitze. Als besonders charakteristisch für den engen Kontakt zu den Hunnen sind die künstlich deformierten Frauenschädel zu werten, die in thüringischen Reihengräbern des 5. Jahrhunderts entdeckt wurden.

In seiner durch Auszüge des Jordanes bekannt gewordenen »Geschichte der Goten« erwähnte 507 der römische Staatsmann und Gelehrte Flavius Magnus Aurelius Cassiodor – der unter Theoderich dem Großen wichtige Staatsämter und die Leitung der Kanzlei übernahm – das thüringische Königreich mit dem Namen »Thoringia«, das sich in den nächsten Jahrzehnten von der unteren Elbe im Norden bis zur Donau im Süden ausdehnen sollte. Der erste namentlich bekannte König Bisin hatte drei Söhne, die sich nach seinem Tod das Reich teilten. Theoderich der Große zeichnete König Herminafrid dadurch aus, dass er ihm seine Nichte Amalaberga zur Frau gab – damit war Herminafrid gegen die expansionsfreudigen Franken abgesichert. Bisins Tochter Ranegunde wurde die erste Frau des einflussreichen und durchsetzungsfreudigen Langobardenkönigs Wacho (510–540). Als der Schutzpatron der Thüringer, Theoderich der Große, 526 starb, nutzten die Franken die Rivalitäten der thüringischen Könige aus und suchten sie mit Kriegen heim. Im Jahre 531 mussten sie sich den Franken in einer blutigen Schlacht geschlagen geben. Die Sieger konnten ihren Erfolg nicht ausnutzen. Herminafrid blieb eine Atempause von drei Jahren, dann ging das Thüringerreich in einem Furioso zugrunde. Die Nichte Herminafrids, die spätere heilige Radegunde, ging als Kriegsbeute ins Frankenreich, wo sie gezwungen wurde, den fränkischen König Chlothar I. zu heiraten. Als König Herminafrid fiel, kehrte seine ostgotische Frau Amalaberga in die Heimat zurück. In Ravenna wurde sie aber vom oströmischen Feldherrn Belisar gefangen genommen, nach Byzanz gebracht und von Kaiser Justinian dem Langobardenkönig Audoin, dem Vater Alboins, zur zweiten Frau gegeben.

Die Franken beließen die Thüringer im östlichsten Teil ihres Reichs, diese mussten aber Teile davon unter dem Druck der Awaren und Slawen aufgeben. Elbe und Saale begrenzten nun den Osten Thüringens und zugleich des Frankenreichs. Um 700 gelang es den thüringischen Herzögen, eine beinahe königliche Stellung einzunehmen und ihr Herrschaftsgebiet bis Würzburg, das herzogliche Residenz wurde, auszudehnen. Mit Karl Martells Wiederherstellung des Frankenreichs endete um 717 auch die thüringische Selbständigkeit.

Über die Herkunft und ethnische Zuordnung der Bayern sind hitzige Diskussionen geführt worden, allerdings ohne abschließenden Erfolg. Nach Belieben lässt man sie von Markomannen, Quaden, Langobarden, Donausueben, Alemannen, Thüringern, Goten oder gar keltischen Boiern abstammen. Fest steht jedenfalls, dass die Bajuwaren als letztes germanisches Volk, das sich während der Völkerwanderungszeit herausgebildet hat, in Erscheinung treten. Die Bayern gelten nach Herwig Wolfram als die »Findelkinder« der Völkerwanderung, und die Frage, wer sie wo und wann ausgesetzt hat, ist bis zum heutigen Tag ungeklärt. Als sie erstmals von Jordanes 551 als *baibaros* und dann von Venantius Fortunatus, dem Bischof von Poitiers, 565 als *baiovarii* erwähnt werden, können andere Germanen längst von einem turbulenten Schicksal erzählen und sind mit der Gründung von eigenen Reichen beschäftigt. Jordanes erwähnt sie für die Zeit des späten 5. Jahrhunderts als Nachbarn der Donausueben: »Dies Land der Sueben hat im Osten die Bayern, im Westen die Franken, im Süden die Burgunden und im Norden die Thüringer als Nachbarn.«

Der Name *baiovarii* bedeutet wohl »Männer aus dem Lande Baia«, Männer aus Böhmen. Bestimmt besteht ein Zusammenhang zwischen den späteren Bayern und jenen Germanen, die aus oder über Böhmen kommend im 4. und 5. Jahrhundert als Soldaten in der Provinz Rätien zur Grenzverteidigung eingesetzt wurden, um sich dann, nach der Auflösung der römischen Grenzen 476, im heutigen Bayern mit anderen Völkern zu vermischen. Dieses südliche Bayern unterhalb der Donau gehörte bis 536 zum Einflussbereich des italienischen Ostgotenreichs hierhin verschlug es auch viele Alemannen auf der Flucht vor König Chlodwig. Gerne wird übrigens die konstruktive These geäußert, die Bajuwaren setzten sich in erster Linie aus Alemannen zusammen, die nach Osten gezogen seien – ein Indiz dafür sind auch sprachliche Übereinstimmungen, die in den frühesten bairischen und alemannischen Schriftzeugnissen des 8. und 9. Jahrhunderts festgestellt wurden. In der fränkischen Epoche, die der ostgotischen folgte, setzte sich die Stammesbildung fort: so langsam verschmolzen elbgermanisch-böhmische, alemannische, thüringische, langobardische, naristische, skirische, herulische und donausuebische Elemente zum Volk der Bayern. Dieser Prozess passt gut zu der Genese der Alemannen, die ja auch als »zusammengewürfelte und vermischte Menschen« beschrieben wurden. Über eines sind sich alle Forscher einig, ob Historiker, Sprachwissenschaftler oder Archäologen: kein Volk namens Bayern ist in Bayern eingewandert; der Name entstand erst am Zielort, und die politische Identität eines Bayernstammes ebenfalls. Vielleicht wurde der Zusammenschluss der vermischten Völker dadurch gefördert, dass sie sich von den fränkischen Herrschern abgrenzen wollten.

Die aus Böhmen stammenden *baiovarii,* deren Siedlungsschwerpunkt sich bei Regensburg bildete, müssen die Stammesbildung in irgendeiner Form beeinflusst haben, denn ihr Name hat sich zur Bezeichnung der Bayern durchgesetzt. Die sich hinzugesellenden Völker haben ihre eigenen Namen verloren, so dass die »böhmischen Männer« letztlich aus verschiedensten ethnischen Gruppen bestanden. Die Bajuwaren haben von Beginn an keine politische Selbständigkeit gekannt, denn ihre Stammesbildung vollzog sich erst unter der Herrschaft der Ostgoten, dann unter derjenigen der fränkischen Merowinger.

Ende des 6. Jahrhunderts war die Landnahme der Bajuwaren im Gebiet zwischen Lech, Donau und Alpen weitgehend abgeschlossen. Drei zentrale Siedlungsgebiete der Bajuwaren entstanden: eines bei München, ein zweites bei Regensburg und ein drittes zwischen Inn und Salzach – als Kern der bayerischen Stammesbildung gilt der Raum um Regensburg und Straubing. Nachdem sich die Thüringer den Franken 531 geschlagen geben mussten, gerieten auch die Bajuwaren in Abhängigkeit vom fränkischen Reich. Herrscher über die Bajuwaren muss der Merowingerkönig Theudebert (534–548) gewesen sein, als er dem Kaiser in Konstantinopel in einem berühmt gewordenen Brief »die Ausdehnung seiner Herrschaft von der Donau und der Grenze Pannoniens bis zum Ozean« mitteilte – der Name Bayern fiel hier aber nicht. Die Franken etablierten ein Verwaltungszentrum in Regensburg, brachten das Christentum und erste Kirchen. Mitte des 8. Jahrhunderts entstanden unter Bonifatius die Bistümer Salzburg, Passau, Regensburg, Freising und Eichstätt.

Zwischen dem 6. und 8. Jahrhundert entwickelte das bajuwarische Herzoggeschlecht der Agilofinger eine ansehnliche

Macht. Von ihrer Hauptpfalz in Regensburg betrieben sie eine intensive Siedlungs- und Missionspolitik. Auch unterhielten sie enge Kontakte zu den Langobarden, die sich seit 568 in Italien etabliert hatten. Ähnlich den Bajuwaren stammen auch die Agilofinger aus aller Herren Länder, angenommen werden langobardische, burgundische oder fränkische Ursprünge.

Als eine selbständige politische Einheit innerhalb der neuen Reiche konnte sich der bajuwarische Stammesverband nicht halten. 788 ließ Karl der Große den letzten Agilofingerherzog Tassilo absetzen und mit seiner Familie aus Bayern verbannen. Das ältere bayerische Stammesherzogtum wurde nun Teil des karolingischen Reichs; damit hatte die Bayern das gleiche politische Schicksal ereilt wie alle anderen germanischen Herrschaftsbildungen im Gebiet des späteren Deutschland. Sie wurden fränkisch.

DIE ERBEN DES IMPERIUMS

Der Untergang des Römischen Reichs

ODOAKER: Es bleibt uns nichts anderes übrig.
ROMULUS: Was hast du mit mir vor?
ODOAKER: Ich werde dich pensionieren.
ROMULUS: Mich pensionieren?
ODOAKER: Der einzige Ausweg, den wir noch haben. *Schweigen.*
ROMULUS: Die Pensionierung ist wohl das Entsetzlichste, was mir zustoßen könnte.
ODOAKER: Vergiss nicht, das auch ich vor dem Entsetzlichsten stehe. Du wirst mich zum König von Italien ausrufen müssen.
ROMULUS: Die kaiserlichen Hungerjahre sind vorüber. Hier hast du den Lorbeerkranz und die Kaisertoga. Das Reichsschwert findest du bei den Gartengeräten und den Senat in den Katakomben Roms.

Friedrich Dürrenmatt, *Romulus der Große,* 4. Akt

Im Jahr 476 wurde nach nur zehn Monaten Herrschaft der letzte Kaiser des Weströmischen Reichs, der minderjährige Romulus Augustulus, seines Amtes enthoben. Der Germane Odoaker, der sich dieser Angelegenheit persönlich angenommen hatte, teilte dem oströmischen Kaiser lediglich mit, dass der Thron nicht mehr besetzt werden müsse – im Weströmischen Reich bedürfe es keines Kaisers mehr. Von nun an werde er sich um Rom kümmern. Odoaker hielt es nicht einmal für nötig, den »kleinen Kaiser« ermorden zu lassen, so gering war die Gefahr, die in den letzten Jahrzehnten von Rom ausging – man braucht sich nur die ungestraften Plünderungen Roms durch den Westgoten Alarich 410 und den Vandalen Geiserich 455 zu vergegenwärtigen. Nach über 1200 Jahren war Rom nun am Ende seiner Geschichte angelangt. Daran gemessen war die Absetzung des kleinen Romulus recht unspektakulär, weshalb Dürrenmatt seinen letzten Amtstag denn auch in entsprechend ironischem Licht wiedergibt.

Von einem Untergang des Römischen Reichs zu sprechen, ist dennoch nicht ganz korrekt, denn es entspricht kaum der damaligen Perspektive. Eigentlich hatte das Reich nur einen anderen Mittelpunkt erhalten, hatte sich vom Westen ganz nach Osten verlagert, von Rom nach Byzanz. Nach dem Skiren Odoaker sollte der ostgotische König Theoderich Italien zu einer spätantiken Blüte verhelfen – keine einschneidende Veränderung also. Einen Kaiser allerdings bekam Rom nie mehr, schon Odoaker richtete Kaiser Zenon aus, ihm genüge der Kaiser in Konstantinopel. So handhabten es auch die folgenden Könige im alten Weströmischen Reich, die den Vorrang des oströmischen Kaisertums anerkannten. Dafür erstarkte in Rom die Position des Papstes, der zwar nicht das Oberhaupt der Kirche war, aber immerhin in der Nachfolge Petri, des Stellvertreters Christi auf Erden, stand. Rom blieb also im religiösen wie im politischen Sinn weiterhin von Bedeutung. Erbe des *Imperium Romanum* allerdings war das Oströmische Reich mit der Hauptstadt Konstantinopel, deren Glanz großartige Kirchen wie die zwischen 532 und 537 errichtete Hagia Sophia repräsentierten. Erst 1453 ging das Byzantinische Reich mit der Einnahme Konstantinopels durch die Osmanen unter.

Unser Augenmerk gilt jedoch dem Teil des Weströmischen Reichs, auf dessen Boden germanische Reiche entstanden. Der Niedergang Roms hatte schon kurz nach der Invasion der Hunnen und dem von ihnen ausgelösten Vordringen der ostgermanischen Völker an die Donau begonnen – mit der Schlacht von Adrianopel im Jahre 378, in der Kaiser Valens fiel. 382 folgte dann der Föderatenvertrag mit den Westgoten, die einen »Staat« auf römischem Boden gründen durften. 395 wurde das Römische Reich endgültig geteilt und den beiden jungen Söhnen des Theodosius, Arkadius und Honorius, übertragen. Da begann eine nicht enden wollende Kette von Auseinandersetzungen mit den Barbaren, die das Reich bis zu seinem Ende achtzig Jahre später zermürben sollten. Westrom musste dabei oft ohne die Schützenhilfe Ostroms auskommen, ein weiterer destabilisierender Faktor. 410 eroberten die Westgoten Rom, ließen sich dann in Gallien, später in Spanien nieder. Die Vandalen stießen nach Nordafrika vor, die Sueben nach Nordspanien. Angeln und Sachsen übernahmen die Herrschaft in Britannien, die Franken beseitigten die letzten Reste römischer Herrschaft in Gallien und erweiterten ihr Reich nach Osten. Und im Kernland des Reichs, in Italien, errichteten nach dem Tod Odoakers die Ostgoten ein eigenes Königreich.

Unter diesen Bedingungen ist es geradezu verwunderlich, dass sich das Weströmische Reich fast hundert Krisenjahre lang halten konnte. Vielleicht verdankt Rom diese Galgenfrist sogar den Hunnen. Die asiatischen Invasoren hatten zwar die Springflut der Völkerwanderung in Gang gesetzt, sich dann aber auf gewisse Weise als ein stabilisierendes, wenn auch launisches Kontrollorgan erwiesen, das den impulsiv umherziehenden Germanenstämmen Schranken setzte. Wahrscheinlich war es die Schlacht auf den Katalaunischen Feldern, die die siegreichen Westgoten, Franken und Burgunden so richtig entfesselte. Sie hatten die mächtigen Reiternomaden unter Attila besiegt und zurückgetrieben, nun lag das weströmische Territorium für sie da wie eine frisch gemähte Wiese. In dieses Vakuum konnten sie vorstoßen, mit neuem Selbstbewusstsein, ohne hunnische Herrschaftsinteressen berücksichtigen zu müssen.

Das Eindringen der Barbaren in die Strukturen des zerfallenden Römischen Reichs und das Entstehen germanischer Nachfolgestaaten kennzeichnet die Schnittstelle zwischen Spätantike und Mittelalter, zwischen mediterraner Kultur und nordischer Dominanz. Allmählich vollzieht sich laut dem belgischen Historiker Henry Pirenne die »Achsdrehung nach Norden«: Die Einheit der Mittelmeerwelt zerbricht, auch unter den arabischen Eroberungen, und im Nordwesten entsteht mit dem Frankenreich Karls des Großen ein neuer europäischer Machtkern.

Wenn an Stelle des Römischen Reichs nun barbarisch-römische Königreiche traten, musste das nach einem kulturellen

Rückschritt aussehen. Spätestens seit dem Humanismus und der Renaissance wurden die Germanen – vor allem die Goten, Vandalen, Franken und Langobarden – für den Untergang Roms verantwortlich gemacht. Horden von barbarischen Mordbrennern seien an Rhein und Donau in das zerfallende Weströmische Reich eingedrungen und hätten ihm den Todesstoß versetzt. Die Germanen als die Totengräber Roms – haben sie das Reich mit Absicht zerstört und gar ermordet? Natürlich nicht.

Die Verbände der Richtung Süden wandernden Völker waren nicht so festgefügt, dass sie über Jahrzehnte eine eigene ethnisch-politische Identität hätten bewahren können. Insofern lässt sich weder von *den* Germanen noch von fest umrissenen Zielsetzungen sprechen. Sie waren auf der Flucht vor dem Hunger, vor den Hunnen, und was auch immer sie suchten, hatte mit den Verheißungen des Römischen Reichs zu tun. Sie waren Wirtschaftsflüchtlinge. Wie für alle armen Randvölker war auch für sie Rom ein äußerst attraktives Ziel. Man kann davon ausgehen, dass die meisten von ihnen gerne römische Traditionen übernahmen und von Rom profitieren wollten. Feinde Roms waren sie jedenfalls nie. Die barbarischen Einheiten und Verbände lieferten sich untereinander erbarmungslose Schlachten, die meisten Kämpfe fanden zwischen ihnen und nicht zwischen Barbaren und Römern statt. Am Ende der großen Migration gingen die Völker eigene Wege, und auch als sie ihre Reiche gründeten, waren sie ethnisch keineswegs jeweilige Einheiten.

Aufgrund ihrer zahlenmäßigen Unterlegenheit kann man nicht behaupten, die Germanenvölker hätten das Westreich unterworfen und zerstört. Wie konnten rund 100 000 Westgoten, darunter 20 000 Krieger, ein römisches Territorium von einer Dreiviertelmillion Quadratkilometer und 10 Millionen Einwohnern erobern und beherrschen? Nur 20 000 Ostgotenkrieger waren in Italien, das rund 12 Millionen Menschen zählte, nur 15 000 vandalische Krieger marschierten in Nordafrika ein. Und so weiter. Von riesigen Barbarenheeren, die gezielt die Auslöschung des Römischen Reichs vorhatten, kann nicht die Rede sein.

Eher muss man von einer rund vier Jahrhunderte dauernden Annäherung zwischen beiden Seiten sprechen, bedenkt man beispielsweise die Grenzgemeinschaften an Donau und Rhein, die weder hundertprozentig römisch noch barbarisch waren. Die mittlere Donau hatte intensive politische, diplomatische und wirtschaftliche Kontakte zwischen Rom und dem *Barbaricum* erlebt. Besonders am Mittel- und Niederrhein entstand eine multikulturelle Welt, die römische Zivilisation zusehends mit germanischem, fränkischem Brauchtum mischte. Die Franken des 5. Jahrhunderts näherten sich der gallo-römischen Lebensweise an und nicht umgekehrt, so übernahmen sie den katholischen Glauben der Einheimischen. Und von anderen Vermischungen wie der Germanisierung des römischen Heeres und der Verwaltung war bereits häufig die Rede. Bestimmt lässt sich aber sagen, dass die römische Verwaltung der ständigen Zuwanderung mit immer größeren, unkontrollierbaren Menschenmengen nicht mehr gewachsen war. Die Germanen waren als *foederati* ja nicht nur Verbündete Roms, sondern darüber hinaus auch regionale Herrscher und stellten mitunter ein Problem dar, da sie immer selbstbewusster wurden. Selbstverständlich hatte diese Entwicklung, zusammen mit den durch die Hunnen ausgelösten barbarischen Heereszügen, Rom im wahrsten Sinne sturmreif geschossen – und die militärische Durchschlagskraft der Invasoren hatte sich ja fortlaufend verbessert. Aber wenn schon im 2. Jahrhundert eine intensive Romanisierung Germaniens mit all den Konsequenzen auch für Rom einsetzte, Rom aber erst Jahrhunderte später zusammenbrach, dann ergeben spektakuläre Thesen über barbarische Totengräber einfach keinen Sinn.

Zumal es auch Faktoren gab, die mit Rom selbst zu tun hatten: die innenpolitische Regierungsgewalt war zunehmend geschwächt, die Wirtschaft entwickelte sich rückläufig. Im Vergleich dazu hatte sich die griechisch-orientalische Kultur besser entwickelt, blieb Ostrom stark. Sein Potenzial an Menschen und damit an Arbeitskräften war ungleich höher als das Westroms, und da man das Reich geteilt hatte, gab es keinen »Reichsfinanzausgleich« von Ost nach West. Ohne das verführerische Schlagwort von der Dekadenz der alten Römer überstrapazieren zu wollen, kann im 5. Jahrhundert von einer gewissen Müdigkeit, einem politischen Desinteresse, einem Rückzug ins Private gesprochen werden. Erschwerend kam hinzu, dass die Besitzunterschiede zwischen Arm und Reich skandalöse Ausmaße angenommen hatten: Drei italische Senatoren hatten ein Einkommen in der Höhe des gesamten weströmischen Etats. Tacitus hatte seinen Landsleuten bereits im Jahre 98 moralischen Verfall attestiert. Auch Ammanius Marcellinus und andere römische Autoren haben darüber geschrieben. Die brillanteste Analyse des Untergangs Roms stammt von dem englischen Historiker Edward Gibbon, der in seiner *History of the Decline and Fall of the Roman Empire* (1776) verschiedene Gründe benannt hat. Er führte an, Rom sei an der eigenen Größe gescheitert, allein die Sicherung der gigantisch langen Grenzverläufe sei auf Dauer viel zu teuer gewesen. Hauptsächlich vertrat er die These von der Schuld des Christentums: Der wachsende Einfluss der Christen habe zu einer schädlichen Abkehr von römischen Göttern geführt, ihre religiöse Intoleranz Andersgläubigen gegenüber habe der Vielfalt der römischen Kultur geschadet, die Privatisierung staatlichen Vermögens dem Verfall Vorschub geleistet und der christliche Jenseitsglaube die militärische Macht destabilisiert.

In *Der Fall Roms* hat der Berliner Historiker Alexander Demandt über zweihundert mögliche Erklärungen für den Untergang Roms vorgebracht – mit dem Ergebnis, dass innere wie äußere Faktoren den Ausschlag gaben. Die Germanen haben die römische Welt weder zerstört noch erneuert, sondern sie richteten sich in ihr ein, gestalteten sie um, schufen teilweise eine neue Kultur. In den Reichen der Ostgoten, Westgoten, Angelsachsen und Franken lebte die einheimische Bevölkerung in den alten Traditionen weiter. Die anderen Reichsgründungen fanden entweder an der Peripherie statt (Vandalen in Afrika), oder sie waren von sekundärer Bedeutung (Burgunden, Sueben, Thüringer) oder sie kamen erst gar nicht so weit (Alemannen, Bajuwaren). Wenden wir uns den Erben des Römischen Reichs zu, die an der Schwelle zum frühmittelalterlichen Europa standen und somit die Brücke zur modernen Zeit schlugen.

Die Ostgoten in Italien – Der Staatsmann Theoderich

Aus dem barbarischen Dunkel der ersten fünf Jahrhunderte nach der Zeitenwende erhebt sich einsam ein ostgotischer König, der 489/90 ins Stammland des ehemaligen Imperium Romanum einzog, um dort, in Italien, ein glanzvolles Königreich zu gründen: Theoderich der Große. Er ist die wohl bedeutendste Gestalt der Völkerwanderungszeit.

Theoderich bewunderte die römische Kultur und Zivilisation. Er ließ alte Bauwerke restaurieren und neue errichten, kurbelte die Wirtschaft und Verkehrsplanung wieder an, stabilisierte Bürokratie und Finanzverwaltung, sorgte für rauschende Feste und tat sich zudem mit einer internationalen Bündnis- und Friedenspolitik hervor, die vor allem dem Schutz Italiens diente. Bis auf den Umstand, dass er seine politische Karriere mit einem kaltblütigen Mord begann und mit Justizmorden endete, ist sein Steckbrief als Herrscher über ein Reich von Goten und Italern makellos und von herausragender historischer Bedeutung. Unter Theoderich erlebte Italien nach dem katastrophalen 5. Jahrhundert eine kulturelle Nachblüte. So rühmte der oströmische Geschichtsschreiber Prokopios den Ostgotenkönig wie folgt: »Seine gewaltige Hand sorgte für Gerechtigkeit, ein starker Schirm für Recht und Gesetz. Seine Weisheit und Tapferkeit waren weitum gefürchtet und geehrt. Die Goten und die Italer liebten und verehrten ihn ohne Unterschied.«

Wie waren die Ostgoten nach Italien gekommen und welches Schicksal stand ihnen unter ihrem legendären König bevor? Nach dem Untergang Attilas durften sie als Föderaten Roms ein Gebiet an Save und Drau besiedeln. Umzingelt von nicht gerade freundlich gesinnten Nachbarvölkern, waren sie auf Subventionen aus Konstantinopel angewiesen. Ihre Geschichte war in den letzten knapp hundert Jahren also alles andere als würdevoll und spektakulär verlaufen. Das hinderte sie allerdings nicht daran, sich stets für etwas Besseres zu halten, da sie stolz waren auf ihre königlich ostgotische Dynastie der Amaler. Dieses Geschlecht war nach ihrer Überlieferung mythischen Ursprungs, und natürlich zählten sie auch Ermanerich dazu.

Noch in der Hunnenzeit, im Jahre 451, wurde Theoderich als Sohn des Königs Theodemir aus dem Geschlecht der Amaler geboren. Der hochbegabte Junge verbrachte zehn Jahre als Geisel und Bürge für den Föderatenvertrag am kaiserlichen Hof von Byzanz – in dem großstädtischen Milieu von Konstantinopel also, das inspirierend und aufregend zugleich war. In diesem privilegierten Umfeld gewann Theoderich große Vertrautheit mit der griechisch-römischen Kultur. Er sollte später als einer der kultiviertesten Barbarenherrscher in die Geschichte eingehen. Angeblich konnte er nicht schreiben, aber dieser Vorwurf hat sich längst als haltlos erwiesen, denn wenn man ihm Unbildung vorwarf, meinte man, dass er nicht rhetorisch geschult war. Theoderich blieb seinen ethnischen Wurzeln treu, der sprichwörtlichen Kampfeslust der germanischen Ahnen. 471 wurde er nach dem Tod seines Onkels ein König der Ostgoten. Kaum in seiner Heimat zurück, zog er siegreich gegen die Sarmaten und verlegte in den nächsten zehn sehr erfolgreichen Jahren das kleine Reich seiner Ostgoten in das strategisch günstige Mösien, nahe an Konstantinopel gelegen. Unterwegs starb sein Vater, worauf Theoderich der alleinige König dieser Ostgoten wurde. Noch in den »Schluchten des Balkans«

richtete sich Theoderichs Aufmerksamkeit nach Westen: dort ein eigenes Königreich zu etablieren, war sein höchstes Ziel.

Auch im Westen tat sich etwas. Nach mehrfach wechselnden Kaisern hatte im Zuge einer blutigen Hofintrige Orestes, ein Oberbefehlshaber pannonischer Herkunft, im Jahr 476 seinen minderjährigen Sohn Romulus Augustulus auf den weströmischen Thron gesetzt. Als Orestes mit den in Italien stehenden barbarischen Föderatentruppen in Streit geriet, da er ihnen eine wirtschaftliche Gleichstellung mit dem regulären römischen Heer verwehrte, revoltierte die Barbarenarmee und rief den Skiren Odoaker am 23. August 476 zu ihrem König aus. Odoaker, Sohn eines germanischen Fürsten, war 470 als Söldnerführer in oströmische Dienste eingetreten und zum vornehmsten der barbarischen Krieger avanciert. Odoaker zog gegen Orestes und tötete ihn einige Tage später in Piacenza. Sein Sohn Romulus Augustulus wurde abgesetzt, durfte aber weiterleben. Die Insignien des letzten weströmischen Kaisers wurden nach Konstantinopel geschickt, damit war die Sache erledigt. Der Germane Odoaker wurde der neue Herrscher Roms. Der oströmische Kaiser Zenon behielt zwar offiziell die Regentschaft über beide Reichsteile, überließ aber dem Germanen die faktische Herrschaft über das italische Königreich im Westen. Zenon dürfte alles andere als zufrieden mit dieser Konstellation gewesen sein.

Unterdessen war der junge ehrgeizige Theoderich plündernd durch den Balkan gezogen, ohne den rechten Platz für sich und sein Volk gefunden zu haben. Darum bat er Kaiser Zenon, gegen den Skiren Odoaker ziehen zu dürfen, um ein eigenes Königreich in Italien zu errichten. Zenon war einverstanden. Er hatte Theoderich inzwischen zum Adoptivsohn und Konsul Ostroms ernannt. Hätten die Kämpfe zwischen dem ambitionierten Theoderich und dem gefährlichen Odoaker beide Parteien geschwächt, dann hätte Byzanz – wie Zenon insgeheim hoffte – ohne großen Widerstand die Macht an sich reißen können – das gesamte Reich würde unter oströmischer Führung neu auferstehen. Zenon und Theoderich schlossen einen Vertrag, wonach Letzterer »nach der Besiegung Odoakers für seine Mühen an der Stelle des Kaisers, bis dieser dorthin [nach Italien] komme, herrschen solle«.

Die folgende Invasion der Ostgoten hatte mehr von einer Völkerwanderung als von einem Heerzug. Etwa 100 000 Menschen waren unterwegs, darunter 20 000 Krieger. 489 begannen die Kämpfe zwischen dem achtunddreißigjährigen Theoderich und dem fast sechzigjährigen Odoaker. Erst 493 gelang es Theoderich, mehr mit diplomatischen als mit militärischen Mitteln das weströmische Ravenna einzunehmen. In einem durch den Stadtbischof vermittelten Friedensvertrag bot dieser Theoderich an, gemeinsam mit Odoaker die Herrschaft über Ravenna und Italien auszuüben, worauf der Ostgote zum Schein einging. Theoderich war allerdings nicht nach teilen zumute. Zehn Tage später beseitigte er bei einem gemeinsamen Gastmahl seinen Vertragspartner eigenhändig mit einem Dolch, während zwei seiner Komplizen Odoaker festhielten. Legendär geworden sind die Worte, die er ausstieß, als sein Kurzschwert den Körper des Nebenbuhlers durchbohrte: »Nicht mal Knochen im Leibe scheint der Schuft zu haben.« Odoaker wurde ein christliches Begräbnis verweigert. Seine Mitstreiter wurden ermordet, seine Frau ließ man verhungern. Nur die wohlhabenden, adligen Anhänger wurden verschont, wie auch der Senat, um sich Ostrom nicht zum Feind zu machen. 493 war Theoderich der unangefochtene König über Italien, 497 wurde er vom oströmischen Kaiser als solcher anerkannt.

Theoderich brachte Italien eine dreißigjährige Friedenszeit und verdiente sich den Beinamen »der Große« völlig zu Recht. Das ostgotische Volk, das aus mehr als zehn Völkern bestand, wurde vorwiegend im Norden und Osten des Landes angesiedelt. In der Hauptstadt Ravenna hinterließen die Germanen ihre Spuren wie in keiner anderen Stadt Europas. Theoderichs Devise war, Römisches zu erneuern und Gotisches zu bauen. Die ostgotischen Baudenkmäler symbolisieren die Synthese

Das berühmte Grabmal Theoderichs. Ravenna erlebte im 5. und 6. Jahrhundert seine Blütezeit und gehört aufgrund der vielen frühchristlich-byzantinischen Bauten und Mosaiken zum UNESCO-Weltkulturerbe.

dieser beiden Elemente. Es entstanden der Kaiserpalast, die Hofkirche Sant' Apollinare, die Kirche San Vitale und vor der Stadt das eindrucksvollste Architekturzeugnis der Zeit, das berühmte Grabmal Theoderichs. Der zehneckige Zentralbau ist überwölbt von einer steinernen Kuppel. Der Sarg des Königs befand sich im Obergeschoss, abgeschlossen von jenem riesigen steinernen Monolithen, der an alte germanische Hünengräber erinnert.

Mit einem so durchschlagendem Erfolg Theoderichs wird der auf eigene Machtspiele sinnende Kaiser Zeno nicht gerechnet haben. Den römischen Untertanen stellte sich Theoderich zunächst als Beauftragter des oströmischen Kaisers dar. Zwar herrschte er über die römische Bürokratie, hatte bei der Ernennung von Senatoren, Patriziern und Konsuln allerdings nur Vorschlagsrecht – die letzte Entscheidung war Konstantinopel vorbehalten. Faktisch wird Theoderich bei der Zusammensetzung des Senats und der Gerichtsbarkeit jedoch das Sagen gehabt haben. So berief er den Senator und Historiker Cassiodor zu seinem wichtigsten Minister, dessen Korrespondenz uns wertvolle Hinweise auf die Zeit Theoderichs gibt. Die in zentralen politischen und administrativen Positionen belassenen Einheimischen fassten schnell Vertrauen in die Herrschaft Theoderichs, an dessen Hof viele vornehme Römer als Minister und Berater tätig waren.

Es ist bemerkenswert, dass sich der germanische Herrscher in der Tradition der römischen Kaiser sah und ihm dies anscheinend niemand verübelte. Feiern und Spiele fanden mit kaiserlichem Prunk statt. Statuen wurden ihm zu Ehren errichtet, und manchmal nannten ihn seine Untertanen gar Augustus. Im Jahr 500 stattete er Rom einen großartig inszenierten Besuch ab: Er pilgerte zum Petrusgrab, veranstaltete Zirkusspiele, gab Getreidespenden und restaurierte die Stadtmauern und den Kaiserpalast. Die Tricks moderner Machtpolitik und Diplomatie hatte er als wissbegieriger Jugendlicher in Byzanz aufgesogen, nun konnte er seine Kenntnisse anwenden. Rom übte großen geistigen und politischen Einfluss auf ihn aus, und wenn diese Stadt ihm Sympathie entgegenbrachte, wirkte sich der Besuch vielleicht positiv auf seine Beziehungen zu Byzanz aus.

Theoderich war sowohl beim Volk als auch bei der römischen Oberschicht beliebt – auch wenn ein Hauch von Besatzermentalität in Ravenna durchaus spürbar gewesen sein muss. Außerdem standen die unterschiedlichen Glaubensrichtungen einer perfekten Harmonie der beiden Völker im Wege: Die Ostgoten waren Arianer, die Römer Katholiken. Der König gewährte Religionsfreiheit und war um ein friedliches Nebeneinander, um Integration und Zusammenhalt der einzelnen Völker bemüht. Dazu gehörte auch eine durchdachte Heiratspolitik: Theoderich selbst heiratete die Schwester des fränkischen Königs Chlodwig, seine Schwester Amalafrida wurde mit dem Vandalenkönig Thrasamund verheiratet, zwei seiner Töchter mit Sigismund, dem König der Burgunden, und dem Westgotenkönig Alarich II., seine Nichte mit Herminafrid, dem König der Thüringer.

Dennoch war seinem friedlichen Bündnissystem mit germanischen Fürsten in- und außerhalb des Weströmischen Reichs kein Erfolg beschieden. Das lag in erster Linie am Machtstreben der expandierenden Franken, deren König einige Jahre zuvor überdies zum Katholizismus übergetreten und folglich in Konflikt mit den Arianern geraten war. 506 musste Theoderich einen Teil der Alemannen in sein Reich aufnehmen und südlich des Bodensees, in Nordostitalien wie im heutigen Slowenien ansiedeln, weil sie von König Chlodwig in die Enge getrieben wurden. Im Jahr 507 herrschte in Südfrankreich höchste Not, als Chlodwig das Königreich der Westgoten angriff. Sein Schwiegersohn Alarich II. fiel im Kampf gegen die Franken. Theoderich konnte den Untergang des Tolosanischen Reichs nicht verhindern; die Mittelmeerküste westlich der Rhône blieb westgotisch, während sich die Abwanderung im verloren gegangenen Teil des Reichs verstärkte. Auch ein anderer Bündnispartner machte Theoderich großen Ärger, aber er sollte nicht mehr dazu kommen, Rache zu nehmen. In Nordafrika war der Vandalenkönig Thrasamund gestorben, dem Theoderich seine Schwester Amalafrida zur Frau gegeben hatte. Thrasamunds Nachfolger Hilderich ließ Amalafrida in den Kerker werfen und kurze Zeit später samt ihrer gotischen Gefolgschaft töten. Theodrich rüstete eine große Flotte aus, um nach Nordafrika auszufahren, doch bevor es so weit kam, starb er am 30. August 526 an der Ruhr.

Das italienische Ostgotenreich überlebte seinen Gründer um sechsundzwanzig Jahre. Trotz intensiver Versuche, das Verhältnis zu Byzanz auf eine dauerhafte und vertraglich abgesicherte Grundlage zu stellen, hat die kaiserliche Regierung die Existenz eines Barbarenreichs in Italien nie wirklich akzeptiert. Als Justinian (527–565) seine groß angelegte Reconquista des Weströmischen Reichs begann, musste auch das Ostgotenreich fallen. Es dauerte allerdings fast zwanzig Jahre und kostete Italien viel von seiner wirtschaftlichen, demographischen und kulturellen Substanz, bis Konstantinopel sein Ziel erreicht hatte. Im Oktober 552 kam es zur letzten Schlacht am »Milchberg« südlich des Sarno in der Nähe von Salerno. Der letzte Ostgotenkönig Teja fiel nach zweitägigem erbitterten Kampf. Die Goten mussten sich dem kaiserlichen Feldherrn Narses geschlagen geben, kapitulierten gegen freien Abzug und kehrten als treue Untertanen des oströmischen Kaisers auf ihre Güter zurück. Damit verschwanden die Ostgoten aus der Geschichte. Ihr Königreich erlosch und lebte nur als das Reich der Amelungen in der Sage fort.

Das ostgotische Reich in Italien war die glanzvollste Staatsgründung der Germanen und zugleich das römischste aller Barbarenreiche. Goten und Römer waren gesellschaftlich nicht verschmolzen, was auch nie geplant war. Theoderich der Große ist als eine der großen Herrscherpersönlichkeiten in die Geschichte der Völkerwanderung eingegangen; der Westgote Alarich oder der Vandale Geiserich erreichten nie seine Popularität. Vermutlich ist die Faszination vor allem in der germanisch-römischen Annäherung begründet. Theoderich hat durch sein kampferprobtes Heer den äußeren wie inneren Frieden für eine ganze Generation lang besiegt, was kein anderer Herrscher der Zeit zuwege brachte. Er bewunderte die römische Kultur und Lebensart, die sich besonders in der von ihm veranlassten Verfeinerung Ravennas niederschlug. Dabei blieb er selbst ein Germane. Theoderichs Spuren sind auch heute noch in Ravenna sichtbar, auch wenn sein Grabmal bis auf den Sarg geplündert wurde. Die Nachwelt stellte ihn als Herrn des Totenheeres dar, hoch zu Pferd und in voller Montur. Und in den Sagen des Mittelalters lebt Theoderich als der gerechte und kampferprobte Dietrich von Bern fort. Eine authentische Ehrung des Ostgotenkönigs wurde wenige Jahre nach seinem Tod aufgeschrieben:

»Er war ausgezeichnet und guten Willens in allem. Er regierte dreiunddreißig Jahre. In seiner Zeit war Italien dreißig Jahre lang vom Glück begleitet, derart, dass selbst Reisende Frieden hatten. Denn er tat nichts verkehrt. So regierte er die beiden Völker in einem, die Römer und die Goten. Er gehörte zwar selbst der arianischen Sekte an, unternahm aber doch nichts gegen die katholische Religion, gab Zirkusspiele und Amphitheater, so dass er auch von den Römern ›Trajan und Valentinian‹ genannt wurde – deren Zeit sein Vorbild war – und von den Goten – aller Wege tapferster König. Den Staatsdienst der Römer ließ er den gleichen sein wie unter den Kaisern. Er gab Spenden und Lebensmittel, und obwohl er den Staatsschatz ganz leer vorgefunden hatte, stellte er ihn mit seiner Arbeit wieder her und machte ihn reich. Während er ohne Bücherwissen war, besaß er doch solche Weisheit, dass manche seiner Worte beim Volk noch jetzt als Sprüche gelten.«

Mit Theoderichs Tod war auch ein Teil des alten Römischen Reichs untergegangen, in dessen kaiserlicher Tradition sich der gotische Amaler Theoderich selbst gesehen hatte. Dass Byzanz die Herrschaft für etwa fünfzehn Jahre wieder übernahm, änderte nichts daran. Zwar waren auch die Königreiche der Westgoten in Spanien, der Angeln und Sachsen in England und der Franken in Gallien Erben der römischen Welt, jedoch nicht des römischen Staates. Nach Friedrich Prinz war daher mit dem Ende des ostgotischen Königreichs »das große und anfangs verheißungsvolle Experiment einer ›Regeneratio Imperii‹ durch Germanen gescheitert: Die neuen Völker gingen, soweit sie nicht aus der Geschichte verschwanden, neue Wege, die kaum mehr etwas mit dem Fortbestand des Imperiums zu tun hatten oder dessen Ende voraussetzten, wie dies mit der fränkischen Reichsgründung der Fall sein sollte.«

Die Erben der Ostgoten in Italien wurden die Langobarden. Mit ihrem Zug nach Italien im Jahr 568 findet die letzte große Wanderung statt, danach ist die Epoche der Völkerwanderung nach klassischem Verständnis zu Ende. Die aus dem unteren Elbgebiet stammenden Langobarden hatten sich bei den Angriffen auf die römische Welt nicht hervorgetan. Erst gegen Ende des 5. Jahrhunderts zogen sie nach einem Aufenthalt im heutigen Tschechien ins nördliche Österreich und später über die Donau nach Pannonien. Zu Beginn des 6. Jahrhunderts unterhielt ihr König Wacho gute Beziehungen zu Byzanz, auf dessen Seite die Langobarden schließlich mithalfen, die Ostgoten in Italien zu besiegen. Zweifellos hatten sie bereits zu diesem Zeitpunkt ein Auge auf das schöne, reiche Italien geworfen. Also kamen sie zurück. 568 wälzte sich wieder eine Völkerlawine nach Italien, die unter Führung der Langobarden viele andere Stämme mitzog: Sarmaten, Gepiden, Sueben, Sachsen und sogar Bulgaren. Byzanz brach alle Beziehungen mit ihnen ab und konnte sich glücklich schätzen, dass es einige Stellungen – vor allem Ravenna und Rom – halten konnte. Mit der dauerhaften Etablierung des Königreichs im Jahr 584 wurde die Grundlage für die Dreiteilung der langobardischen Staatlichkeit gelegt: Die Poebene und die Toskana bildeten das Königreich mit der Hauptstadt Pavia, während Spoleto und das größere Benevent königgleiche Fürsten als *duces* regierten.

In der zweiten Hälfte des 8. Jahrhunderts gerieten die beiden letzten Langobardenkönige Aistulf (749–757) und Desiderius (757–774) in Konflikt mit Rom und den Franken. Sie hatten keine Chance. Um 750 war ein Bündnis zwischen dem Papst und dem Frankenkönig geschlossen worden, das welthistorische Bedeutung gewinnen sollte: Pippin, der Vater Karls des Großen, wurde ein Jahr später zum König gesalbt. Dieser Allianz waren die Langobarden nicht gewachsen, erst wurde Aistulf geschlagen, dann Desiderius. 774 eroberte Karl der Große das Langobardenreich, das jedoch seine politische Identität nicht verlor, sondern lediglich einen fränkischen König erhielt. Karl übertrug einen Teil des Landes zwischen Rom und Ravenna an die Kirche. Aufgrund seiner römischen Politik, nicht zuletzt aber wegen seiner Erfolge in Europa erlangte Karl der Große sechsundzwanzig Jahre später die höchste Herrscherwürde des Abendlandes: Am Weihnachtstag des Jahres 800 wurde er von Papst Leo III. in Rom im Petersdom zum Kaiser gekrönt.

Damit ist die germanisch geprägte Geschichte Italiens mit Beginn des Zusammenbruchs des Weströmischen Reichs bis zu Karl dem Großen in den Grundzügen umrissen. Eine besondere Rolle in den Forschungen über die Völkerwanderung hat der Jurist, Historiker und Schriftsteller Felix Dahn gespielt. Er legte nicht nur wichtige, umfangreiche Detailuntersuchungen über die Wanderungen und Könige der Germanen vor, sondern schrieb auch den berühmten und berüchtigten historischen Roman in vier Bänden *Ein Kampf um Rom* (1876), in dem er den letzten, heroischen Kampf der Ostgoten gegen die oströmische kaiserliche Streitmacht am Fuß des Vesuvs idealisiert. Dahn wollte als kritischer Historiker den Roman den Flammen preisgeben, seine geschäftstüchtige Frau zog ihn aber wieder aus dem Ofen hervor. *Ein Kampf um Rom* wurde über eine Million Mal verkauft und von Hollywood nach dem Zweiten Weltkrieg verfilmt.

Es ist leicht, Dahns Werk eines übertriebenen Pathos, überidealisierter Charakterzeichnung und deutschnationaler Verherrlichung zu bezichtigen, man muss aber auch die Zeit seiner Entstehung berücksichtigen: Die Reichsgründung 1870 brachte einen nationalen Aufschwung mit sich und zugleich einen bürgerlichen Pragmatismus und Materialismus, den die Schriftsteller jener Zeit beklagten. Insofern ist Dahns historischer Roman ein ausgesprochen romantisches Buch, das große Gefühle und Gesten sowie die Hingabe an Ideale beschwört. Der Historiker verwandelt sich aus Begeisterung für den Stoff in einen Romancier. Seine historischen Studien bilden die »wissenschaftlichen Grundlagen dieser in Gestalt eines Romans gekleideten Bilder aus dem 6. Jahrhundert«, wie er nicht ohne Stolz im Nachwort selbst sagt. Ritterlichkeit, Liebe und Loyalität sind hier so unschuldig ausgebreitet und mit dem letzten Kampf der Ostgoten verknüpft, dass eine gefährliche nationale Germanenromantik bei aufgeklärten Zeitgenossen nicht aufkommen kann. Mit Blut und Boden hat das nichts zu tun. Zur Verdeutlichung sei im Folgenden ein kurzer Passus aus dem Roman zitiert, als Theoderich seinem Tod ins Auge schaut. Dem Leser sei es überlassen, sich die Frage selbst zu beantworten, welcher historische Rahmen dafür erforderlich war, damit aus diesem Buch ein Bestseller werden konnte:

»An einer Säule im Hintergrund hing der eherne Schild und das breite Schwert des Königs, seit vielen Jahren nicht mehr gebraucht. Am Kopfende des Lagers stand, gebeugten Hauptes, der alte Waffenmeister, die Züge des Kranken sorglich prüfend: dieser, auf den linken Arm gestützt, kehrt ihm das gewaltige, das majestätische Antlitz zu. Sein Haar war spärlich und an den Schläfen abgerieben durch den langjährigen Druck des schweren Helmes, aber noch glänzend hellbraun, ohne irgend graue oder weiße Spuren. Die mächtige Stirn, die blitzenden Augen, die stark gebogene Nase, die tiefen Furchen der Wangen sprachen von großen Aufgaben und von großer Kraft, sie zu lösen, und machten den Eindruck des Gesichts königlich und hehr: aber die wohlwollende Weichheit des Mundes bekundete, trotz des grimmigen und leise ergrauenden Bartes, jene Milde und friedliche Weisheit, mit welcher der König ein Menschenalter lang für Italien eine goldne Zeit zurückgeführt und sein Reich zu einer Blüte erhoben hatte, die damals schon Sprichwort und Sage feierten. Lange ließ er mit Huld und Liebe das goldbraune Adlerauge auf dem riesigen Krankenwart ruhen. Dann reichte er ihm die magere aber nervige Rechte. ›Alter Freund‹, sagte er, ›nun wollen wir Abschied nehmen.‹«

Die Westgoten in Spanien – Die erste Nation Europas

Wir haben die Westgoten bei ihrer Niederlage im Sommer 507 gegen das Heer Chlodwigs verlassen. Neunzig Jahre hatte ihr Tolosanisches Reich in Südwestfrankreich gedauert, 451 hatten sie maßgeblichen Anteil an dem Sieg über die Hunnen auf den Katalaunischen Feldern gehabt. Nach ruhmreichen Jahrzehnten wurden sie jetzt von den unerbittlich expandierenden Franken geschlagen, König Alarich II. war in der Schlacht gefallen.

Es sollte zwar noch einige Jahrzehnte dauern, bis sie auch die letzten Besitztümer in Südwestfrankreich aufgeben mussten, aber die neue Stoßrichtung stand fest: Spanien.

Die Römer hatten Spanien nach schweren Kämpfen den Karthagern 206 v. Chr. entrissen. Bis zur Zeit des Augustus hatten sie die gesamte Halbinsel unter ihre Herrschaft gebracht und romanisiert. Das Land wurde überzogen von römischen Straßen, Brücken und Aquädukten; moderne Stadtkulturen mit großer Architektur entstanden. Spanien deckte fast die Hälfte des römischen Bedarfs an Wein und Öl, zudem lieferte die Iberische Halbinsel mehr Gold und Silber ans Imperium als jedes andere Land. Wichtige Kaiser kamen aus Spanien, wie Trajan (98–117), Hadrian (117–138) und Theodosius I. (379–395). Spanien erlebte Jahrhunderte weitgehend friedlicher Zeit bis zur Invasion der Vandalen, Alanen und Sueben im Jahre 409; die Vandalen waren nach Nordafrika weitergezogen, die Sueben blieben im Nordwesten des Landes. Im übrigen Spanien versuchten die Goten im Namen des Römischen Reichs – sowie auf eigene Rechnung – Ordnung zu machen und zu halten.

Das war der Stand der Dinge, als die Westgoten ihr Tolosanisches Reich verloren und in noch größerer Zahl als bisher über die Pyrenäen kamen. In den nächsten Jahrzehnten festigten sie ihre Stellung. Um 530 war der Bastand ihres Königreichs gesichert, aber erst 568 sollte ihre große Zeit beginnen, die mit zwei bedeutenden Königen verknüpft ist: mit Leovigild (568–586) und seinem Sohn Reccared I. (586–601). Unter ihnen kam Spanien zu einer Spätblüte christlich-antiker Kultur. Es gelang ihnen erstaunlich gut, die römischen und gotischen Elemente miteinander zu verbinden. Toledo, das römische *Toletum*, wurde zu ihrer Hauptstadt – darum spricht man vom Toledanischen Reich der Westgoten in Spanien. Die Stadt lag weit entfernt vom alles verbindenden Mittelmeer; das Landesinnere war weniger dicht bevölkert, Toledo weniger eine alte Metropole als eine Königsburg. Die Westgoten waren Isolationisten, was auch ihre verheerende Fremdengesetzgebung, vor allem gegen die Juden dokumentiert. Der äußerste suebische Nordwesten und der schmale byzantinische Streifen an der Südostküste entzogen sich bis Ende des 6. Jahrhunderts der Herrschaft der toledanischen Könige; in den zwanziger Jahren des 7. Jahrhunderts fielen auch die letzten byzantinischen Vorposten der justinianischen Reconquista. In einem vereinten Spanien sollte sich das westgotische Königreich bis zum Jahr 711 halten, als es von nordafrikanischen Mauren unter arabischer Führung besiegt wurde. Aber die westgotische Identität blieb in Nordspanien und im südfranzösischen Languedoc erhalten und trug wesentlich dazu bei, die spanische Reconquista zu ermöglichen.

Der Wiederherstellung eines starken Gotenreichs musste die fehlende Glaubenseinheit hinderlich sein. Leovigild versuchte, den Gegensatz zwischen der katholisch-römischen Mehrheit der Bevölkerung und den arianischen Goten durch Kompromisse auf Kosten des Arianismus abzubauen. Wenn er die Katholiken gewinnen wollte, musste er Zugeständnisse an sie machen. Beim arianischen Konzil 580 in Toledo wurden interessante Kompromisse eingegangen, vor allem hinsichtlich der Taufe und des Jesusbilds. Zum einen wurde das katholische Taufsakrament anerkannt: Wer also zum Arianismus übertrat, brauchte sich nicht wieder taufen zu lassen. Zum anderen gestattete Leovigild nun eine gewisse Aufwertung der Christusgestalt, die Gott durchaus gleichartig *(aequalis)* sein dürfe und nicht nur ähnlich *(similis)*. Die Arianer leugneten, dass Jesus Christus ein echter Sohn Gottes sei – sie glaubten, dass der ewige Gott ihn als Gott in der Zeit geschaffen habe. So sehr die Arianer den Katholiken entgegenkamen, konnten sie sich letztlich nicht gegen die attraktivere römische Orthodoxie durchsetzen. Es gelang Leovigild nicht, sein Volk unter dem Arianismus zu einigen.

Leovigilds Schwierigkeiten waren seinem ältesten Sohn Hermenegild von Nutzen, der 579 die junge Merowingerin Ingunde heiratete. Sie blieb eine glühende Katholikin, er folgte ihr und stellte sich gegen den Vater. Er musste den Hof verlassen und verbündete sich mit Byzanz, den Franken und den Sueben, um gegen seinen Vater vorzugehen. In Sevilla rief er sich selbst zum König aus und begann mit einer eigenen Münzprägung. Zu seinem Herrschaftsgebiet gehörten neben Sevilla andere reiche Städte wie Córdoba und Mérida. Die von Hermenegild geschmiedete Allianz war jedoch nicht stark und entschlossen genug, um gegen den mächtigen Leovigild zu bestehen. Fünf Jahre nach dem ausgebrochenen Glaubens- und Machtkonflikt zwischen Sohn und Vater war der Krieg mit der Einnahme Sevillas beendet, und nebenher hatten die Westgoten auch noch das Königreich der Sueben vernichtet. Hermenegild verzichtete öffentlich auf jede königliche Stellung. 585 wurde er in Tarragona ermordet, die Umstände und Drahtzieher sind unbekannt geblieben. Ingunde und ihr gemeinsamer Sohn gingen nach Byzanz ins Exil.

Obwohl Leovigild den Machtkampf gegen den Sohn gewonnen hatte, muss er geahnt haben, dass der Katholizismus auf Dauer nicht aufzuhalten war. Sein zweiter Sohn Reccared verstand es, die Lehre aus den Bemühungen seines Vaters zu ziehen. Unter großen Diskussionen wählte er den einzigen möglichen Weg, um im Reich eine religionspolitische Einheit herzustellen: die Bekehrung der Westgoten zum Katholizismus. »Zu dieser Zeit«, so berichtet Gregor von Tours über das spektakuläre Ereignis, »rief in Spanien König Reccared, von der erbarmenden Gnade Gottes getroffen, die Bischöfe seines arianischen Glaubens zusammen und sprach: ›Warum wuchert zwischen euch und den Bischöfen, welche sich die Rechtgläubigen nennen, unablässig Zwietracht, und warum könnt ihr, während jene kraft ihres Glaubens viel Wunder tun, solche nicht vollbringen?‹« Ein Jahr nach dem Tod seines Vaters trat Reccared 587 zum katholischen Glauben über, womit er die Politik des Vaters auf seine Weise vollendete. Jetzt war das Volk der Spanier konfessionell geeint.

Zwei Jahre später trat das Dritte Konzil zu Toledo zusammen. Bischöfe, Geistliche und Adlige begingen 589 die feierliche Bekehrung der Goten und priesen König Reccared als »allerheiligsten Fürsten« und vom »göttlichen Geist« erfüllt. Damit ging Reccared den Weg Chlodwigs, der rund hundert Jahre zuvor in Reims katholisch getauft worden war. Dass die katholische Kirche den hartnäckigen gotischen Arianismus besiegt hatte, war natürlich auch ein Sieg der römischen Traditionen, die die Westgoten immer mehr für sich einnahmen. Damit einher ging das Wirken großer Kirchenmänner wie der Brüder Leander und Isidor, die im geistigen Mittelpunkt Sevilla lebten – erst später zog der kirchliche Hauptsitz ebenfalls ins politische Zentrum Toledo. Der einflussreiche Leander unterstützte mit seinen Lehren den Siegeszug des Katholizismus in Spanien. Isidor schrieb eine Geschichte der Westgoten, die vom 4. Jahrhundert bis zu König Suinthila (621–631) reichte. In den *Etymologiae* fasste er das gesamte antike Wissen seiner Zeit enzyklopädisch zusammen, das er damit dem Mittelalter überlieferte. Isidor fühlte sich den Westgoten schon vor ihrem Übertritt zum Katholizismus verbunden und begrüßte ihre Herrschaft über Spanien. Die Zeit, da man die Goten als Barbaren empfunden hatte, war vorbei.

Die Historiker, die sich mit dem spanischen Westgotenreich beschäftigten, haben es – im Guten wie im Schlechten – zum vollkommensten Nachfolgestaat des Römischen Reichs gekürt, zum ersten »nationalen« Königreich des Mittelalters. Einige Kirchen des 7. Jahrhunderts, wie San Pedro de la Nave, haben sich in Nordspanien erhalten. Das Geistesleben übertraf das anderer barbarischer Staaten. Während man sich vielerorts erst einmal an Buchstaben gewöhnen musste, wurde hier weiterhin viel und selbstverständlich auf Latein geschrieben. Es herrschte relativer Frieden im Reich, mit der einzigen Ausnahme, dass sich Leovigild seine jährlichen Heereszüge gegen Basken, Sueben und Byzantiner nicht nehmen ließ; mit den Basken allerdings sollte er, wie alle anderen nach ihm, nicht fertig werden. Von außen drohte dem Reich keine Gefahr, so konnten sich die Westgoten in einer Art *splendid isolation* um sich selbst und die Entwicklung ihres Staatswesens und ihrer Kultur kümmern.

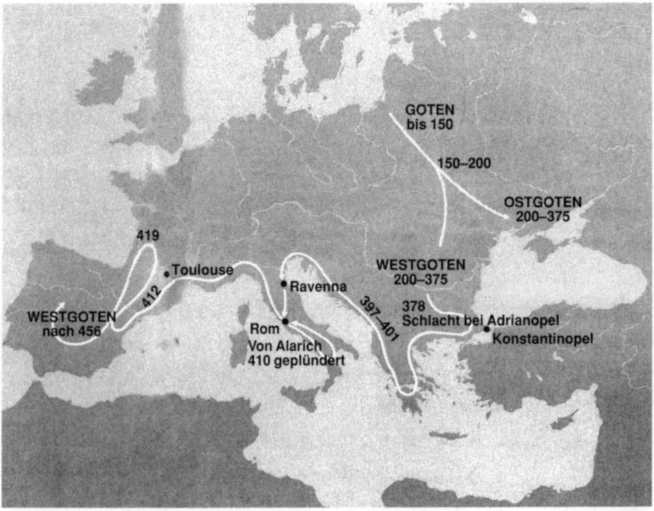

Der lange Zug der Westgoten von der Weichsel bis nach Spanien.

Und wenn von innen der Adel einmal aufbegehren sollte, dann war Leovigild auf der Hut, um den eingeschlagenen Kurs zu verteidigen. »Er war aber manchen der Seinen höchst gefährlich: denn wenn er irgendeinen über die Maßen adelig und mächtig auftreten sah, ließ er ihm entweder den Kopf abschlagen oder schickte ihn nach Vermögensverlust ins Exil«, schreibt Isidor von Sevilla. Reccared nahm sich ein Beispiel an seinem Vater. Einem intriganten Adligen ließ er das Haupt scheren, dann die rechte Schwurhand abhacken, um ihn sodann auf einem Esel durch Toledo zu führen.

Ansonsten pflegten Leovigild und sein Sohn Reccared eine äußerst imperiale Repräsentation ihrer Herrschaft, die sie wie Kaiser auftreten ließ und daher ungewöhnlich für germanische Könige war. Im Jahr 578 beispielsweise begann Leovigild mit dem Bau von Reccopolis, einer Stadt nordöstlich von Toledo, von der aus er sein Reich regieren wollte – eine Stadt für seinen Sohn, eine *Polis* für *Reccared*. Städte zu gründen, war bisher ein

Privileg von Kaisern gewesen. Nur der Vandale Hunerich hatte etwas Ähnliches gewagt, als er eine allerdings bereits bestehende Stadt in Uniricopolis umbenannte, und Theoderich der Große, nach dem The(o)dericopolis (Chur?) benannt wurde. Auch andere symbolische Gesten wurden zweifelsohne aus dem kaiserlichen Byzanz übernommen. So erhob Leovigild seine Söhne zu Mitregenten, womit er die Thronfolge sicherte und eine Dynastie gründete – eine für einen Westgotenkönig ungewöhnlich vorausschauende Maßnahme, beide Söhne hätten zu gegebener Zeit sofort ihrem Vater nachfolgen können. Ein großherrschaftlicher Akt bestand auch in der Prägung von Goldmünzen mit dem eigenen Konterfei. Den Münzmotiven kann man entnehmen, dass die Kleidung des Königs an Raffinement gewonnen hatte im Vergleich zu der früherer Germanenkönige. Der westgotische König trug eine Chlamys – einen kurzen Schultermantel mit einer rechteckigen Tuchbahn – aus purpurnem Stoff. Solche dem römischen Feldherrnmantel nachempfundenen Gewänder waren bisher Kaisern vorbehalten gewesen. Auch der Thron erhielt eine große Bedeutung: als Symbol des Regierungsantritts und als erhöhte Herrscherposition, womit sich der König vom Volk buchstäblich abhob. Sogar bei Feldzügen wurde er mitgeführt. Isidor berichtet, dass Leovogild der Erste war, »der in königlichem Gewand auf seinem Thron zu sitzen pflegte, denn zuvor hatten die Goten gleiche Kleidung und gleichen Sitz mit ihrem König gehabt!« Auch andere zentrale Herrscherinsignien wie Krone und Zepter kamen auf, so weiß man beispielsweise, dass Reccared mit großem Pomp gekrönt wurde.

Leovigild und Reccared respektierten zwar die orthodoxen Kaiser im fernen Byzanz, weigerten sich aber, einen geringeren Rang als sie einzunehmen, und waren darauf bedacht, den eigenen römischen Untertanen zu demonstrieren, dass sie dem Kaiser ebenbürtig waren. In seinem Land beanspruchte Leovigild die Macht für sich allein. Er praktizierte damit vielleicht als Erster, was einmal zum Grundsatz des mittelalterlichen Europa werden sollte: »Im eigenen Reich ist der König der Kaiser.« Leovigild, der König der Westgoten, schuf überhaupt das Urbild des Herrschers, wie es für das Mittelalter bestimmend wurde. Hatte sich in der Welt der Germanen bis zur Kaiserkrönung Karls des Großen im Jahre 800 eine Entwicklung von »den Hütten zu den Kathedralen« vollzogen, so hatten es die westgotischen Könige vom Pelzmantel zum Purpurgewand gebracht.

Von großer Bedeutung war auch Leovigilds Rechtsreform, die er vor dem Hintergrund der gewandelten gesellschaftlichen Verhältnisse durchführte. Goten und Römer sollten einander gleichgestellt sein und ihre Kultur verschmelzen. Was war da dringender als die Auflösung des Eheverbots zwischen den beiden Völkern? Ab diesem Zeitpunkt konnten alle Mitglieder des Reichs untereinander heiraten. Das war im Ostgotenreich Theoderichs in Italien theoretisch nicht erlaubt gewesen. Schon an dieser Stelle wird klar, dass das Reich der Westgoten mit dem Modell einer offenen Gesellschaft auf eine politische Einheit hinsteuerte, auf eine Nation. Viele Kulturen sollten hierin aufgehen, und schon nach wenigen Generationen waren die Westgoten assimiliert und Hispanier geworden. Dass die Goten in der neuen, ibero-romanischen Heimat im Verbund mit den Einheimischen ein neues ethnisches und politisches Gebilde schufen, ist ein sensationeller Vorgang. Die turbulente Zeit der Völkerwanderung mündete allmählich in eine Völkerverständigung.

Es war bestimmt nicht die Synthese von zwei Kulturen, sondern eher jene *splendid isolation,* die das Königreich der Westgoten mit der Zeit anfällig machte. Das Land war reich, vor allem durch die Landwirtschaft, und hatte keine mächtigen Feinde. Auf spanischem Boden standen keine fremden Heere. Das westgotische Militär hatte allerdings längst nicht mehr die Schlagkraft, die es noch auf den Katalaunischen Feldern zu einem gewaltigen Gegner gemacht hatte. Das Heer bestand traditionell aus der Kavallerie des Adels, der sich aber im Kriegsfall sehr launisch verhielt: Je größer der Nutzen für die eigene Sache, desto engagierter waren die hohen Herren und umgekehrt. Dem adligen Anführer folgten vorwiegend die Unfreien, die aus finanziellen Gründen allerdings nicht als Reiterkrieger, sondern als leicht bewaffnete Fußsoldaten auftraten. Die Qualität des gotischen Heeres hatte mit dem kulturellen Aufstieg der Westgoten nicht Schritt gehalten. Auch innenpolitisch verlor das Reich an Zielstrebigkeit, obwohl die Nachfolger der Dynastie Leovigilds die Einheit des Reichs bewahrten. Die Reichen wurden immer reicher, die Armen ärmer und mussten oft ihre persönliche Freiheit aufgeben, um zu überleben. Dazu kamen ungelöste Nachfolgeprobleme, obwohl der Streit um das Königtum innerhalb einer Sippe tobte. Königsmord und gewaltsame Absetzung waren an der Tagesordnung und konnten auch durch die Einführung der Königssalbung nicht verhindert werden – eine schlechte Voraussetzung, um sich gegen einen neuen, äußerst gefährlichen, hoch organisierten Feind zu wehren, der sich vom Süden her und übers Meer näherte: die Araber.

Mit den Arabern des frühen Mittelalters bricht eine neue Macht in die europäische Mittelmeerkultur ein, die nach den Umwälzungen des Römischen Reichs durch die Germanen das Ende der Spätantike endgültig besiegelte. Zwischen 672 und 680 waren arabische Seeräuber bereits an den spanischen Küsten aufgetaucht und hatten zahlreiche Städte angegriffen und geplündert. Doch sogar noch 709 gab sich der westgotische Adel dem Irrtum hin, die Araber könnten zwar das Römische Reich zum Einsturz bringen, hätten es allerdings auf die Westgoten nicht abgesehen. So konnten die arabischen Invasoren in aller Ruhe ihre Truppen sammeln und den Angriff auf Spanien vorbereiten.

Im Sommer 711 nahm die glänzend organisierte Expedition unter dem Feldherrn Tarik über die Meerenge von Gibraltar ihren Lauf. Bezeichnend für die Verfassung der Westgoten war, dass sie sich mitten in einem königlichen Machtkampf befanden. Der ein Jahr zuvor gewählte Roderich stieß auf erbitterten Widerstand der konkurrierenden Familie, die den Thron für sich beanspruchte. Die beiden Familien rauften sich zur Schlacht gegen das maurische Heer schließlich zusammen und unterlagen am 23. Juli 711 bei Jerez de la Frontera ihrem Feind. Damit war der gotische Widerstand zwar nicht gebrochen, die Kämpfer Allahs besetzten aber Toledo und andere wichtige Städte. Mit der arabisch-islamischen Besatzung ging das westgotische Spanien seinem Ende entgegen. Der größte Teil der Insel wurde für mehrere Jahrhunderte ein – großartiges – arabisches Reich. Nur im Norden Spaniens konnten sich einige christliche Königreiche behaupten. Die westgotischen Adligen leisteten auf heimischem Boden noch eine Zeitlang Widerstand, dann wurden sie mehrheitlich Muslime.

Epilog. Im 10. Jahrhundert allerdings regte sich in den äußersten Gebirgsregionen des Nordens die Reconquista, die das verlorene Königreich zurückgewinnen sollte. Das junge asturische Königreich und später das Königreich Leon und Kastilien erklärten die Westgoten zu ihren direkten Vorfahren, um ihren historischen Anspruch auf die ganze Iberische Halbinsel zu legitimieren. So machten sie aus der Eroberung des maurischen Spanien eine Rückeroberung – die katholische Reconquista. Aber dies ist eine andere, sehr interessante Geschichte. Rekapitulieren wir unsere Quintessenz aus der spanischen Westgotenherrschaft: die Goten hatten während ihrer fast zweihundertjährigen Herrschaft Spanien geeinigt und damit das erste Staatsvolk, die erste Nation des Mittelalters, geschaffen.

Was ist von den Westgoten geblieben, was sollten wir darüber wissen? Im heutigen Spanien hat die westgotische Alltagskultur im Vergleich zu der römischen und byzantinischen weniger Spuren hinterlassen. Es wurden zwar Gräberfelder gefunden, die aber nicht sehr aussagekräftig sind, da kaum opulente Grabbeigaben vorkommen. Ein einzigartiger Fund ist allerdings der königliche Schatz von Guarrazar, der über die gotische Königskultur des 7. Jahrhunderts viel verrät. Er ist einer der bedeutendsten und kostbarsten Schätze der Völkerwanderung und ist teils in Paris, teils in Madrid zu besichtigen. Er wurde vermutlich beim Einfall der Araber 711 auf einem Feld bei Toledo vergraben, bis ihn ein Pflug im 19. Jahrhundert wieder ans Tageslicht beförderte. Der Hauptteil des Schatzes besteht aus neun goldenen Weihekronen. Diese Kronen eigneten sich nicht zum Tragen, sondern waren gleichsam ein Geschenk des irdischen an den himmlischen König. Mit ihnen brachte der König zum Ausdruck, dass er sich in die Hände Gottes begab, dem er seine Herrschaft schuldete. Mit den Votivkronen verkünden die Westgotenkönige ein neues Herrschaftsprinzip, das Gottesgnadentum, das besagte: »Nach Gott ist der König der höchste Herr seiner Untertanen und der Souverän in seinem Land.« Zwei Königsnamen lassen sich anhand von Einzelbuchstaben nachweisen: Reccesvinth und Swinthila. Es sind kostbare Juwele, mit Edelsteinen und Perlen geschmückt und mit Gravuren im Gold.

Ein weiterer Schatz wurde von einem fünfzehnjährigen Jungen während der ersten Ausgrabungen in Reccopolis gefunden. Der Münzschatz von Reccopolis barg in einem Lederbeutel Dutzende von Goldmünzen aus der Gründungszeit der Königsstadt, die Leovigild noch im 6. Jahrhundert bauen ließ. Neben römischen, byzantinischen und fränkischen Münzen finden sich vor allem westgotische Geldstücke, die unter Leovigild geprägt wurden, obwohl die Herstellung von Goldmünzen ein kaiserliches Privileg war. »Barbarenprägungen« nennen die Numismatiker die kleinen Münzen mit den Konterfeis germanischer Könige.

REX INCLITVS – PIVS – VICTOR: »Leovigild, der berühmte, fromme und siegreiche König« lautet die Umschrift auf dem hauchdünnen Goldplättchen. Isidor von Sevilla schrieb über Leovigild: »Er war der erste, der den Fiskus bereicherte, der erste, der den Staatsschatz mit geraubtem Gut von den Feinden wie von den eigenen Untertanen füllte.« Die Münzen waren zwar für den Handel, die Organisation des Steuersystems sowie die Entlohnung von Staatsbeamten und Soldaten vorgesehen, aber selbstverständlich waren sie auch ein Imageinstru-

Westgotische Münze

ment der Könige. Mit ihrer eigenen Währung kündeten die Westgoten im Römischen Reich stolz von ihrem Königreich und ihrer Unabhängigkeit – mit diesen Münzen prägte sich im wahren Wortsinn zugleich eine ganze Nation aus.

Eine einzigartige Hinterlassenschaft der Westgoten ist die Königsstadt Reccopolis, die von spanischen Archäologen mit Unterbrechungen seit 1944 ausgegraben wird. Aussagekräftige steinerne Zeugen aus dem frühen Europa der Völkerwanderung zu finden, ist ein seltenes Privileg. Vielleicht kann Reccopolis als das Troja der Völkerwanderung gelten. Sie ist die einzige Stadt, die man aus jener Zeit kennt – die einzige, die jemals von Germanen gebaut wurde. Hatten sie auf ihrer Wanderung noch in Höhlen gehaust und unter Wagen geschlafen, bauten sie nun in der Nähe Toledos eine königliche Residenz, die mit 25 Hektar herrschaftliche Ausmaße hatte. Sie war zugleich ein wichtiger Handelsplatz und ein Finanzzentrum. Die Häuser wurden aus Stein erbaut, eine damals einzigartige Technik für die Germanen. Bis Reccopolis ganz freigelegt sein wird, werden noch Jahrzehnte vergehen. Aber schon jetzt steht fest, dass Reccopolis ein zentrales Monument und Symbol für die westgotische Reichsgründung ist: Die Westgoten hatten sich auf der Iberischen Halbinsel niedergelassen, sich in die Bevölkerung eingegliedert, einen Staat gegründet und in diesem eine neue Stadt gebaut. Reccopolis ist Ausdruck des stolzen, beinahe imperialen Selbstbewusstseins der neuen westgotischen Dynastie, ein Mittel der Staatspropaganda zur Stärkung des Reichsgedankens und steht somit für die Erfolgsgeschichte des westgotischen Königreichs von Toledo.

Was haben sonst die Westgoten in Spanien hinterlassen? In der spanischen Alltags- und Soldatensprache gibt es heute noch Wörter, die an das gotische Erbe erinnern. Mit dem Namen *godo* bezeichnet man den reinrassigen adeligen Spanier, mit *yelmo* (gotisch *hilm*) ist Helm und mit *jabón* Seife (gotisch *sapon*) gemeint. Viele heutige Personennamen beziehen sich auf westgotische Ursprünge, darunter Rodrigo, Alfonso, Fernando und Elvira. Eigennamen sind in Ortsnamen übergegangen, so ist Bamba nach dem westgotischen König Wamba benannt. Mehr als 2000 spanische Ortsnamen sind germanischen Ursprungs. Trotz alledem hat sich das heutige Spanisch aus dem römischen Vulgärlatein entwickelt, das in der alten Provinz Hispania gesprochen wurde. Daran konnten auch die gut zweihundert Jahre gotischer Herrschaft nichts ändern.

Wir verlassen nun das westgotische Reich und die Goten, die wie kein anderes germanisches Volk Europa über Jahrhunderte hinweg fasziniert haben, und widmen uns nun denjenigen Erben des Römischen Reichs, die unter all den Völkerscharen der großen europäischen Wanderung bis heute überlebt haben: den Angeln und Sachsen in England und den Franken in Frankreich und Deutschland. Mit ihnen schlagen wir die Brücke ins Mittelalter und in die Gegenwart.

Angeln und Sachsen in England
Der Sieg der Söldner

Auch England ist aus der Völkerwanderung entstanden, aus der Einwanderung germanischer Stämme. Um 400 wurden die römischen Truppen von der Provinz Britannia (dem heutigen England und Wales) abgezogen, weil Rom die Insel gegen die äußeren Feinde nicht mehr halten konnte. Zurück blieben die Provinzialrömer mit ihrer Städteverwaltung, die sich der keltischen Pikten und Scoten erwehren mussten, die von Irland und vor allem vom heutigen Schottland aus in Britannien einfielen. Also riefen die Briten die germanischen Sachsen, Angeln und Jüten aus Dänemark zu Hilfe. Die Krieger kamen und blieben. Schließlich drängten sie die Briten zurück und gründeten mehrere Kleinkönigreiche, die gegen Ende des 9. Jahrhunderts zum Staat der Angelsachsen verschmolzen. 1066 musste sich der letzte angelsächsische König von England dem Herzog der Normandie, Wilhelm dem Eroberer, in der Schlacht bei Hastings geschlagen geben. Er ist der Ahnherr aller englischer Regenten bis zum heutigen Tag.

Die Engländer begreifen die Einwanderung germanischer Stämme als den Beginn ihrer Geschichte. Es entstand eine Nation, die durch die Angeln und Sachsen, zwei germanische Stämme, ihre Prägung erhielt. Dass sich die Engländer als Germanen verstehen, wird bereits aus ihrer Sprache ersichtlich. Das heutige Englisch hat sich in direkter Linie aus der Sprache der angelsächsischen Einwanderer entwickelt. Das englische Wort für Wasser, *water,* haben die fremden Krieger auf die Insel mitgebracht – in ihrer norddeutschen Heimat sagen die Menschen immer noch, dass sie am Wasser leben, an der *Water*kant eben. Die Einheimischen passten sich der Kultur und Sprache der Fremden an, während in Frankreich die germanischen Franken die romanische Kultur und Sprache übernahmen.

55 und 54 v. Chr. unternahm Cäsar erste Vorstöße auf die In-

sel, um die Solidarität zwischen keltischen Briten und keltischen Galliern zu unterbinden, die ihm bei der Unterwerfung Galliens zu schaffen machte. Der Erfolg der teuren Expedition hielt sich in Grenzen: Die Römer überschritten zwar die Themse, es gelang ihnen aber nicht, die römische Herrschaft zu etablieren. Knapp hundert Jahre später, 43 n. Chr., wurde unter Kaiser Claudius die Provinz Britannia gegründet. Gegen die Fremdherrschaft erhoben sich im Jahr 60 die keltischen Icener unter ihrer legendären Königin Boudicca; der nach ihr benannte Aufstand wurde nach Anfangserfolgen jedoch blutig niedergeschlagen. Eine letzte große Schlacht im Jahr 84 fand am Mons Graupius statt, als perfekt gerüstete Legionen eine hoffnungslos veraltete britische Streitmacht auseinander nahmen, die noch mit alten Streitwagen und stumpfen Langschwertern in die Schlacht gezogen war – es war ein ungleicher Kampf gewesen.

Im 2. Jahrhundert hatte dann die römische Herrschaft in England ihre größte Ausdehnung erreicht. Das Gebiet der Provinz Britannia entspricht ziemlich genau dem England und Wales unserer Tage. Das heutige Schottland konnten sie nie ganz unter ihre Kontrolle bringen, und so begnügten sie sich mit dem Erreichten – wie sie es auch in Germanien gemacht hatten. 121 wurde auf Befehl Kaiser Hadrians mit dem Bau des Hadrianswalls begonnen, der die Provinz vor den wilden Überfällen der Pikten und Skoten aus dem Norden schützen sollte. Diese rund 120 km lange Befestigungsanlage zog sich von Meer zu Meer, vom Firth of Solway im Westen (Newcastle) bis zur Tynemündung im Osten (Carlisle). Sie war weitgehend aus Stein errichtet und an der höchsten Stelle fast 6 Meter hoch. Auf beiden Seiten des Walls verliefen tiefe Gräben, hinzu kamen zahlreiche Wachtürme, kleinere Forts und siebzehn Kastelle mit entsprechender Militärbesatzung. Im Vergleich zum Limes, der ja wenige Jahre vorher als eine polizeiliche Demarkationslinie begonnen worden war, ist der Hadrianswall schon eher als eine militärische Grenze zu verstehen. Er war höher und nach allen Seiten hin stärker gesichert, musste allerdings auch nur eine vergleichsweise kurze Strecke absichern (120 Kilometer Hadrianswall gegenüber 548 Kilometer Limes).

Der Westen und besonders der Norden der Insel, die ungastlichen, weniger fruchtbaren Highlands, waren von dem römisch-zivilisierten Leben im Osten und Süden abgeschnitten. Die Armut des freien Schottland war nicht gerade ein Magnet für Händler aus dem Süden. Die Einheimischen bis hinauf zu den Shetland Inseln lebten in isolierten Siedlungen, woran sich jahrhundertelang nicht viel ändern sollte. Die Einzigen, die immer wieder für Bewegung sorgten, waren die Pikten – lose Kriegerverbände, die eine ständige Gefahr für das römische Britannien darstellten. Ihr Name war eine Anspielung auf das alte Ritual der Körperbemalung (lat. *pingere:* bemalen, *pictus:* der Bemalte; engl. *to depict:* beschreiben). Die Skoten, die aus dem Norden Irlands kamen, wanderten erst im 5. und 6. Jahrhundert in Schottland ein – sie haben dem Land ihren Namen gegeben.

Das 3. Jahrhundert war die Blütezeit des provinzialrömischen England. Es entstand eine Kultur, in der sich lokales und regionales Brauchtum mit mediterranen Errungenschaften vermischte. Die lateinische Sprache fand allgemeine Verbreitung – Orte wie Colchester, Winchester oder Leicester haben in ihrem Namen das lateinische Wort *castrum* (fester Platz, Burg) erhalten. Die römischen Städte Britanniens verfügten über die klassischen rechtwinkligen Straßen, große Plätze, eine Basilika, Kaisertempel, Amphitheater und Thermen. Das rund 30 000 Einwohner zählende Londonium (London) wurde die Verwaltungszentrale und Handelsmetropole der Provinz. Es war strategisch günstig gelegen, da die von der See kommenden Schiffe alle über die Themse ins Landesinnere gelangten und auch das Straßennetz der Provinz hier zusammenlief. Auf dem Land sorgten zahlreiche *villae* für eine florierende Landwirtschaft. Die keltischen Stammesfürsten wurden als römische Bürger zur Verwaltung ihrer eigenen Landsleute eingesetzt, und die 10 Prozent Steuerlast waren für die Einheimischen zu verschmerzen. Angelsächsische

Truppen waren dem römischen Heer hoch willkommen, die Ausfuhr von Zinn, Kupfer und Blei kam dem ganzen Imperium zugute.

Selbstverständlich herrschten nicht immer Friede und Wohlstand, als Britannien römische Provinz war. Die wilden Scoten drängten von Westen her auf Britannien, die Pikten durchbrachen sogar den Hadrianswall, und sächsische Piraten machten die Küsten unsicher. Als aber Kaiser Honorius 407 die römischen Truppen gegen den Willen der Bevölkerung zurückbeorderte, weil die Germanen auf dem Festland immer bedrohlicher gegen das Römische Reich vorrückten, blieben die römischen Städte in Britannien sich selbst überlassen: Die nun über sie hereinbrechenden barbarischen Invasionen brachten seit langem nicht mehr gekanntes Unheil. Die Stadtverordneten nahmen nun diejenigen Germanen unter Vertrag, die ihnen als Gegner bisher am meisten zu schaffen gemacht hatten, ihnen daher aber auch vertraut waren: die Sachsen, Angeln und Jüten, die zum Teil auch die Franken oder Friesen verstärkten. Die Fremden wurden als Föderaten angesiedelt und als solche bezahlt, verköstigt und einquartiert. Aber wie bei den Goten und Vandalen funktionierten diese Regelungen nur zeitlich begrenzt. Schließlich musste die einheimische Bevölkerung erkennen, dass sie den Teufel mit dem Beelzebub ausgetrieben hatte. Etwa dreihundert Jahre später beschrieb der angelsächsische Mönch und Historiograph Beda Venerabilis (gestorben 735) in seiner Kirchengeschichte der Angelsachsen den *Adventus Saxonum,* die Geschichte der sächsischen Siedler in Britannien:

»Damals (um 442) fuhr der Stamm der Angeln oder Sachsen, vom oben genannten König [Vortigern] eingeladen, in drei Langschiffen nach Britannien und ließ sich auf Befehl dieses Königs im östlichen Teil der Insel nieder, dem Anschein nach, um für das Land zu kämpfen, in Wirklichkeit aber, um es zu erobern. Nachdem sie mit den Feinden, die von Norden her angriffen, den Kampf begonnen hatten, errangen die Sachsen den Sieg. Als dies und die Fruchtbarkeit der Insel und die Trägheit der Briten nach Hause [an die Niederelbe] berichtet wurde, schickte man sofort eine größere Flotte herüber, mit einer stärkeren Abteilung von Kriegern an Bord, die zusammen mit der vorher gesandten Gruppe ein unbesiegbares Heer bildete.«

Von den Barbaren des Nordens, den Pikten und Skoten, bedroht, soll Vortigern, ein Machthaber britischer Abstammung, die Germanen – die Jüten aus Jütland, die Angeln aus Holstein und die Sachsen aus dem Elbe-Weser-Raum – zu Hilfe gerufen und ihnen für ihre Söldnerdienste Land in Aussicht gestellt haben. Einer der ersten sächsischen Barbarentrupps soll unter den mythischen Anführern Hengist und Horsa herbeigeeilt und in Kent an Land gegangen sein. Ihre etwas kuriosen Namen (»Hengst und Pferd«) verweisen auf einen Kult, der an den der griechischen Dioskuren erinnert; aber auch Tacitus kennt ähnliche Vorstellungen der Germanen, wofür es sogar bildliche Darstellungen gibt. Wie nicht anders zu erwarten war, gaben sich aber die Föderaten bald mit den regulären Zahlungen nicht mehr zufrieden und lehnten sich auf. Nach einigen siegreichen Schlachten nahmen sie den größten Teil des Landes an sich. Damit war der erste Schritt der germanischen Besiedlung eingeleitet, in erster Linie entlang den Flusstälern zwischen Themse und Humber im Südosten der Insel. Es geschah also das Gleiche wie in Gallien, Spanien und Italien. Auch die mächtigen Franken hatten zunächst den Römern als Verbündete im Kampf beigestanden.

Was hier im Überblick erzählt wurde, ist zu differenzieren. Eine geschlossene, koordiniert verlaufende Massenwanderung ganzer Stämme hatte nicht stattgefunden. Die Landnahme hatte sich in mehreren Etappen vollzogen, verschiedene Gruppen hatten sich zu unterschiedlichen Zeiten in einzelnen Regionen unabhängig voneinander bewegt. Es nahm Jahrzehnte in Anspruch, bis die 20 000–30 000 Angelsachsen in Schiffen über den Kanal kommen konnten. Schon lange vor dem Ende der römischen Herrschaft hieß das Gebiet beiderseits des Kanals »(befestigte) Sachsenküste«, war gegen die sächsischen Seeräu-

»Die Ankunft der Angelsachsen in Britannien«.
Lithographie von Johann Nepomuk Geiger (1805–1880).
Die sächsischen Anführer Hengist und Horsa führen ihre Krieger der Legende nach um 440 auf die Insel.

ber mit dem *Litus Saxonicum* eine eigene Militärgrenze im Osten Britanniens wie im Norden Galliens errichtet worden. Mit Sachsen hatten auch die Westgoten in Südfrankreich zu kämpfen, da sie sich an der Mündung der Loire und Garonne festgesetzt hatten. Außerdem zeigen Bodenfunde, dass es bereits im 4. Jahrhundert zur Ansiedlung sächsischer Gruppen gekommen sein muss. Sie waren in ihren achtzehn- bis zwanzigrudrigen Schiffen gekommen, bis an die Zähne bewaffnet, hatten geplündert, um dann blitzschnell wieder zu verschwinden. Die Ostküste Britanniens war flach und wies zahlreiche Flussmündungen auf, die eine perfekte Landung ermöglichten. Einige dieser Piraten werden die Gelegenheit genutzt haben und geblieben sein.

Nun hatte sich die Situation allerdings verschärft. Nachdem die ersten Abenteurer und Draufgänger sich offiziell von den Briten hatten anwerben lassen, sprach sich Britannien bei den

Das Nydamschiff, ein Ruderboot aus dem Opfermoor bei Nydam/Süddänemark. Angeln und Sachsen waren gute Seefahrer, die mit ihren wendigen Kriegs- und Beuteschiffen die Küsten unsicher machten: Der Bug ist wie das Heck, also für den Angriff so gut wie für die Flucht. Ausgegraben 1860, steht dieses einzigartige Zeugnis der Völkerwanderungszeit im Archäologischen Museum Schleswig.

in ihren Ursprungsländern Verbliebenen schnell als eine märchenhafte neue Heimat herum. Außerdem wusste man bestimmt, dass Rom Schwierigkeiten hatte, seine Stellungen in Britannien zu halten – auch der von den Römern organisierte Küstenschutz war nicht mehr wirksam. Also setzte eine Völkerwanderung über das Meer ein, die Britannien entscheidend umgestalten sollte. Die Sachsen werden in zeitgenössischen Berichten am häufigsten genannt, vermutlich hat man ihren Namen pars pro toto für alle Stämme verwendet, die als Plünderer über die See kamen. Es handelte sich um einzelne Siedlergruppen und Heerhaufen, die nicht in großen, zentralen Verbänden organisiert waren. Dass ihre Anführer keine großen historischen Figuren waren, die eine zentrale monarchische Herrschaft verkörperten, belegen mythische Namen wie Hengist und

Horsa. Und auch im Zielland sollten die Einwanderer erst spät größere politische Einheiten bilden.

Ende des 5. Jahrhunderts vergrößerten sich die angelsächsischen Eroberungen, auch bedingt durch Neuankömmlinge vom Kontinent. Die Briten leisteten Widerstand, der Sage nach fiel Horsa im Kampf gegen die Einheimischen. Zu Beginn des 6. Jahrhunderts errangen die Briten in der berühmten Schlacht am Mons Badonicus einen ihrer letzten Siege über die Angelsachsen. Bemerkenswert daran ist übrigens, dass eine spätere Überlieferung den sagenhaften König Artus mit dieser Schlacht in Verbindung bringt: als Held, der den angelsächsischen Heiden einen ruhmreichen Kampf liefert.

Trotz des britischen Abwehrkampfes setzten die Neuankömmlinge ihre Eroberungen fort. Dabei müssen sie alles andere als zimperlich vorgegangen sein, wenn man den Ausführungen des walisischen Klerikers Gildas glauben darf. Sein Werk *Über die Zerstörung und Eroberung Britanniens* (verfasst vor 547) ist allerdings mit einiger Vorsicht zu genießen. Nach seiner Aussage haben die ehemaligen Söldner und ihre Nachkömmlinge die einheimische Bevölkerung mit Feuer und Schwert niedergemetzelt und nahezu ausgerottet. Ganz so schlimm wird es nicht gewesen sein. Die Briten wurden von Osten nach Westen abgedrängt, so dass in der Tat die östliche Lowlandzone intensiv von den Angelsachsen kolonialisiert wurde und fest in ihrer Hand war. Cornwall, Wales und Schottland blieben britisch – die Gebiete, die bis heute von einer starken keltischen Tradition durchdrungen sind.

Bis zum Beginn des 7. Jahrhunderts hatten die Angelsachsen den größten Teil Britanniens unterworfen und in zahlreiche Kleinkönigreiche aufgegliedert. Davon konnten vorerst sieben ihre Eigenständigkeit behaupten, weswegen diese Epoche als »Heptarchie« bezeichnet wurde: Kent, Sussex, Essex, Wessex, Ostanglien, Mercien und Northumbrien. Einige dieser Namen sind den Stämmen mühelos zuzuordnen. Sussex, Essex und Wessex stehen für Süd-, Ost- und Westsachsen, Ostanglien für die

Königreiche und Herrschersitze
im südlichen Britannien
um 600.

Angeln. Die Aufsplitterung in verschiedene Königreiche und Teilreiche führte zu einem ebenso kleinlichen wie blutigen Ringen um die politische Vorherrschaft, weshalb die angelsächsische Frühzeit nicht unbedingt eine strahlende Kulturstufe in der englischen Geschichte darstellt. Nicht politischer Einigungswille prägte die Zeit, sondern der Machtwille einzelner tatkräftiger Könige, die auf der Bildfläche erschienen und dann wieder verschwanden. Hauen und Stechen, Mord und Totschlag bestimmten die Szene, ehrenvolle Heldentaten standen endlosen, kleinen Scharmützeln zwischen sich bekämpfenden kleinen Gruppen von Kriegern gegenüber. Die Kampfmoral der sächsischen Krieger hatte maßgeblich mit bedingungsloser Gefolgschaftstreue zu tun. Die Ausbreitung des Gefolgschaftswesens, eine starke Bindung zwischen Gefolgsherrn und Gefolgsmann, kennzeichnete nicht bloß die frühe germanische Verfassung, sondern auch die spätrömische Zeit. Gerade die Sachsen bedienten sich dieser Einrichtung, worauf noch das englische Wort »Lord« verweist. Freie Personen überantworteten sich einem *hlaford* (altenglisch für »Lord«) als ihrem Herrn oder wörtlich »Brotwart« (von *hlaf* für »Brot« und *weard* für »Schutzherr«). Das auf gegenseitiger Treue basierende Verhältnis war aber nicht einseitig: Der Gefolgsmann bot seine Dienste an und erhielt als Ausgleich dafür Unterhalt und Schutz. Eine ähnliche Entwicklung sollte auf dem Kontinent zum fränkischen Lehnswesen führen.

Gewisse Konturen innerhalb der politischen Herrschaftsentwicklung dieser Zeit sind allenfalls an der Herausbildung und Stellung des so genannten *bretwalda,* einer Art Oberkönig, zu erkennen. Manchen Königen gelang es, ihre Herrschaftsbefugnisse über andere Teilreiche auszudehnen. Der *bretwalda* als ein Herrscher über mehrere Reiche wurde später zum *rex Britanniae,* zum König von England, umgedeutet. Bis ins 9. Jahrhundert hinein jagte eine Machtkonstellation die andere, war mal Northumbrien obenauf, dann Mercien oder Wessex. Der große Einiger der Insel wurde erst Alfred der Große (871–899), nachdem er die dänischen Wikinger 878 bei Edington geschlagen hatte. Seine »geheiligte« westsächsische Dynastie sollte Großbritannien fast bis zur Ankunft der Normannen beherrschen. Während die Angelsachsen einen langen und düsteren Weg zur Erlangung ihrer politischen Einheit zurücklegen mussten, hatte ihre Kirche diese Einheit bereits knapp zweihundert Jahre zuvor geschaffen. Dort hatte es sich um einen weitaus freundlicheren, doch zugleich äußerst folgenreichen Prozess gehandelt.

Zuvor soll aber noch ein berühmter König der Frühzeit Erwähnung finden: Redwald, der vierte *bretwalda,* der im Jahre 616 in einer Schlacht am Fluss Idle König Ethelfried von Northumbrien besiegte. König Redwald genießt in der Geschichtsschreibung einen besonders ehrenvollen Platz, weil das spektakuläre Schiffsgrab von Sutton Hoo (625) vermutlich seine Begräbnisstätte ist. Dieses germanische Bootsgrab wurde 1939 in Suffolk entdeckt. Unter all den aufgefundenen Schwertern und Schilden, dem byzantinischen Silberteller und den fränkischen Goldmünzen ist der eiserne Helm mit vergoldeten und verzinnten Bronzeauflagen zweifelsohne der berühmteste Fund, heute zu besichtigen im Britischen Museum in London.

Mönchtum und Kirche – Die Brückenbauer Europas

Waren Angeln, Sachsen und Jüten noch Heiden, als sie britischen Boden betraten, wurden sie im Verlauf des 6. und 7. Jahrhunderts von der römischen Kirche und irisch-schottischen Mönchen zu Christen missioniert. Die Stärke der katholischen Kirche der Angelsachsen beruhte auf ihrer unmittelbaren Beziehung zu Rom, woher sie nicht nur das Christentum, sondern auch die antike Kultur bezog. Allerdings entwickelten sich Christentum und Kirchenordnung bei den Angeln und Sachsen auch unter dem Einfluss und in der Auseinandersetzung mit den christlichen Iren. Am Ende sollten die angelsächsischen und iro-schottischen Mönche ihr Missionswerk im Frankenreich fortsetzen und zu den Brückenbauern des frühmittelalterlichen Europa werden.

Der heilige Patrick, heute »Apostel Irlands« und Nationalheiliger, wurde um 385 im Süden von Wales geboren, und war im Alter von sechzehn Jahren von Piraten nach Irland verschleppt und dort als Sklave verkauft worden. Um 407 konnte er in die Heimat fliehen, ging aber bald zum Studium nach Gallien, lernte das Mönchsleben ebenso kennen wie die Bischofskirchen. Um 432 wurde er bischöflicher Nachfolger des ersten irischen Missionars Palladius. Sein Bischofssitz dürfte Armagh im Norden Irlands gewesen sein. Patrick trug wesentlich zur Organisation der iro-schottischen Kirche bei. Diese war außerhalb des Römerreichs und seiner Städte entstanden und musste daher andere Kirchenzentren als die aufbauen, die sonst in der europäischen Christenheit üblich waren. Diese Zentren von bistumsähnlichem Auftrag wurden die irischen Klöster, deren Oberhaupt ein Abt war, der die Regel seiner Mönche bestimmte. Einer oder mehrere von ihnen wurden zu Bischöfen geweiht, damit die Liturgie und sakramentalen Handlungen gewährleistet waren. Die Klöster wurden auch Zentren der Schriftlichkeit, des seelsorgerischen, geistigen und kulturellen Lebens. Heute noch kann man in Dublin das *Book of Kells,* eine Evangelienhandschrift mit herrlicher Buchmalerei, bewundern. Das *Book of Kells* enthält die Darstellung der Versuchung Christi durch den Teufel. Die Figuren muten ikonenhaft an und spiegeln griechischen Einfluss wider. Berühmt war das um 565 gegründete irische Inselkloster Iona, das von dem heiligen Columba dem Älteren (ca. 521–597) und zwölf seiner Gefährten an der Westküste Schottlands errichtet worden war. Von ihm aus wurde ein wahres Netzwerk weiterer Klöster aufgebaut, wanderten die Mönche los, um Schottland und dem Norden Britanniens den christlichen Glauben zu bringen.

Um 600 wurde Papst Gregor I., der Britannien für den Katholizismus zurückgewinnen wollte, aktiv. Für die Mission wählte er den Benediktiner Augustinus aus, den Abt des Andreasklosters in Rom, der 596 mit vierzig Begleitern nach Kent gesandt wurde. Papst Gregor hatte sich nicht zufällig für Kent entschieden, da dieses Teilreich mit König Ethelbert enge Beziehungen zum Festland unterhielt. Außerdem war Ethelberts fränkische Frau Berta auch eine Katholikin. Die fromme Unternehmung trug alsbald Früchte. Ethelbert wurde als erster angelsächsischer König getauft – und mit ihm die Großen seines Reichs. Auch im benachbarten Ostanglien und Essex war die Mission erfolgreich; Mitte des 7. Jahrhunderts waren die meisten Könige Britanniens bekehrt und getauft. Augustinus gelang es allerdings nicht, wie von Papst Gregor gewünscht, in den Städten London und York Erzbistümer zu etablieren. Also wich er mit Erlaubnis von König Ethelbert nach Canterbury aus, wo der erste Bischofssitz gegründet wurde. Noch heute befindet sich in der etwa 34 000 Einwohner zählenden Stadt das Oberhaupt der anglikanischen Kirche.

635 kam die iro-schottische Missionsbewegung wieder ins Spiel, die sich von Norden her ihrem Konkurrenten aus Rom näherte. Zuerst verbreitete sie sich in Northumbrien, dann aber auch weiter im Süden, in Mercien, Mittelanglien und Essex. Ausgangspunkt der eifrigen Wandermönche war das neu gegründete Kloster auf der britischen Nordseeinsel Lindisfarne, die Holy Island, vor der Küste der heutigen Grafschaft Northumberland. Dem Kloster Lindisfarne entstammt die berühmte gleichnamige illuminierte Evangelienhandschrift, die heute im Britischen Museum in London aufbewahrt wird. Von hier aus begann der Siegeszug unter dem Mönch Aidan (gestorben 652), womit die iro-schottische Bewegung mit der römisch-päpstlichen Missionierung in Konflikt geriet. Letztere hatte nie einen Zweifel daran gelassen, dass sie sich in der Vormachtstellung sah. Die irisch-schottischen Missionare weigerten sich jedoch weiterhin, den hierarchischen, autoritären Zentralismus

Roms anzuerkennen. Es war absehbar, dass sich die Angelsachsen irgendwann entscheiden mussten.

Eine wichtige Entscheidung fiel bei der Festlegung des Ostertermins. Am northumbrischen Königshof ergab sich das Problem, dass der von Iren bekehrte König Oswiu bereits Ostern feierte, als seine römisch-katholische Frau noch fastete. Das war nicht nur lästig, sondern ein Zeichen von *confusio*, Verwirrung, einer der schlimmsten Künste des Teufels. Hier musste der König Ordnung schaffen. Daher beorderte Oswiu 664 die beiden Missionsparteien zu einer Synode nach Whitby, und beide erhielten die Möglichkeit, sich um die kirchliche Führung Englands zu bewerben. Die von König Oswiu geleitete Versammlung hörte sich sowohl die Argumente des irischen Mönchs Colman als auch des römischen Mönchs Wilfrid an. Beda zufolge soll sich die Szene folgendermaßen abgespielt haben:

Colman: Ostern begehe ich an dem Tag, an dem es alle meine Gott wohlgefälligen Vorfahren gefeiert haben und wie es uns der Evangelist Johannes, Gottes geliebter Schüler, gelehrt hat.
Wilfrid: Wir feiern Ostern wie alle in Rom, wo die Apostel Peter und Paul lebten, lehrten, litten und begraben wurden. Und so wird es befolgt in Italien, in Afrika, Asien; in allen Ländern und Sprachen der Kirche Christi, am selben Tag zur selben Zeit.
Wilfrid *(zeigt zu Colman)*: Außer von jenem da und seinen Komplizen im Eigensinn, ich meine die Pikten und Briten, die gegen christlichen Brauch auf diesen entlegenen Inseln gegen den Rest der Welt opponieren.
Colman: Seltsam, dass Du unseren Brauch einfältig nennst, obwohl wir dem Beispiel Johannes dem Evangelisten, dem großen Apostel, folgen. Und unserem Vater Columba, der es mit Ostern hielt wie wir. Nicht zu erwähnen, dass es Heilige im Himmel sind.
Wilfrid: Haben sie etwa Vorrang vor dem Ersten unter den Aposteln, zu dem Unser Herr sagte: »Du bist Petrus, auf diesen Fels will ich meine Kirche bauen, und die Pforten der Hölle sollen sie nicht überwältigen. Und ich will Dir den Schlüssel zum Himmelreich geben (Matt 16,18).«

Das hatte Jesus zu Petrus gesagt und ihn damit zu seinem Stellvertreter auf Erden gemacht. Damit hatte der römische Mönch Wilfried das stärkere Argument vorgebracht, denn König Oswiu musste schließlich auch an sich denken. Wenn Petrus der Mann mit dem Schlüssel zum Himmelreich sei, dann wolle er ihm in all seinen Geboten gehorchen, damit er ihm öffne, wenn er selbst einmal vor dem Himmelstor Einlass begehre.

Damit war in Whitby nicht nur die Frage entschieden, wann das Osterfest zu feiern war. Mit der Entscheidung für Petrus, den Mann mit dem Schlüssel zum Himmelreich, hatten sich die Angelsachsen auch für Rom, den Papst und die universelle Einheit der Kirche entschieden. Die Geschichte bringt selbstverständlich einen Prozess, die Durchsetzung der römischen gegenüber der irischen Disziplin, auf den Punkt. Also nahm die Zahl der Angelsachsen zu, die fortan nach Rom pilgerten zum Grab des heiligen Petrus und zum Papst, zu Gottes Stellvertreter auf Erden. Und angelsächsische Missionare überzeugten auch andere germanische Könige wie die Merowinger von ihrer Auffassung. So waren es ausgerechnet die Angelsachsen, die viele Germanen zu katholischen Christen machten.

Neuer Erzbischof von Canterbury wurde der energische Theodor von Tarsus (gestorben 690), der eine straffe Kirchenorganisation aufbaute und damit zum Begründer der englischen Kirche wurde. Alle Bistümer, Klöster und Gemeinden wurden seinem Erzbistum untergeordnet. Erst im Jahr 735 sollte Papst Gregor III. mit York ein zweites Erzbistum einrichten. Die zielgerichtete Organisation der römischen Kirche führte in England zu einer kulturellen Blüte, die sich zuerst in Canterbury offenbarte, das sich zu einem Zentrum kirchlicher Wissenschaften entwickelte. Die Bibliothek von Canterbury zog zahlreiche Gelehrte an und war auch auf dem Festland berühmt. Die erste Münzstätte Britanniens wurde ebenfalls in Canterbury angesiedelt. Aber auch das nördliche Northumbrien florierte nun, Kunst und Wissenschaft blieben nicht nur auf die iro-schottische Tradition von Lindisfarne beschränkt. Der angelsächsische Vertraute

Theodors, Benedict Biscop, gründete mit den beiden Benediktinerklöstern Wearmouth (674) und Jarrow (681) Studienstätten für die Mönche, die ihre Wanderpraxis hatten aufgeben müssen. Und da Biscop von seinen ausgedehnten Reisen vor allem nach Rom stets zahlreiche Bücher für seine Klöster mitbrachte, entstanden in Britanniens Norden ausgezeichnete Bibliotheken. Der berühmteste Nutznießer jener Schrift- und Gelehrtenkultur war der Mönch Beda (672–735), dessen Bedeutung für die kulturelle Entwicklung jener Zeit sehr groß war. In seinem wichtigsten Werk, der *Historia ecclesiastica gentis Anglorum* (»Kirchengeschichte des Volkes der Angeln«), behandelt er die Geschichte Britanniens von der Eroberung durch Cäsar bis zum Jahre 731. Der Mönch und Historiograph studierte in Jarrow und befasste sich mit Metrik, Rhetorik, Orthographie und Naturwissenschaft. Er schrieb Kommentare zur Heiligen Schrift und ein grundlegendes Werk über Chronologie, das für die mittelalterliche Zeitrechnung maßgeblich werden sollte. Er war einer der Vorbereiter der karolingischen Renaissance, die Nachwelt verlieh ihm den Beinamen *Venerabilis* (»der Ehrwürdige«).

Bedas Beispiel zeigt, dass das Mönchtum über die Glaubensvermittlung hinaus zunehmend damit beschäftigt war, inmitten dieser barbarischen Länder die Welt zu erklären und neu zu gestalten. Die Missionare waren nicht nur Boten des Glaubens, sondern auch Professoren, Erzieher und Dichter in einer Person. Karl der Große ernannte später den angelsächsischen Theologen Alkuin von York (um 730–804) sogar zum Leiter seiner Privatschule. Vom Britannien des 8. Jahrhunderts, von den Klöstern der Iren und Angelsachsen, ging die moderne Kultur des Abendlandes aus. Nun war der Punkt erreicht, der die historische Brücke zu der Entwicklung auf dem Festland schlug. Die angelsächsische Kirche hatte nicht nur die politische und kulturelle Einheit Britanniens bewirkt, sondern sie sollte das gesamte christlich-europäische Abendland entscheidend beeinflussen. Sie begann, auf den Kontinent auszustrahlen und einen geistigen Austausch in Gang zu bringen.

Angelsächsische Missionare gingen auf das Festland und begannen, die neue Lehre zu predigen – ins fränkische Gallien, wo sich eine Verwilderung des christlichen Lebens bis hin zur Repaganisierung abzeichnete, und in die Germania östlich des Rheins. So versuchte der Northumbrier Willibrod (gestorben 739) die heidnischen Friesen zu bekehren. Auf den Höhepunkt wurde die angelsächsische Mission von seinem Landsmann Bonifatius, eigtl. Winfrid (672–754) geführt, der bedeutendsten Figur der fränkisch-karolingischen Kirchengeschichte. Der aus Wessex stammende Bonifatius wurde später der »Apostel der Deutschen« genannt. Er setzte sich mit den Germanen östlich des Rheins auseinander, die zwar dem fränkischen Reichsverband angehörten, bisher aber nicht mit dem Christentum in Berührung gekommen waren. In dieser wilden Diaspora gelang es ihm tatsächlich, so etwas wie eine germanische Kirche zu organisieren. Politisch waren die Inselmissionare auf die Unterstützung der aufstrebenden Karolinger angewiesen. Letzteren konnte es allerdings nur recht sein, dass die Kirchenmänner den labilen Nord- und Ostrand ihres Reichs missionierten und folglich befriedeten. Viele wichtige Klöster lagen in dieser militärisch instabilen Randzone: Utrecht (gegründet 695), Echternach (698), Prüm (721), Hornbach (740), Würzburg (741) und die Insel Reichenau (724), deren Benediktinerkloster sich zur wichtigsten Kulturstätte des Frankenreichs entwickelte. Hier lehrten die Mönche und schufen somit missionarische Stützpunkte für Friesland, Sachsen, Thüringen und die lange Südostflanke des Karolingerreichs.

Als Glaubensverkünder betraten die frommen Männer häufig Gebiete ohne jede Kulturtradition, wo Glaube und Bücher absolut unbekannt waren. Die Barbaren von der christlichen Heilslehre zu überzeugen, war bestimmt nicht immer einfach. Die moderne Schriftkultur der Klöster war ihnen fremd, ihre eigenen Erzählungen stammten aus der Erinnerung und mündlichen Überlieferung. Außerdem müssen den kompromisslosen Kriegern die pazifistischen Überzeugungen des Neuen Testaments seltsam vorgekommen sein. Am besten funktionierten wahrscheinlich die Geschichten des Alten Testaments, die aus einer archaischen Welt stammten, die den germanischen Stammesfürsten vertraut war. Hier wurde erzählt von »sündigen, tötenden und ehebrecherischen Helden, die dennoch die Gnade und Hilfe Gottes gefunden hatten«, wie Friedrich Prinz schreibt. Damit konnten die Germanen bestimmt etwas anfangen. Der großartige Bonifatius aus Wessex, der zur Konsolidierung und zum Ausbau des Karolingischen Reichs entscheidend beigetragen hatte, musste dennoch daran glauben. 754 fand der mutige Kirchenmann bei den heidnischen Friesen den Märtyrertod. Mit seinem Evangeliar soll er sich den Schlägen der Gegner zur Wehr gesetzt haben.

Auf lange Sicht waren die germanischen Stammeskulte der christlichen Religion nicht gewachsen. Diese besaß durch ihr schriftliches Fundament ein eindeutiges Profil, das sie von anderen Religionen unterschied. Auch waren ihre professionell geschulten Missionare den heidnischen Stammespriestern überlegen. Wenn sie deren Heiligtümer zerstörten, ohne dafür von den Göttern bestraft zu werden, werteten die Germanen dies als Zeichen der überlegenen christlichen Religion – dieses Vorgehen war sozusagen ein alter Trick der Missionare. Zudem hatte die Völkerwanderung mit ihren wechselnden Koalitionen und zunehmend ethnisch vermischten Verbänden nicht nur die Identität der einzelnen Stämme, sondern bestimmt auch ihre religiösen Kulte und Vorstellungen geschwächt. In der Regel gingen die Missionare bei ihren Bekehrungsversuchen auf politische Führer zu, auf Fürsten und Könige – wenn diese sich taufen ließen, kam es im Anschluss zu wahren Massentaufen, die mit einer individuellen, aufrichtigen Bekehrung wenig zu tun hatten. Aber das Christentum hatte ja auch was zu bieten: Es war eine fortschrittliche Religion, statt dunkler Mythen von Kriegs-, Donner- und Blitzgöttern gab es hier einen Gott, Schöpfer und Erlöser. Es erklärte die Erschaffung der Welt, gab dem Leben einen Sinn und ein Ziel: die Erlösung im Paradies.

Eine umfassendere Christianisierung erfolgte aber erst im Mittelalter, und zwar vorwiegend in den Städten. Auf dem Land hielten sich heidnische Vorstellungen noch länger. Dennoch hat die Christianisierung das Leben der Menschen bestimmt, da die im 8. Jahrhundert entstandenen Kirchen, Bistümer und Klöster auf die Gesellschaft, Verfassung und Kultur einwirkten.

Angeln und Sachsen waren von irischen und römischen Mönchen zu Christen bekehrt worden. Nun hatten sich die Landsleute des heiligen Patrick revanchiert und die Heiden des Kontinents missioniert. Aus Missionierten wurden Missionare und aus Nehmer- wurden Geberländer. Dieser geistig-kulturelle Austausch zwischen Angelsachsen und Franken, zwischen angelsächsisch-irischer Spiritualität und fränkischer Rationalität, war für das 8. Jahrhundert von elementarer Bedeutung. Beide Reiche sollten im modernen Europa bestehen bleiben, der Höhepunkt stand kurz bevor: das karolingische Kaiserreich, die Wiederherstellung des westlichen *Imperium Romanum*.

Das Frankenreich – Eine Erfolgsgeschichte

Die Franken begegneten uns im Verlauf der Völkerwanderung und im Frühmittelalter immer wieder. Wer mit ihnen zu tun hatte, wurde sie nicht mehr los. Erst machten sie als Konglomerat kleiner, kriegerischer Stämme – die mal die »Freien«, dann die »Kühnen« oder die »Wilden« genannt wurden – den westlichen Niederrhein unsicher. Mitte des 3. Jahrhunderts schlossen sie sich zu einem großen Verband zusammen, zerstörten die römischen Kastelle am Niederrhein und marschierten durch Gallien bis nach Spanien. Sie kaperten auch Schiffe und kreuzten vor der Küste Nordafrikas. Mitte des 4. Jahrhunderts verwüsteten sie Köln, Bonn und andere Orte. Ihre Vorstöße waren so nachhaltig und spektakulär, dass die römischen Kaiser die Franken schon früh als wehrpflichtige Bauern in Nordgallien ansiedelten. Eine andere Lösung, ihrer Herr zu werden, gab es anscheinend nicht. Verbunden mit der Integration in römisches Herrschaftsgebiet war die Absicht, sie zur Reichsverteidigung gegen nachdrängende Germanen einzusetzen. Die Franken erwiesen sich als hervorragende Hilfstruppen. Einige ihrer Führer schafften es sogar bis zum römischen höchsten Heermeister, dem *magister militiae*. Darunter auch Silvanus, der sich 355 in Köln zum Kaiser ausrufen ließ, kurze Zeit später aber beseitigt wurde. Die Salier (salisch = salzig) kristallisierten sich als der Kernstamm des Frankenvolks heraus. Mitte des 4. Jahrhunderts drangen die Salier nach Belgien ein, worauf Flavius Claudius Julian, der spätere römische Kaiser, von den Christen *Apostata* genannt, sie 358 zwischen Maas und Schelde ansiedelte. An der Schelde liegt die belgische Stadt Tournai, hier begann auch die Erfolgsgeschichte der Franken.

Kurz nach dem Jahr 400 lag die militärische Grenze am Niederrhein in Trümmern. Die Franken fingen an, sich mit ihren Familien in Nordgallien auszubreiten, obwohl der römische Feldherr Aetius weiterhin auf der Hut war und mehrfach gegen die Eindringlinge vorging. Die Geister, die man gezwungenermaßen gerufen hatte, wurde man nicht mehr los. Nachdem Aetius 440 ein Frankenheer bei Arras besiegt hatte, wurde dem salischen Frankenkönig Chlojo als Föderat die Region um Tournai überlassen. Solche fränkische Enklaven unter der Führung kleiner Könige sind wohl auch an anderen Stellen entstanden, an Maas und Mosel, am Rhein, in den Ebenen Belgiens bis hin nach Reims. Das kleine Königreich von Tournai machte allerdings bald von sich reden. Mit Chlojo (gestorben um 455) und vor allem mit seinem Nachfolger Childerich (gestorben 482) betrat ein entschlossenes, machtbewusstes Königsgeschlecht die Bühne der Geschichte: das salisch-fränkische Geschlecht der Merowinger. Sie erzielten von Tournai aus einen beträchtlichen Machtzuwachs, wobei der berühmteste und erfolgreichste Merowinger erst noch kommen sollte: Chlodwig. Unter seiner

Herrschaft (482–511) verschmolzen all die fränkischen Stammesgruppen und Siedlungen zu einem starken, geeinten Königreich. Die Franken unterwarfen fast ganz Gallien und sollten dessen Herrscher bleiben.

Chlojo, Childerich, Chlodwig – die Merowinger legten den Grundstein für die Entwicklung des abendländischen Europa. Unter ihrer Herrschaft vollendete sich die Integration der fränkischen Siedler in die romanische Bevölkerung. Zugleich gelang ihnen die Einigung der vielen in Gallien eingesickerten fränkischen Siedlungen und Teilinteressen zu einem Königreich. Ein wichtiger Schritt dahin war natürlich auch die Niederschlagung des großen Hunnenzugs 451 gewesen, in dessen Folge sich die Franken im Rheinland und in Gallien immer mehr durchsetzen konnten. Die letzten Reste der Römerherrschaft in Gallien, das so genannte Syagrius-Reich um Reims und Cambrai, wurden 486 beseitigt. Die Franken waren auf dem besten Weg, die stärkste Macht im Westen zu werden. Und schließlich gelang der Coup, der zentrale Schlüssel zur Macht. Um das entstandene Reich, das germanische und romanische Völker umfasste, wirklich zu einigen, musste neben dem zentralen Königtum auch eine zentrale Kirche geschaffen werden. Chlodwig wusste, was zu tun war. Am Weihnachtstag des Jahres 497 (?) ließ er sich von Bischof Remigius zu Reims katholisch taufen. Bischof Gregor von Tours, der Verfasser der *Historiae Francorum* (»Zehn Bücher Fränkischer Geschichte«), hat den entscheidenden Augenblick beschrieben:

REMIGIUS: Mitis depone colla, Sigamber.
Adora quod incendisti,
incende quod adorasti.
(Du aus dem Stamm der Sigamber:
Beuge Dein Haupt.
Bete an was Du verbrannt hast,
verbrenne was Du angebetet hast.)
REMIGIUS: Credis in omnipotentem Deum in Trinitate?
(Glaubst Du an Gott den Allmächtigen Vater in der Dreifaltigkeit?)

CHLODWIG: Credo. *(Ich glaube.)*
REMIGIUS: Credis in Jesum Christum Filium ejus, conceptum ex Spiritu Sancto, natum ex Maria virgine, crucifixum sub Pontio Pilato, mortuum et tertia die resuscitatum a mortuis? Credis eum ascendisse in coelum, et sedere ad dexteram Dei Patris Omnipotentis, et inde iterum venturum esse, in fine saeculi, ad iudicandum vivos et mortuos? *(Glaubst Du an Jesus Christus, seinen Sohn, empfangen vom Heiligen Geist, geboren aus Maria der Jungfrau, gekreuzigt unter Pontius Pilatus, gestorben und am dritten Tag auferstanden von den Toten? Glaubst Du, dass er in den Himmel aufgestiegen ist und sitzt zur Rechten Gottes des Vaters, des Allmächtigen, und von dort wird er wiederkommen am Ende der Zeit, zu richten die Lebenden und die Toten?)*
CHLODWIG: Credo. *(Ich glaube.)*
REMIGIUS: Credis item in Spiritum Sanctum, in sanctam Ecclesiam Dei? *(Glaubst Du ebenso an den Heiligen Geist, die heilige Kirche Gottes?)*
CHLODWIG: Credo. *(Ich glaube.)*
REMIGIUS: Baptizo te in nomine Patris, et Filii, et Spiritus Sancti. *(Ich taufe Dich im Namen des Vaters, des Sohnes und des Heiligen Geistes.)*

Chlodwig ist der erste germanische Großkönig, der sich römisch-katholisch taufen ließ. Noch am selben Tag bekehrten sich 3000 fränkische Krieger zum katholischen Glauben. Eine Christianisierung von oben also: der König ließ sich taufen, Adlige und Volk mussten ihm folgen. So sollten es später auch die Westgoten in Spanien sowie die Angelsachsen in England halten.

Mit Chlodwigs Taufe wurde die religiöse Einheit des Frankenreichs hergestellt. Zugleich war der Grundstein dafür gelegt, dass Gallier und Germanen politisch zu einem fränkischen Reichsvolk verschmelzen konnten. Indem Chlodwig zum Katholizismus konvertierte, stieg er aus dem Bündnissystem der germanischen Könige aus, das der arianische Ostgotenkönig Theoderich der Große einst geschaffen hatte.

Das Taufereignis zu Reims trug wohl Chlodwig große Sympathie seitens der einheimischen Bevölkerung sowie Byzanz ein. Dass sich ihr König für den Glauben der gallo-römischen Bevölkerungsmehrheit und gegen seine eigene Geschichte entschieden hatte, machte großen Eindruck. Andere Gallier hingegen mussten sich wie in Südwestfrankreich der Herrschaft der Westgoten fügen, die Arianer waren. In Reims errang der Katholizismus einen spektakulären Sieg, und die gallischen Bischöfe dankten es ihrem König, indem sie seine Königsherrschaft unterstützten, wo und wie sie nur konnten: religiös, politisch und militärisch. Auf diese Weise hatte sich eine äußerst mächtige Konstellation ergeben, die sich als zukunftsfähig erweisen sollte. Neben dem König und dem Heer wurde die Kirche die dritte tragende Säule des Frankenreichs. Welch ein Wandel hatte sich da vollzogen! Erst hatten die Franken wie andere Germanen auch in Kirchen primär die Einladung zur Plünderung gesehen, und nun taten sie sich als Kirchen- und Klosterstifter hervor, stellten den Klerus und seine Gemeinde unter ihren Schutz. Mit dieser Unterstützung im Rücken konnte Chlodwig daran gehen, große europäische Politik zu machen und das kleine Reich zu einer Großmacht werden zu lassen.

Aus einem Kleinkönig wurde der Alleinherrscher des Frankenreichs. Bereits mit fünfzehn, sechzehn Jahren war Chlodwig zum ersten Mal Vater geworden. Was die männliche Attraktivität anbelangte, folgte er wohl dem Beispiel seines Vaters Childerich, von dem es hieß, dass er am Anfang seiner Herrschaft sich mit vielen Mädchen aus dem Volk einließ, weswegen ihm die Macht entzogen wurde. Er floh und fand Zuflucht beim thüringischen König und seiner Frau Basina, die derart von ihm angetan gewesen sein soll, dass sie seinetwegen ihren Mann verließ und Childerich nachreiste: »Ich kenne deine Tüchtigkeit und weiß, dass du sehr tapfer bist, deshalb bin ich gekommen, bei dir zu wohnen.« Sie wohnte nicht nur bei ihm, sondern sie heirateten gleich. Dieser leidenschaftlichen Ehe entstammte Chlodwig, der mit nicht einmal sechzehn Jahren König der salischen Franken wurde. Chlodwig war ein kluger Real- und Machtpolitiker, der seine Ziele mit unerschöpflicher Energie und großem Geschick, aber auch entsprechender Skrupellosigkeit durchzusetzen verstand. Wer ihm bei seinem Expansions- und Einigungswerk von Saliern und Rheinfranken im

Wege stand, den ließ er kurzerhand liquidieren, so auch eine ganze Reihe von fränkischen Stammeskönigen und sogar eigene Verwandte.

Ganz perfide war der Mord an dem rheinfränkischen König Sigibert, zu dem Chlodwig dessen eigenen Sohn Chloderich angestiftet hatte. Nach Vollzug meldete der junge König stolz: »Mein Vater ist gestorben, und ich bin im Besitz seines Reichs und seiner Schätze. Was dir von seinen Schätzen gefällt, will ich dir gerne schicken.« Die darauf entsandten Boten Chlodwigs erschlugen den jungen Chloderich, während dieser sich noch prahlend über die Schatztruhe beugte. Als sich Chlodwig wenige Tage später dem Kölner Volk mit Unschuldsmiene präsentierte, beteuerte er: »Ich habe mit der Sache nichts zu tun – ich kann doch nicht das Blut meiner Verwandten vergießen, das wäre ja Unrecht. Da die Dinge aber nun einmal so gekommen sind, gebe ich euch einen guten Rat: Schließt euch meiner Führung an – unter meinem Schutz lebt ihr sicher.« Wer vermochte, sich dieser Fürsorge zu entziehen? Über die zynische Scheinheiligkeit des Merowingers hat sich besonders Bischof Gregor von Tours in seiner *Fränkischen Geschichte* knapp hundert Jahre nach der Reichsgründung mokiert. Erst habe er seine Verwandten beseitigt und sich dann darüber beklagt, keine Sippe mehr zu haben! Die Kirche wird Chlodwig seine abscheuliche Mordserie schnell verziehen haben, immerhin verdankte sie ihm allein ihren Aufstieg in schwierigen Zeiten.

Auf dem Weg zur Großmacht verleibte sich Chlodwig 496 zuerst die Alemannen im Südosten Galliens ein. Nachdem der Feldzug ins Stocken geraten war und ihm sogar eine Niederlage drohte, soll er auf dem Schlachtfeld Jesus Christus angerufen und für den Fall des Siegs seine Bekehrung zum Katholizismus geschworen haben. Die germanischen Fürsten riefen oft den christlichen Gott an, um zu testen, wie stark er war. Wenn das Ergebnis positiv ausfiel und die Schlacht gewonnen wurde, ließen sie sich taufen. Im Fall Chlodwigs ist das Ergebnis bekannt, er konvertierte. Gregor von Tours zufolge soll er nur seiner katholischen Frau Chrodechilde das während der Schlacht abgelegte Gelübde anvertraut haben:

»Jesus Christus, Chrodechilde verkündet, du seiest der Sohn des lebendigen Gottes; Hilfe, sagt man, gebest du den Bedrängten, Sieg denen, die auf dich hoffen – ich flehe dich demütig an um deinen mächtigen Beistand: gewährst du mir jetzt den Sieg über diese meine Feinde und erfahre ich so jene Macht, die das Volk, das deinem Namen sich weiht, an dir erprobt zu haben rühmt, so will ich an dich glauben und mich taufen lassen auf deinen Namen. Denn ich habe meine Götter angerufen, aber wie ich erfahre, sind sie weit davon entfernt, mir zu helfen. Ich meine daher, ohnmächtig sind sie, da sie denen nicht helfen, die ihnen dienen. Dich nun rufe ich an, und ich verlange, an dich zu glauben; nur entreiße mich aus der Hand meiner Widersacher.«

Nach der Unterwerfung der Alemannen versuchte er, die Burgunden zu erobern; sie erwiesen sich aber als zu stark. Die nächsten waren die Westgoten, die er in der Schlacht von Vouillé im Jahr 507 besiegen und nach Spanien zurückdrängen konnte. Damit war das stolze Tolosanische Reich der Westgoten zwischen der Loire und den Pyrenäen vernichtet.

Der Einzige, der sich ihm erfolgreich entgegenstellte, indem er ihm den Weg zum Mittelmeer versperrte, war Theoderich der Große. Theoderich hatte vorausgesehen, welch mächtiger Gegner Chlodwig für die Nachbarreiche wurde. Der Franke war aus dem von Theoderich geschaffenen germanischen Bündnissystem ausgeschert, um ein eigenes Großreich zu schaffen.

Der Merowingerkönig starb 511: »Hierauf starb er zu Paris und wurde begraben in der Kirche der heiligen Apostel, die er mit der Königin Chrodichilde (seiner Frau) selbst erbaut hatte. Er regierte im ganzen 30 Jahre und brachte sein Leben auf 45 Jahre«, so Gregor von Tours. Seine vier Söhne teilten das Reich unter sich auf und setzten die begonnenen Eroberungskriege in Gallien und Germanien fort. Jeder versuchte, sein Reich zu vergrößern. 531 eroberten sie das Reich der Thüringer, 534 das der Burgunden. Wenige Jahre später geriet auch Bayern unter

»Chlodwig besiegt Alarich II. Lithographie nach einem Gemälde von Friedrich Tüshaus (1832–1885). In der Schlacht von Vouillé besiegten die Franken die Westgoten und trieben sie über die Pyrenäen nach Spanien.

ihre Herrschaft. Das Frankenreich dehnte sich nun bis zu den Ostgoten aus, von der Mittelmeer- und Atlantikküste bis über die Elbe in thüringisches und alemannisches Gebiet. Nur die Sachsen waren noch unabhängig. Damit war das Frankenreich Mitte des 6. Jahrhunderts auf dem Höhepunkt seiner Macht angelangt.

Ziehen wir eine erste Bilanz. Beim Frankenreich handelt es sich immerhin um das erste große nachantike Reich, das nach dem Untergang Roms auf westlich-römischem Boden entstand – und das vor allem Bestand hatte. Warum war es nicht ein ebenso vorübergehendes Phänomen wie die Reiche der Ost- und Westgoten, der Vandalen und Burgunden?

Begünstigt wurde das Entstehen einer staatlichen Einheit aufgrund der allmählichen Besiedlung Nordgalliens durch die germanischen Franken. Die fortgezogenen fränkischen Bauern und Krieger konnten mit ihren ursprünglichen Wohngebieten an Rhein und Main in Kontakt bleiben, sogar Nachzügler zum Kommen überreden. Und allzu viel Energie hatten sie für ihre Völkerwanderung auch nicht aufgeboten, da hatten Goten und Vandalen ganz andere Strecken zurückgelegt.

Trotz ihrer dominanten politischen Rolle als Besatzer übernahmen die Franken die romanische Kultur und Sprache. Inner-

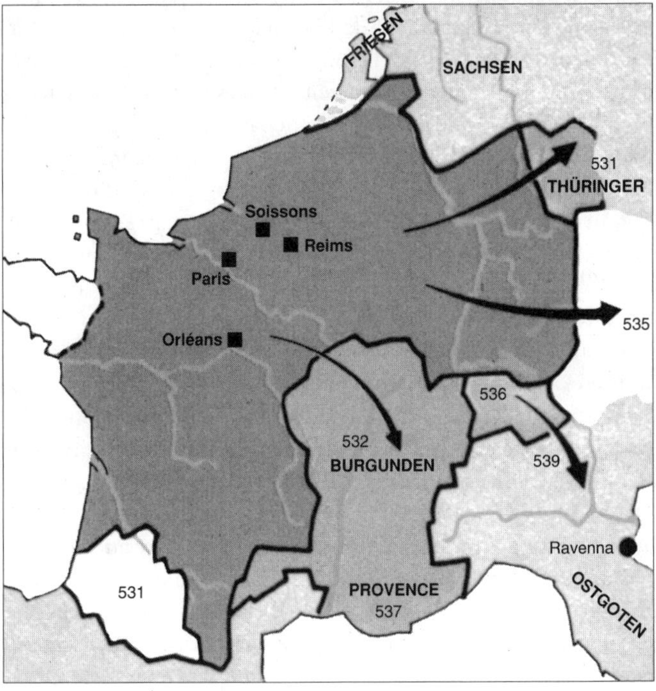

Das Reich der Franken nach dem Tod Chlodwigs Mitte des 6. Jahrhunderts.

halb von nur wenigen Generationen sprachen sie das Vulgärlatein der Gallier, die *lingua romana,* mit germanischen Einsprengseln. Auch das führte zur Einheit. Die Gallier waren den Einwanderern zahlenmäßig weit überlegen. Der umgekehrte Prozess – den Einheimischen die fremde Sprache aufzuzwingen – ging nur bis zu einer gewissen Grenze; doch noch bis zum 11. Jahrhundert wurde an der mittleren Mosel um Trier herum vorwiegend Romanisch gesprochen.

Der kulturellen Entwicklung entsprach auch die politische. Hatte Chlodwig sich nicht katholisch taufen lassen und sich damit in die Vorbildrolle der gallo-römischen Gesellschaft gefügt? Seine Bekehrung und Anerkennung der gallo-römischen Bevölkerungsmehrheit macht den Germanen Chlodwig übrigens im französischen Geschichtsbewusstsein zum Begründer des modernen Frankreich. Ein weiterer geschickter Schachzug Chlodwigs bestand darin, die Kirchenämter vorwiegend in romanischer Hand zu belassen. Die Landeskirche wurde zwar in den Staat integriert, so dass der König an Synoden teilnahm und bei der Berufung von Bischöfen Mitspracherecht hatte, die kirchliche Führungsschicht und ihr Dialog mit der Bevölkerung blieben jedoch unangetastet. Chlodwig wusste, wie wichtig gute Beziehungen zur Kirche waren.

Das Reich der Franken war konkurrenzlos geworden. Sie waren es, die Europa von nun an gestalteten. Was war mit den anderen germanischen Nachfolgestaaten des römischen Weltreichs passiert? Das Reich der Vandalen war untergegangen, das der Ostgoten nach dem Tod Theoderichs im Sinken begriffen. Die Langobarden waren den Franken nicht gewachsen, sollten am Ende sogar von ihnen in militärischer Auseinandersetzung besiegt werden. Das Westgotenreich in Spanien und das der Angelsachsen befanden sich an der Peripherie des wirklichen Geschehens, waren also ohne europäischen Einfluss. Die Völker des skandinavischen Nordens blieben in ihrer heidnischen Welt isoliert, daran änderten auch die gelegentlichen Grenzüberfälle der Friesen nichts. Auch die awarisch-slawischen Völker an der

Ostgrenze des Reichs waren weit weg, stellten keine Bedrohung und erst recht keinen politischen Gegenentwurf dar. Es blieb nur noch das Oströmische Reich, das bis ins 15. Jahrhundert hinein Bestand haben sollte. Auch Byzanz brauchten die Franken nicht zu fürchten. Die beiden Weltmächte konzentrierten sich auf ihren jeweiligen Einflussbereich, ohne dass es zu einer dauerhaften machtpolitischen Gegnerschaft kam.

Was geschah mit den Merowingern? Sie hielten sich dem Namen nach noch bis zum 8. Jahrhundert, verloren aber allmählich an Glanz und Kultur. Volksbildung und Christianisierung stagnierten. Bereits Mitte des 7. Jahrhunderts hatten sie alle Macht eingebüßt. Trotzdem war es nicht leicht für die aufstrebenden Karolinger, sie loszuwerden und an ihre Stelle zu treten. Eine neue Führungsschicht kam auf, die der Hausmeier, vergleichbar mit den obersten Heermeistern der Römer. Berühmtester *maiordomus* war Karl Martell (»Hammer«) aus der Familie der Karolinger. Er stellte die fränkische Oberhoheit über die Länder der Bajuwaren, Alemannen, Aquitanier und Friesen wieder her. Sein entscheidender Coup gelang ihm 732, als er die vorrückenden Araber bei Poitiers zurückschlagen konnte. Damit hatten die Franken das gesamte christliche Europa einschließlich Rom und Konstantinopel gegen den Orient verteidigt. Die Franken hatten die Welt gerettet – ein weiterer Höhepunkt ihres Aufstiegs, der so unscheinbar am Niederrhein begonnen hatte.

Nach der historischen Heldentat Karl Martells war klar, dass die Zukunft nicht mehr den zunehmend unfähigen Merowingern, sondern den Karolingern gehören würde. In deren Auftrag übernahm der angelsächsische Missionar und spätere Erzbischof Bonifatius die Neuordnung der fränkischen Kirche. Dann übernahmen die Karolinger endgültig die Macht im Frankenreich. Der letzte merowingische König Childerich III. wurde 751 des Thrones enthoben und ins Kloster verbannt. Man hatte ihn als *inutilis* (»nutzlos«) bezeichnet. Pippin, der Sohn von Karl Martell und Vater von Karl dem Großen, ließ sich im selben

Jahr von Bonifatius als dem päpstlichen Gesandten zum König krönen und salben. Als Dank für die kirchliche Legitimierung seines Königtums – diese religiöse Königsweihe sollte auch den künftigen Königen in Deutschland und Frankreich zuteil werden – zog er gegen die Langobarden in Italien, deren Expansion Papst Stephan II. zunehmend zu schaffen machte, und schlug sie nieder. Außerdem legte er durch eine Schenkung gewonnenen Gebiets an den Papst den Grundstein für den späteren Kirchenstaat.

Im Jahr 768 folgte Karl der Große seinem Vater als *rex Francorum* (»König der Franken«) und *Patricius Romanorum* (»Schutzherr der Römer«) nach. Als die Langobarden den Papst 774 erneut unter Druck setzten, unterwarf Karl der Große das Langobardenreich endgültig fränkischer Oberhoheit. Damit bekräftigte er das Schutzbündnis zwischen Papsttum und Frankenherrschern, das ein Vierteljahrhundert später die letzte Konsequenz erfahren sollte. Bis dahin expandierte Karl der Große nach Osten und festigte seine Landgewinne durch Pfalzen und neue Bistümer, darunter Münster, Paderborn, Osnabrück, Minden und Bremen. Dann unterwarf er nach zähem Kampf die Sachsen, die sich dreißig Jahre lang geharnischt gegen die gewaltsame Missionierung zur Wehr gesetzt hatten; obwohl ihr Herzog Widukind im Jahr 785 zum Christentum übertrat und sich taufen ließ, leisteten sie noch fast zwanzig Jahre Widerstand, bis sie endgültig die Waffen streckten. Es folgten gewonnene Feldzüge gegen die Slawen und Awaren. Unter Karl dem Großen erreichte das Reich seine größte Ausdehnung, es erstreckte sich von der Ostsee bis zur Adria.

Nun war der Zeitpunkt gekommen: Am Weihnachtstag des Jahres 800 krönte Papst Leo III. im Petersdom in Rom Karl den Großen zum Kaiser. Damit erkannte er ihn und nicht mehr den Basileus von Byzanz als seinen Oberherrn an. Jetzt war für Karl den Großen der letzte, in sich konsequente Schritt zur höchsten Herrscherwürde im Abendland vollzogen. Er hatte die römische Kaiserkrone erworben.

Nach all den Wirren und Wanderungen germanischer Völker über viele Jahrhunderte hinweg hatten sich nur zwei Reiche herausgeschält, die auf dem Boden des Römischen Reichs Bestand hatten: das der Angelsachsen in Britannien und das der Franken auf dem europäischen Festland. Was hatte die Franken dazu befähigt? Vielleicht war es ihr Menschenreichtum, der sie auch verlorene Schlachten – und das waren nicht wenige – überstehen ließ, oder ihre bereitwillige Anpassung an überlegene Kulturen und ihre große Lernfähigkeit; entweder hatten ihre Könige und Staatsmänner einfach das bessere Gespür oder sie waren skrupelloser und pragmatischer als die anderen. Die Franken könnten den anderen germanischen Völkern auch deswegen überlegen gewesen sein, weil sie kaum wanderten. Dann wären sie in der Tat so etwas wie die Kriegsgewinnler dieser stürmischen Epoche – diejenigen, die am wenigsten taten, aber das meiste ernteten. Der Schweizer Historiker Jean-Pierre Bodmer hat 1957 dazu folgende Erklärung gegeben: »Die Staatsschöpfung der Franken vermag kaum zu begeistern. Statt großer Leitgedanken finden wir eine Wirrnis von Provisorien und Aushilfen, Ungenügen und Unordnung überall. Man könnte sich darüber Gedanken machen, weshalb gerade dieses Reich in seiner Mediokrität die Stürme des frühen Mittelalters überleben konnte. Eines wird man ihm nicht absprechen dürfen: die Lebenstüchtigkeit, die es trotz aller wirklichen und vermeintlichen Dekadenz bewies.«

Ihrer vielschichtigen Stammesgenealogie und besonders ihrer erfolgreichen Expansion ist der recht komplizierte Stammbaum zu verdanken, den die Franken Deutschland zugrunde gelegt haben. Historisch gesehen repräsentieren sie ja keinesfalls allein die so bezeichneten Landsleute um Würzburg, Erlangen, Nürnberg oder Bamberg, sondern sie zerfallen in: Rhein-, Main-, Mosel- und Niederfranken, sind die Vorfahren der Franken in Bayern, der Rheinländer, Hessen, Pfälzer, Saarländer, Lothringer, Flamen, Luxemburger und Holländer. Benannt nach ihnen hat sich allerdings nicht Deutschland, sondern Frankreich. Daraus wird ersichtlich, wie eng die Verwandtschaftsverhältnisse in Europa sind.

Wer nach den Anfängen deutscher Geschichte fragt, der muss sich in die Zeit der Völkerwanderung hineinbegeben: in die Geschichte der Römer, der Franken und anderer Germanen; und eigentlich auch der Kelten im heutigen Süddeutschland, die von Germanen und Römern nach Westen verdrängt wurden. Von einem deutschen Volk aber kann erstmals am Ende des 10. Jahrhunderts die Rede sein, nachdem aus dem Karolingerreich jenes ottonisch-salische Reich entstand, in dessen Kontinuität das heutige Deutschland steht. Damals hat sich in der östlichen Hälfte des einstigen karolingischen Reichs langsam der Gebrauch des Wortes »deutsch« – von Süden nach Norden – als Oberbegriff für die in diesem Gebiet gesprochenen germanischen Sprachen und lebenden Menschen eingebürgert – die Bayern waren die ersten, die als »Deutsche« galten. Die Menschen gingen allerdings nicht von einem Neubeginn aus, sondern wähnten sich weiterhin in einem fränkischen oder gar römischen Reich – zu nachhaltig waren noch die römischen Einflüsse, vor allem der römisch geprägten katholischen Kirche, unter denen sie standen. Germanische und römische Kultur gingen schließlich in der romanisch-germanischen Zweigestaltigkeit eine Symbiose ein, die das westliche Europa maßgeblich geprägt hat.

Nachbemerkung

Germanien, im Winter 180 n.Chr.

Die Barbaren, es sind Quaden und Markomannen, drängen zwischen kahlen, schwarzen Bäumen hervor. Dicht an dicht steht sie da, die siegesgewisse, brodelnde Masse. Ihr dunkles Geheul hallt aus ihren Schilden wider, die sie vor ihre schmutzigen Felle halten. Kratzig und widerspenstig stehen die kurzen Hiebschwerter, Streitäxte und Speere wie kleine geschälte Bäume von ihnen weg. Den Boten der Römer haben sie den Legionen enthauptet zurückgeschickt. Sie wollen den Kampf. Der Wald ist halb verbrannt, die Kampfhandlungen dauern wohl schon länger und drängen jetzt ihrer Entscheidung entgegen. Die Szenerie ist düster, als hätte Tacitus sie selbst ausgesucht. Die römische Infanterie verharrt in geschlossener Formation am Fuß des gerodeten, verbrannten Geländes. Ihre Helme glänzen im blauen Licht. Obwohl beim Anblick dieser unheimlichen Barbarenmasse einem ein Schauer über den Rücken läuft, ahnt man, wie die Schlacht ausgehen wird. Mit geometrischer Präzision schießen die römischen Bogenschützen ihre Brandpfeile ab, die Feuerkatapulte folgen. Dann marschiert die Infanterie los, die Germanen erwidern die Attacke. Die Reiterei unter General Maximus stößt in den Rücken der entfesselten Germanen, und dann ist da nur noch ein Gemetzel aus Schnee, Feuer und Blut. Die Hölle des Krieges.

Der Spielfilm *Gladiator* von Ridley Scott ist bereits jetzt ein Hollywoodklassiker, einer der erfolgreichsten Filme aller Zeiten. In der oben geschilderten Eröffnungsszene mit über tausend Statisten in einem Waldgebiet bei Farnham in England besiegen die römischen Legionen den germanischen Feind endgültig. Damit gehen die Markomannenkriege unter Marc Aurel zu Ende (166–180). Am Rande der Schlacht sitzt der Philosophenkaiser auf seinem Pferd wie ein Denkmal, der Widerwille des kultivierten Herrschers gegen diesen Krieg im barbarischen Norden, im unbezähmbaren Germanien, ist ihm deutlich anzumerken. Natürlich bildet der Hollywoodfilm die Dinge überlebensgroß ab. Weil die Szene aber so eindringlich ist – die Ausstattung authentisch, das Licht virtuos, die Statisten ausdrucksvoll –, gibt sie die Geschichte glaubhaft wieder.

Diese Szene ist erwähnenswert, weil das moderne Kino des Jahres 2000 die Germanen und ihre frühe Konfrontation mit den Römern endlich sichtbar macht. Germanien kam in der populären Kultur der letzten fünfzig Jahre nicht vor. Die überwältigende Mehrheit der Zuschauer hat durch den Film *Gladiator* zum ersten Mal eine Vorstellung vom Aussehen germanischer Stämme erhalten. Bestimmt wäre der frühen germanischen Kultur, die über Jahrhunderte Geschichte gemacht hat und an deren Ende immerhin Karl der Große stand, mehr Sympathie, Erfolg und Nachhaltigkeit beschert gewesen, hätten das 19. und vor allem das 20. Jahrhundert mit ihren fragwürdigen und aggressiven Ideologien ihr nicht die Ehre abgekauft. Aufgrund der Dominanz der antiken Mittelmeerwelt, deren Kultur sich bis heute als attraktiver erwies als die der Barbaren, befanden sich die Germanen schon immer im Hintertreffen. Ein weiterer Grund für die mangelnde Popularität der Germanen liegt in ihrer relativen Unsichtbarkeit: Ihre Spuren zu finden ist zwar lohnend, aber nicht einfach. Es gibt Funde in Gräbern und Mooren, Körper, Schmuck und Waffen, wie das Königsgrab des Merowingers Childerich, das Schiffsgrab König Redwalds von Sutton Hoo oder den westgotischen Königsschatz von Guarrazar. Reste germanischer Architektur finden wir vor allem in Ravenna und Trier, aber die großen Kathedralen beispielsweise, die die westeuropäische Vergangenheit und Identität begründen, entstanden erst im Mittelalter.

Die Geschichte der Germanen liegt in erster Linie in Form von mehr oder weniger authentischen Berichten vor, die aus antiken Quellen stammen. In einer Mischung aus Ehrfurcht und Schrecken erzählen sie von den barbarischen Fürsten, Königen und Heerführern – vom jungen Cherusker Arminius, der einen sensationellen Sieg über die hochgerüstete römische Weltmacht errang; vom Westgoten Alarich, der sein vertriebenes Volk nach Rom führte und die Ewige Stadt eroberte; vom Vandalen Geiserich, der von Nordafrika aus das Mittelmeer unsicher machte; vom ostgotischen König Theoderich, der das Erbe Westroms antrat und eine kulturelle Renaissance schuf; vom Franken Chlodwig, der als zielstrebiger Machtpolitiker und Eroberer aus den Trümmern Westroms ein Reich errichtete, das Vorbildcharakter für das mittelalterliche Europa hatte. Wird man sich im 21. Jahrhundert dieser historischen Gestalten noch einmal auf neue Weise annehmen? In Geschichtsbüchern und Ausstellungen, in Romanen und in Filmen, in den Schulen und Universitäten?

Es wäre wünschenswert. Denn es gibt ja Erkenntnisse, die entweder unbekannt sind oder selten abgerufen werden, die für das Verständnis jener Zeit aber unabdingbar sind. Zum Beispiel die, dass es *die* Germanen nicht gab; dass es im Verlauf der Völkerwanderung auch keine einheitlichen Völker gab, weil sich ihnen Menschen und Gruppen aus den verschiedensten Ethnien anschlossen. Es wanderten nicht in sich geschlossene Völker, sondern vielmehr ihre Namen, ihre Traditionen. Viele Völker nahmen die Namen siegreicher Stämme an; so hatte schon der Germanenname in Gallien seinen Anfang genommen. Der Kimbernkönig Boiorix, »Fürst der böhmischen Boier«, der mit seinem Volk 101 v. Chr. die entscheidende Schlacht gegen die Römer in der Poebene verlor, kann nicht mit diesem Namen aus Jütland aufgebrochen sein. Er ist irgendwann zu ihnen gestoßen und aufgrund seiner Tapferkeit und seiner Erfolge ihr König geworden. Auch wird klar, dass die Germanen mit Blut und Rasse, wie ihnen Nationalisten und Rassisten nachsagen, nichts im Sinn hatten – genau das Gegenteil trifft zu. Abstammung und Herkunft spielte in ihren Haufen keine Rolle, die Germanen ließen sich je nach Umstand auf alle möglichen Konstellationen und Freund- wie Feindbilder ein. Und schließlich wird deutlich, dass die Migranten in erster Linie Wirtschaftsflüchtlinge und keine aggressiven Eroberer waren, dass sie Frieden, Wohlstand und Gesundheit suchten (genau aus dem Grund wandern wohl alle Völker) – allerdings wiesen sie eine Kampfstärke auf, die sie überleben ließ. Sie wollten das Römische Reich nicht zerstören, haben aber gewiss dessen Untergang beschleunigt und besiegelt. Anzuklagen sind sie dafür nicht.

Sie waren zwar Abenteurer, Krieger, Mordbrenner, aber auch Wanderlustige, Habenichtse und Flüchtlinge. Aus den verschiedensten Gründen machten sich Menschen und Stämme auf den römischen Straßen und auf unbefestigten Wegen Richtung Süden auf, Heere und Völker, Krieger und ihre Familien. Aus zwei verschiedenen Kulturen, die sich ebenso aneinander rieben, wie sie sich aneinander über Jahrhunderte zu gewöhnen hatten, aus der germanischen und der römischen Kultur, entstand schließlich ein neues Europa – nicht Konfrontation, sondern Durchmischung und Ergänzung sind die zentralen Begriffe. Es geht nicht um Ideologie, sondern um Integration. Wir alle haben eine germanische Geschichte: die Deutschen mit den auf ihrem Gebiet damals beheimateten Stämmen ebenso wie die Franzosen mit den Franken, die Italiener mit den Ostgoten und Langobarden, die Engländer mit den Angeln und Sachsen und die Tunesier und Algerier mit den Vandalen. Die Völkerwanderung ist zutiefst europäisch. Sie ist eine der wichtigsten Epochen der europäischen Geschichte.

ANHANG

Zeittafel

113 v. Chr.	Kimbern und Teutonen besiegen römische Legionen in Noreia.
103 v. Chr.	Marius besiegt die Teutonen und Ambronen in *Aquae Sextiae*.
101 v. Chr.	Marius besiegt die Kimbern in *Vercellae*.
58–51 v. Chr.	Eroberung Galliens durch Cäsar.
58 v. Chr.	Sieg Cäsars über den Suebenkönig Ariovist.
55/53 v. Chr.	Cäsar fällt in das rechtsrheinische Germanien ein.
16 v. Chr.	Gründung von Trier *(Augusta Treverorum)*.
12–9 v. Chr.	Germanienfeldzüge des Drusus.
7 v. Chr.	Tiberius setzt sich erfolgreich in Germanien fest.
9 n. Chr.	Niederlage der Römer unter Varus durch Arminius in der Schlacht im Teutoburger Wald.
13–16	Germanicus als Oberbefehlshaber der Rheintruppen.
21	Ermordung des Arminius.
43	Unter Claudius wird die Provinz *Britannica* gegründet.
44	Mainz erstmals als *Mogontiacum* bezeugt.
50	Das *Oppidum Ubiorum* wird zur *Colonia* (Köln) erhoben.
69–70	Bataveraufstand.
81–85	Chattenkriege Domitians.
um 85	Einrichtung der beiden Provinzen *Germania inferior* und *Germania superior.*
98	Die *Germania* des Tacitus erscheint.
98–138	Errichtung und Ausbau des Limes.
121	Der Bau des Hadrianwalls in Britannien wird begonnen.

um 150	Goten auf der Insel Scandia, die Gutonen östlich der Weichsel bezeugt; danach Abwanderung in die Ukraine.
166–180	Die Markomannenkriege unter Marc Aurel an der Donau.
208/230	Die Goten siedeln am Schwarzen Meer.
238	Die Goten fallen in den Balkan und nach Kleinasien ein.
251	Sieg der Goten über das römische Heer bei Abrittus; Tod des Kaisers Decius.
253	Wiederholte Einfälle der Goten und verbündeter Völker bis nach Griechenland und Kleinasien.
256	Einfall der Franken am Niederrhein bis Gallien und Spanien.
260	Alemannen durchbrechen den obergermanisch-rätischen Limes.
268	Gotischer Angriff auf Byzanz und Sieg von Claudius II. bei Nisch.
272	Sieg Aurelians über die Goten nördlich der Donau.
275	Die Franken fallen erneut in Gallien ein.
286	Erste Erwähnung sächsischer Seeräuber an der gallischen Nordseeküste.
290/291	Endgültige Spaltung der Goten: Terwingen-Vesi-Westgoten und Greutungen-Ostrogothen-Ostgoten.
293–395	Trier ist kaiserliche Residenz.
306–337	Kaiser Konstantin befestigt die Rheingrenze. Geburt Wulfilas.
330	Byzanz (Konstantinopel) wird Konstantins Hauptresidenz, dann die zweite Hauptstadt.
332	Foedus der Westgoten mit Konstantin I.
um 350	Bekehrung des Westgoten zum arianischen

	Christentum und Übersetzung der Bibel durch Bischof Wulfila.
357	Schlacht bei Straßburg und Sieg Julians über die Alemannen.
364–378	Valentinian I. Kaiser in Westrom, Valens in Ostrom.
368–374	Kämpfe Roms gegen die Alemannen am Rhein.
369	Friedensvertrag zwischen Athanarich und Valens auf der Donau.
375	Einfall der Hunnen in Europa; Tod Ermanerichs; ein Teil der Ostgoten wird von den Hunnen unterworfen.
376	Die Westgoten überqueren auf der Flucht vor den Hunnen unter Alaviv und Fritigern die Donau.
378	Schlacht bei Adrianopel; Tod von Kaiser Valens.
379–395	Theodosius der Große.
380	Gratian siedelt hunnisch-ostgotisch-alanische Gruppen als Föderaten in Pannonien an.
382	*Foedus* der Westgoten mit Kaiser Theodosius; Ansiedlung im Norden Thrakiens.
um 385	Geburt des heiligen Patrick in Wales.
391–401	Die Westgoten Alarichs I. auf dem Balkan.
395	Teilung Roms.
395–408	Arkadius Kaiser in Ostrom.
395–423	Honorius Kaiser in Westrom.
401	Einfall Alarichs in Italien.
402	Sieg Stilichos über Alarich bei Pollentia und Verona.
406	Vandalen, Alanen und Sueben überqueren den Rhein und fallen in Gallien ein.
407	Abzug der römischen Truppen aus Britannien.

408	Stilicho wird enthauptet.
409–429	Die Vandalen in Spanien.
410	Alarich erobert Rom; Alarichs Tod und Begräbnis im Fluss Busento.
412	Die Westgoten verlassen Italien und ziehen nach Gallien.
413	Die Burgunden gründen als römische Föderaten ein Reich am Rhein.
414	Heirat Athaulfs mit Galla Placidia.
418–507	Das Tolosanische Königreich der Westgoten.
429	Pikten und Sachsen fallen in Britannien ein.
429	Die Vandalen setzen nach Afrika über.
430	Aetius wird Reichsfeldherr im Westen.
433	Pannonien unter hunnischer Herrschaft.
434	Attila betritt als junger Herrscher die Bühne der Geschichte.
436	Die Hunnen führen eine Vernichtungsschlacht gegen die Burgunden.
439	Die Vandalen erobern Karthago.
440–446	Kriegszüge der Hunnen auf dem Balkan.
442	Vertrag zwischen Rom und Geiserich; Nordafrika fällt an die Vandalen.
442	Schwere Sachseneinfälle in Britannien.
443	Die Burgunden werden in Savoyen (Sapaudia) angesiedelt.
445	Nach der Ermordung Bledas wird Attila Alleinherrscher.
449	Der Legende nach landen Sachsen unter Hengist und Horsa in Britannien.
451	Geburt Theoderichs.
451	Niederlage Attilas in der Schlacht auf den Katalaunischen Feldern.
453	Tod Attilas; Verfall der Hunnenherrschaft.
454	Tod des Aetius.

455	Die Alemannen breiten sich im Elsass und in der Schweiz aus.
454/55	Schlacht am Nedao.
455	Die Vandalen plündern Rom.
um 456	Trier, Köln und Mainz fallen an die Franken.
456–473	Zuteilung Pannoniens an die Ostgoten.
466–484	König Eurich.
472	Plünderung Roms durch Rikimer und die Burgunden.
471/74	Theoderich wird zum König der Ostgoten erhoben.
474–491	Kaiser Zenon.
um 475	Codex Euricianus.
476	Die Absetzung von Romulus Augustulus durch Odoaker und das Ende des Weströmischen Reichs.
477	Tod Geiserichs.
481/82	Tod Childerichs.
481/82–511	Begründung des Frankenreichs; die Zeit Chlodwigs.
489	Theoderich der Große und die Ostgoten dringen in Italien ein.
493	Einnahme Ravennas; Theoderich ermordet Odoaker.
493–526	Herrschaft Theoderichs des Großen in Italien.
497	König Theoderich wird als Herrscher Italiens vom oströmischen Kaiser anerkannt.
	Chlodwig unterwirft die Alemannen in der »Schlacht von Zülpich« und lässt sich taufen.
506	Aufstand der Alemannen gegen die Franken.
506–508	Scheitern der Bündnispolitik Theoderichs.
507	Die Westgoten unterliegen den Franken in der Schlacht bei Vouillé; Tod Alarichs II.
507/68–711	Das Toledanische Reich der Westgoten.
511	Tod Chlodwigs.

526	Tod Theoderichs des Großen.
531	Unterwerfung der Thüringer durch die Franken.
533	Belisar vernichtet das Vandalenreich.
534	Die Franken unterwerfen die Burgunden.
541–552	Totila.
551	Jordanes erwähnt erstmals die Bajuwaren (Bayern).
552	Schlachten der Ostgoten gegen den oströmischen Feldherrn Narses; Tod Totilas und Tejas.
555	Kapitulation der letzten Ostgoten in Italien.
560–616	Ethelbert von Kent wird als erster König in Britannien getauft.
565	Das Inselkloster Iona wird im Westen Schottlands von irischen Mönchen gegründet.
568	Die Langobarden und andere Völker fallen in Italien ein.
568	Leovigild führt das Königreich der Westgoten zu neuer Blüte.
579–584	Aufstand Hermenegilds gegen seinen Vater Leovigild.
585	Die Sueben geraten unter die Herrschaft Leovigilds.
589	Das Westgotenreich unter König Reccared wird katholisch.
596	Gregor der Große beginnt durch Augustinus die Missionierung der Angelsachsen.
664	Mit der Synode von Whitby entscheiden sich die Angelsachsen für die Kirche Roms.
672–754	Bonifatius, eigtl. Winfrid, der »Apostel der Deutschen«.
672–680	Arabische Flotte verheert spanische Küstenstädte.

711	Ende des Westgotenreichs durch den Einfall der Araber.
717	Das Thüringerreich gerät unter fränkische Herrschaft.
732	Karl Martell stoppt den Vormarsch der Araber bei Tours und Poitiers.
751	Pippin wird von Bonifatius zum König gesalbt.
768	Regierungsantritt Karls des Großen.
774	Unterwerfung der Langobarden durch Karl den Großen.
785	Unterwerfung der Sachsen durch Karl den Großen.
788	Bayern wird Teil des Karolingischen Reichs.
800	Karl der Große wird in Rom zum Kaiser gekrönt.

Ausgewählte Literatur

Böckmann, Walter: Als die Adler sanken. Arminius, Marbod und die Legionen des Varus. Bergisch-Gladbach 1984.

Bökemeier, Rolf: Die Varusschlacht. Der Untergang der römischen Legionen im Teutoburger Wald. Tübingen 2000.

Böll, Heinrich: Germania. In: Fritz J. Raddatz: ZEIT-Bibliothek der 100 Bücher. Frankfurt a. M. 1980, S. 29–32.

Brandt, Hartwin: Das Ende der Antike. Geschichte des spätrömischen Reiches. München 2001.

Capelle, Torsten: Die Sachsen des frühen Mittelalters. Stuttgart 1998.

Clunn, Tony: Auf der Suche nach den verlorenen Legionen. Bramsche 1998.

Cunliffe, Barry (Hg.): Illustrierte Vor- und Frühgeschichte Europas. Frankfurt/New York 1996.

–: Rom und sein Weltreich. Bergisch Gladbach 1979.

Cüppers, Heinz (Hg.): Die Römer in Rheinland-Pfalz. Stuttgart 1990.

Dahn, Felix: Ein Kampf um Rom. Historischer Roman. Königsberg 1876.

Dahn, Felix / Wietersheim, Eduard von: Geschichte der Völkerwanderung. Königsberg 1880.

David, Saul: Die größten Fehlschläge der Militärgeschichte. Von der Schlacht im Teutoburger Wald bis zur Operation Desert Storm. München 2001.

Demandt, Alexander: Der Fall Roms. Die Auflösung des Römischen Reichs im Urteil der Nachwelt. München 1984.

Der römische Limes in Deutschland. Archäologie in Deutschland (Sonderband). Stuttgart 1992.

Die Alamannen. Katalog zur Ausstellung, hg. vom Archäologischen Landesmuseum Baden-Württemberg. Stuttgart 1997.

Die Franken. Wegbereiter Europas. Vor 1500 Jahren. König Chlodwig und seine Erben, 2 Bände. Mainz 1996.

DOBESCH, GERHARD: Zur Ausbreitung des Germanennamens. Pro arte antiqua. Festschrift für Hedwig Kenner. Sonderschriften des Österreichischen Archäologischen Instituts 18, 1, 72 ff. Wien 1982.

DUŠEK, SIGRID: Ur- und Frühgeschichte Thüringens. Weimar 1999.

FISCHER, THOMAS: Die Römer in Deutschland. Stuttgart 1999.

FUHRMANN, MANFRED: Rom in der Spätantike. München/Zürich 1994.

GEUENICH, DIETER: Geschichte der Alemannen. Stuttgart 1997.

HEINE, ALEXANDER (Hg.): Urgeschichte der germanischen und romanischen Völker. 4 Bände. Berlin 1899.

JARNUT, JÖRG: Geschichte der Langobarden. Stuttgart 1982.

KRIEGER, KARL-FRIEDRICH: Geschichte Englands. Von den Anfängen bis zum 15. Jahrhundert. 3 Bände, Band 1. München 1990.

KROGMANN, WILLY: Die Kultur der alten Germanen. Wiesbaden 1978.

KUHNEN, HANS-PETER: Das römische Trier. Stuttgart 2001.

LILIE, RALPH-JOHANNES: Byzanz. Geschichte des oströmischen Reiches. München 1999.

MACZYŃSKA, MAGDALENA: Die Völkerwanderung. Geschichte einer ruhelosen Epoche im 4. und 5. Jahrhundert. Zürich 1993.

MAENCHEN-HELFEN, OTTO J.: Die Welt der Hunnen. Wien 1978.

MARTIN, JOCHEN: Spätantike und Völkerwanderung. München 1995.

MENGHIN, WILFRIED: Die Frühgeschichte Bayerns. Römer und Germanen – Baiern und Schwaben – Franken und Slawen. Stuttgart 1990.

PRINZ, FRIEDRICH: Von Konstantin zu Karl dem Großen. Entfaltung und Wandel Europas. Düsseldorf/Zürich 2000.

–: Attila – der Hunnenkönig. Mythos und Wirklichkeit. In: Damals, Heft 3, 1992, S. 223–236.

Rabold, Britta / Schallmayer, Egon / Thiel, Andreas: Die Deutsche Limes-Straße vom Rhein bis zur Donau. Stuttgart 2000.

Reichardt, Hans: Die Völkerwanderung. Nürnberg 1982.

–: Die Germanen. Nürnberg 1978.

Riehl, Hans: Die Völkerwanderung. Pfaffenhofen 1976.

Schallmayer, Egon (Hg.): Hundert Jahre Saalburg. Vom römischen Grenzposten zum europäischen Museum. Mainz 1997.

Schmidt, Hartwig: Archäologische Denkmäler in Deutschland. Rekonstruiert und wieder aufgebaut. Stuttgart 2000 (Sonderheft 2000 der Zeitschrift *Archäologie in Deutschland*).

Schreiber, Hermann: Die Hunnen. Attila probt den Weltuntergang. Wien / Düsseldorf 1976.

Tacitus, Cornelius: Germania: lateinisch-deutsch. Herausgegeben und übersetzt von Alfons Städele mit einer Einführung und Erläuterungen von Gerhard Fink. Düsseldorf / Zürich 1998.

Timpe, Dieter: Arminius-Studien. Bibliothek der Klassischen Altertumswissenschaft NF II 34. Heidelberg 1970.

Todd, Malcolm: Die Germanen. Von den frühen Stammesverbänden zu den Erben des Weströmischen Reiches. Stuttgart 2000.

Volkert, Wilhelm: Geschichte Bayerns. München 2001.

Wende, Peter: Geschichte Englands. Stuttgart / Berlin / Köln 1985.

Wieczorek, Alfried / Perin, Patrick: Das Gold der Barbarenfürsten. Stuttgart 2001.

Wirth, Gerhard: Attila. Das Hunnenreich und Europa. Stuttgart 1999.

Wolfram, Herwig: Die Germanen. München 1995, [6]2001.

–: Die Goten und ihre Geschichte. München 2001.

–: Die Goten. Von den Anfängen bis zur Mitte des 6. Jahrhun-

derts. Entwurf einer historischen Ethnographie. München 1979, [4]2001.
–: Das Reich und die Germanen 200–600. Zwischen Antike und Mittelalter. Berlin 1990, [2]1992.
WOLTERS, REINHARD: Die Römer in Germanien. München 2000.

Bildnachweis

AKG, Berlin: S. 116, 140, 172, 185, 250, 251, 270; Farbteil Abb. Nr. 2, 6, 9, 24, 26, 27, 30, 32, 37, 40

Archäologisches Museum Madrid: S. 243; Farbteil Abb. Nr. 33

Archäologische Staatssammlung München: Farbteil Abb. Nr. 16 (Foto: Manfred Eberlein)

Museum Saalburg: S. 124

Ullstein Bild, Berlin: Farbteil Abb. Nr. 35, Schutzumschlagmotiv

Peter Arens: S. 114; Farbteil Abb. Nr. 13, 14, 15, 17, 18, 19, 20

Marcel Winterscheid: Farbteil Abb. Nr. 23

Karte »Schlachtfeld Kalkriese«, Seite 103: nach Thomas Fischer, Die Römer in Deutschland, Stuttgart 1999, Theiss Verlag, S. 32

Königreiche und Herrschersitze im südlichen Britannien, Seite 253: Herwig Wolfram, Das Reich und die Germanen 200–600. Zwischen Antike und Mittelalter. Berlin 1990, Siedler Verlag, S. 348

Karte »Germanische Reichsbildungen«, S. 296 nach Hans Riehl, Die Völkerwanderung, Pfaffenhofen 1976

Gruppe 5 Filmproduktion, Köln: S. 38, 41 (mit Genehmigung des Archäologischen Landesmuseums Schleswig), S. 55 (Archäologisches Landesmuseum Schleswig), S. 102, 225; Farbteil Abb. Nr. 1 (Universitätsbibliothek Uppsala), 3 (Museum Silkeborg, Dänemark), 4 (Archäologisches Landesmuseum Schleswig), 5 (Archäologisches Landesmuseum Schleswig), 7 (Dänisches Nationalmuseum Kopenhagen), 8, 10, 11 (Museum und Park Kalkriese), 12 (Museum und Park Kalkriese), 21, 22 (Museum für Landeskunde der Krim, Simferopol), 25, 28, 29, 31, 34, 36 (British Museum London), 38, 39 (British Museum London)

Der Autor dankt dem Team der Gruppe 5 Filmproduktion für die Bildrecherche sowie die Überlassung der Fotos von den Dreharbeiten, insbesondere Miriam Brühl, Daniela Gieseler, Nina Koshofer, Marc Riemer und Judith Völker.

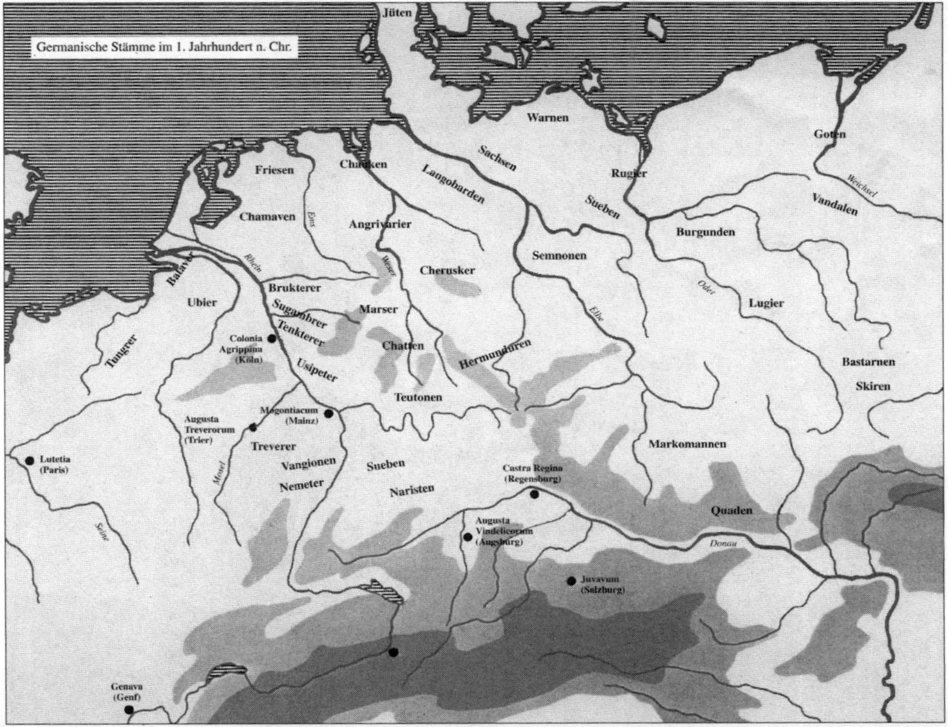

Germanische Stämme im 1. Jahrhundert n. Chr.
Jüten
Warnen
Goten
Friesen
Chauken
Sachsen
Rugier
Langobarden
Weichsel
Vandalen
Sueben
Chamaven
Ems
Angrivarier
Burgunden
Semnonen
Rhein
Weser
Cherusker
Bataver
Brukterer
Oder
Ubier
Marser
Lugier
Sugambrer
Elbe
Tenkterer
Colonia
Agrippina
(Köln)
Tungrer
Chatten
Hermunduren
Bastarnen
Usipeter
Skiren
Teutonen
Mogontiacum
(Mainz)
Augusta
Treverorum
(Trier)
Treverer
Markomannen
Lutetia
(Paris)
Vangionen
Sueben
Castra Regina
(Regensburg)
Mosel
Nemeter
Naristen
Quaden
Augusta
Vindelicorum
(Augsburg)
Seine
Donau
Juvavum
(Salzburg)
Genava
(Genf)

Germanische Reichsbildungen um 526,
dem Todesjahr Theoderichs des Großen

Namenregister

(Die Nummernangaben beziehen sich auf den Farbbildteil.)